ONLINE INFLUENCE
Boost your results with proven behavioral science

オンライン・
インフルエンス

ビジネスを加速させる行動科学

B・ボウタース
J・フルン **著**

一般社団法人
社会行動研究会 **監訳**

益田靖美 **訳**

誠信書房

ONLINE INFLUENCE
: Boost Your Results with Proven Behavioral Science
by Bas Wouters and Joris Groen

Copyright © 2020 Bas Wouters and Joris Groen
& Boom uitgevers Amsterdam
Japanese translation and electronic rights arranged
with Boom Uitgevers Amsterdam c/o The Santasado Agency,
through Tuttle-Mori Agency, Inc., Tokyo

バス・ボウタースとヨリス・フルンによる本書は，オンライン上で大きな影響力を発揮したいと望む読者に向けた真のギフトとなった。本書では，行動デザイン，効果的なプロンプト，心理的な動機づけ要因，実践例などについて，科学的知見に基づく最新かつ最良の情報が1冊にまとめて提示されている。私が特に感銘を受けたのは，オンライン上のメッセージをより効果的にするためのシンプルな戦略が，読者へのアドバイスとして提示されている点である。本書はEコマースに関わる人たちにとって必携の書となるだろう。

ロバート・チャルディーニ
ニューヨーク・タイムズのベストセラー『影響力の武器』と『プリ・スエージョン』の著者

▸▸▸ イントロダクション

オンラインで人を動かす

してほしいことをしてくれる訪問者はほとんどいない

われわれはみな，オンライン上の巧みな誘導の罠に自ら喜んでかかっている，と一部のメディアでは報じられています。欲しくもないのにバナーをクリックし，登録し，商品を購入するよう集団で踊らされている，と。しかし実際の数字を見ると，そうではないことがわかります。ウェブサイトの訪問者やアプリをダウンロードした人，Eメールの受信者たちは，多くの場合，制作者が求める行動をしていないのです。

　たとえば，大成功を収めているオンラインショップでさえも，サイト訪問者の10人に1人しか購入という行動をしていません。また，オンライン広告であれば，千人に1人がバナーをクリックしてくれれば大成功といえます。これが対面の営業であれば，会社はとてもいい顔などしないでしょう。

　つまりオンラインの世界では，購入する人よりも購入しない人のほうが多いのです。しかし考えてみれば，これは驚くようなことではありません。画像やテキストやボタンのみで，個人情報を提供し，クレジットカード番号を入力し，長期的な関係を築くように導けるとは，まず信じられないでしょう。個人的に知っていたり信頼しているリアルな人間関係なしで，これらすべてが行われているのです。

●●● 世界を変える ●●●

　オンライン上のデザイン次第で，世界は大きく変わります。これは数多くの実験で証明されており，その中には私たちが実際に行った実験も含まれています。本書では，私たちが得た知見を皆さんと共有したいと思います。行動変容の科学をどう活かせばよいか，オンライン上の多くの人たちがあなたの望む行

動をするようになるにはどうすればよいか，説明していきます。本書を読んだ後には，次のようなことが起こるでしょう。

- 無視が反応に変わる
- 閲覧が購入に変わる
- 解約が継続に変わる
- 「もうやめた」が「続けてみよう」になる
- 「うーん……」が「これだ！」に変わる

その結果，次のことが期待できます。
- オンライン収入の向上
- 広告費の削減
- コンバージョン率の向上
- 満足度の高い顧客の増加

●●● 顧客の満足度 ●●●

最後の「顧客の満足度」というポイントは，オンライン上で継続して行動を起こしてもらうことと同義であると私たちは考えています。この点を強調するのには理由があります。つまり，残念なことに，オンライン行動に影響を与えることが騙しの手口として語られることが，今でも時としてあるからです。私たちはこのような手法を「陰湿なやり口」と呼んでいます。たとえば，必要もない旅行保険を誤って買わせるような悪質なオンラインデザインのことです。

私たちが目指すのは，このような「陰湿なやり口」ではありません。

なぜなら，道義的に問題があるだけでなく，そのようなやり方では長期的な成功は望めないからです。

本書を読めばわかりますが，オンライン上で行動を促すには，すでに意欲がある人をよりその気にさせることが主題になってきます。さらに，以下のような視点も重要です。

- 選択が困難な場面ではサポートを提供する
- サイト上で取り引きをするかどうかの意思決定に向け，適切な案内を提

供する
- ゴールまでの道のりを簡略化する

その結果，あなたのオンラインチャネルは，より多くの成果とより高い評価を得ることになるでしょう。

●●● 科学と実践 ●●●

オンライン行動に影響を与えることについて書かれた書籍は多く，また，ブログでは特に多くの発信がなされています。しかし，これらの情報は網羅的とは言い難く，実用の域に達していないと私たちは考えています。たまたま目についたと思われる心理学の理論や，ありがちな認知バイアス（不合理な思考パターン）が適用されていることが多いからです。このような情報の後に続くのは大抵，オンラインで人間の行動を誘導するにはどうすればよいかを説いた，善意に満ちたアドバイスです。

これはまるで，複雑な屋根構造をデザインする建築士が，適当に選んだ物理の法則をどう当てはめようかと考えているようなものです。最も効率的な方法とはとても言えません。

「物理学を知らない建築士と同様に，人間心理を知らないデザイナーが成功を収めることはない」
ジョー・リーチ[1]

図1

本書ではまったく異なるアプローチをとっています。私たちの出発点はカスタマージャーニーです。そこから一歩一歩，読者に寄り添い，最高の結果を得るにはどの心理学的知見を使えばよいかを説明します。オンライン広告に始まり，ランディングページ，入力フォーム，注文手続き，さらにはサンクスページに至るまで，デザインの原則を使い，戦略的に賢くデザインするにはどうすればよいか，どの原則をいつ，どこで用いればよいか，学んでいきましょう。

　本書で示す手法は科学に基づいており，実践でも証明されています。また多くの企業で用いられ，大成功を収めています。この手法にたどり着く以前は，私たちも誤ったやり方をして見事に失敗していました。これは読者にとっては朗報でしょう。何しろ私たちと同じ失敗を繰り返さなくてもよいのですから。オンライン行動に影響を与えることについて，私たちが40年に渡る経験で得た科学的かつ実践的な知見——これをベースに今すぐ始めることができるのです。

■ フォッグ，チャルディーニ，カーネマン

　ここで最も重要となるのは，「行動デザイン」の提唱者B・J・フォッグによる行動モデルです。人間の行動を説明するモデルは数多くありますが，フォッグの行動モデルは実際に行動をデザインするのに役立ちます。また，心理学者ロバート・チャルディーニは，人が行動を起こすメカニズムについて長年研究を重ね，人を動かすための原理を7つにまとめあげていますが，本書では彼の研究成果もおおいに活用しています。さらに，オンライン行動への影響を研究する心理学においては，自動的・無意識的な脳の働きも重要な一分野として挙げられますが，これはノーベル賞を受賞した心理学者・経済学者であるダニエル・カーネマンの研究に基づいています。本書では，カーネマンの理論について説明し，それを実践につなげる方法も紹介しています。

　このモデルを補完するため，私たちが実際に行ったオンラインマーケティングの事例を示し，そこから得た知見も多く載せています。これらの事例には，メルセデス・ベンツやKLMオランダ航空，bol.com（アマゾンに匹敵するオランダ最大のオンライン小売業者）など，国内外の多くの企業が含まれています。

　これらをすべて習得すれば，オンライン行動に対する影響力を強化することができ，ビジネスを急成長させることもできるでしょう。

　　　　　　　　　　バス・ボウタース，ヨリス・フルン

本書は，顧客（潜在顧客も含む）のオンライン行動に影響を与えたいと思っているすべてのビジネスパーソンに向けて書かれています。ウェブ開発者，UX デザイナー，コピーライター，グラフィックデザイナー，起業家，マーケティング担当者，プロダクトマネージャー……職種は関係ありません。あなたがオンライン行動に対する影響力を強化したいと考えているのであれば，本書を手にしたのは正解です。今後はあなたの肩書きとして「行動デザイナー」が加わることとなるでしょう。

目次

第 V 部　選択肢をデザインする　189

第 VI 部　行動心理学を活用する　211

行動をデザインする

行動デザインとは

想像してください——私たちは今，本書の著者として，読者が今後のキャリアを通じて覚えておくべきルールをひとつだけ選ぼうとしているところです。私たちはなんの迷いもなく，「本日以降，デザインするのは行動のみ」というルールを選ぶでしょう。

「行動」を「デザイン」する——私たちも，この言葉の組み合わせに慣れるには時間がかかりました。広告をデザインすることはあります。ウェブサイトや製品をデザインすることも。ところが，「行動をデザインする」と聞くと，他人を自分の思いどおりに動かせるような気がしてきます。しかし，行動デザインの提唱者B・J・フォッグは，非常にわかりやすい定義をしています。行動デザインとは，人がすでにやりたがっていることを実際の行動に移させることだ，と言うのです。

ちょっと待てよ，と思うかもしれませんね。その人がすでにやりたがっているのであれば，どうしてわざわざ行動に移させなくてはいけないのでしょう？

まさにそこが問題なのです。何かをやりたいということと，実際にそれをやるということは，必ずしも結び付いていません。

行動デザイナーは仕事をする際，心理学上の重要な真実を念頭に置いているものです。つまり次の2つです。

- 人は，なにかきっかけがないと行動できないことがよくある。
- 人は，困難にぶつかるとすぐに諦めてしまう。

自身を振り返ればわかるのではないでしょうか。それとも自分では認めたく

ないでしょうか……いずれにせよ，誇らしいこととはとても言えません。受け身で諦めやすいとは。

　しかし，行動デザイナーはこれを批判するのではありません。そうではなく，このなまけ癖を打ち破るための環境を（たとえばオンライン上で）整えるのです。そのために必要なのは，第一に，ターゲット層が特定の行動に注意を向けるような「プロンプト（きっかけ）」を用意することです。第二に，その行動をできるだけ簡単にすることです。何度もクリックが必要なややこしいページ遷移や，問い合わせフォーム上の不要な入力欄など，障壁となるようなものは取り除きます。そして第三に，ターゲット層の意欲に瞬間的に火を点け，障壁を乗り越える力を引き出すのです。どれだけ障壁を取り除いても，困難な行動は多少は残ってしまいますから。

●●● ウェブデザインから行動デザインへ ●●●

　新しいウェブサイトやオンラインキャンペーン，ランディングページをデザインする際，新米デザイナーがやりがちなのは，他人の成功事例を探し，それを基にデザインを進めることです。しかし経験豊富なデザイナーは違います。ベテランはまず，ユーザー情報を詳細に検証し，ユーザーが実行すべき「タスク」を分析します。その後，ユーザーがタスクを実行できるようにウェブサイトをデザインするのです。優れたユーザー体験を追求すること，それが「UXデザイン」の真髄なのです（UX は「ユーザーエクスペリエンス：user experience」の略）。

　ただし，オンライン上で最善の成果を望むなら，ユーザーフレンドリーなだけでは人を動かすことはできません。実際，「ユーザー」という言葉は適切ではありません。ユーザーという言葉を使うと，画面の向こうにはすでに行動を起こす気になっている人がいるように感じます。つまり，行動を起こすためにそのサイトを使っている人，というイメージです。同様に，「カスタマージャーニー」という言葉にも気を付けなくてはいけません。カスタマー（顧客）とはいったい誰でしょうか。この点については後ほど説明します。

　サイト訪問者が最終的に顧客になるかどうかは，その人の置かれている状況に大きく左右されます。自分は本当にこれが欲しいのか，他社ではなくこのサイトから購入したいのか，確信が持てないということは往々にしてあります。

そして結局，確信が持てないまま注文をやめてしまうかもしれません。あるいは，他のことに気を取られて，注文手続きが複雑すぎて，など，離脱する理由はいくらでもあります。つまり，潜在顧客をサポートするだけでは不十分で，一つひとつの行動を少しずつ促し，コンバージョンに向けて導いていかなくてはいけません。

　行動デザイナーが，「ユーザー」ではなく，「訪問者」や「潜在顧客」という言葉を使う理由もここにあります。つまり，見方を変えるのです。行動デザイナーは，相手に取ってほしい行動を最初に考え，その行動を実行してもらうための戦略を盛り込んだ道筋を作り上げていくのです。また，自分の他にもユーザーの時間や関心を得ようとしている競合相手がおり，その中で戦わねばならないということも頭に入れておく必要があります。

　以上を考えると，行動デザインとは，単に既存のウェブサイトに「人を動かすソース」をかけるだけのことではないとわかるでしょう。行動デザインは，オンラインデザインに対する考え方を根本から変えてしまいます。成功事例を丸写ししたり，ユーザーフレンドリーだけを過度に追求するようなやり方とは異なるソリューションを提供するのです。

図2

●●●● 実例 ●●●●

　実際の例を見てみましょう。著者のひとりであるヨリスが属するバイヤーマインズ社（Buyerminds）のチームが KLM オランダ航空のためにデザインした，出発の2週間前に受け取るEメールです（図3）。

　ここでメール受信者に取ってほしい行動は，「Eメールを開く」「冒頭文を読

KLM オランダ航空

チェックリスト：ニューヨーク行きの
フライトに向けて

ヨリス様
1分で終わるチェックリストに目を通し、旅を最大限に楽しみましょう。

お忘れではないですか？

パスポート

有効期限が 2016 年 10 月 15 日以降のもの
臨時パスポートでは米国へ入国できません

ESTA

米国へ入国するには必ず ESTA が必要となります

ESTA の申請

食事制限やアレルギーをお持ちの方

当航空の特別メニューをご確認ください

時間とお金を節約しましょう

🧳 20 kg 以上の荷物をお持ちの場合

オンラインによる超過手荷物料金の
支払いなら 20%オフ

超過手荷物料金の確認

💻 オンラインチェックイン

空港での待ち時間を最大 1 時間削減できます
オンラインチェックイン開始時刻
：9 月 30 日 2:00AM

オンラインチェックイン

旅程

✈ AMS-NY
KL636
2016 年 10 月 1 日
02:00 PM

✈ NY-AMS
KL636
2016 年 10 月 8 日
11:00 AM

予約番号
3829389v

ステータスの確認

フライトの変更・キャンセル

ニューヨーク便に搭乗するお客様の多くがオンラインチェックインをご利用されています

図3

む」「チェックリストに目を通す」「該当項目（超過手荷物料金の支払いなど）をクリックする」です。

　これらの行動に影響を与えるために以下の7つの科学的知見を活用しました。この試みは成功し，このデザインを用いたEメールは開かれる回数が増え，クリックしてウェブサイトを訪れる人も増加しました（図3）。

■ 1．好奇心をかき立てる

　「チェックリスト」という言葉は好奇心を刺激するものです。当初の文面は「旅の準備をしましょう」でした。これではあまり読む気になれませんね。

■ 2．予想される労力を小さくする

　予想される作業負荷が，その行動を起こすかどうかの判断を左右することもあります。チェックリストに目を通すのに1分しかかからないと示すことで，より多くの人にメールを読む気を起こさせます。

■ 3．将来への期待をふくらませる

　飛行機から見えるニューヨークの摩天楼を視覚化することで，予約した旅を楽しみにする気持ちが湧いてきます。先の楽しみを思い描くことで，やる気が引き出されます。

■ 4．精神的労力を減らす

　行動を容易にすることで，実際にその行動を起こす可能性は高まります。このEメールは，読み手の精神的労力を最小化するようレイアウトされています。たとえば，便名や出発時間などの重要な情報はチェックリストとは別枠で表示されています。こうすることで読み手は必要な情報を簡単に見つけることができ，その情報が不要であれば簡単に無視することもできます。このように視覚的に階層化することで，チェックリストの構成を見やすくしています。

■ 5．理由をつける

　行動に対する理由を明示することで，実際にその行動を起こす可能性は高まります。この例では，時間とお金を節約するというのは，オンラインで超過手荷物料金の支払いやチェックインを済ませておくという行動を起こすためのよい理由になります。

■ 6．小さな行動から始める

　大きな1歩よりも小さな1歩のほうが踏み出すのは簡単です。読み手がアップグレードや追加購入に興味を持つよう，大きな行動（今すぐ購入）ではな

く，小さな行動（超過手荷物料金の確認）のみを提示しています。

■ 7．社会的証明を示す

　ある行動を取るよう促されたとき，人は無意識のうちに，他の人も同じ行動を取っているか確認したくなります。これは「社会的証明」と呼ばれています。オンラインでチェックインするのはいたって普通のことであると記載したのはこのためです。

●●● 最高の仕事 ●●●

　行動デザインの強みは，なにも運任せにしないという点です。いつだって目標とする行動が中心にあります。それを考慮しないでデザインすると，物事はより複雑になり，逆効果になってしまうでしょう。今日からでも，目標とする行動を中心に据えてデザインしてください。ウェブ開発者，UX デザイナー，コピーライター，グラフィックデザイナー，起業家，マーケティング担当者，プロダクトマネージャー……職種がなんであれ，それにより，オンライン上でターゲット層を動かす有能な人材になることでしょう。これほど素晴らしい仕事はないと私たちは考えています。

コンバージョン

　本書では，「コンバージョン」（conversion：転換，変換）という言葉がたびたび出てきます。オンライン業界のプロであればその意味は十分理解していると思いますが，新人向けにいくつか補足しておきましょう。コンバージョン率（conversion ratio）とは，オンライン上でどれほど行動を起こさせることができているかを示す指標です。つまり，「サイトが目標とする行動をとった訪問者の数」を「サイトの訪問者数」で割ったものに，100をかけた数値です。

　　　コンバージョン率（％）
　　　＝目標とする行動をとった訪問者数／サイト訪問者数　×　100

　たとえば，あるオンラインショップで100人の訪問者のうち5人がレビューを書き込んだ場合，コンバージョン率は5パーセントとなります。
　サイトデザインを一新した結果，100人の訪問者のうち10人がレビューを書き込むようになったら，コンバージョン率は10パーセントに上昇します。つまり，コンバージョンが倍増したというわけです。表面的には，ヘッダーや画像，CTA（Call To Action：行動喚起要素）などを少し変えただけに見えるかもしれません。しかしなにより大事なのは，それにより訪問者の行動を変えることができたということです。これがオンラインビジネスを加速させるのです。

フォッグ行動モデル

さあ，ここからは行動をデザインしていきます。それにはまず，B・J・フォッグの話をしましょう。米国の行動科学者であるフォッグは 2009 年，行動と行動変化を体系的に分析するモデルを考案しました。非常に優れた応用性を持つこのモデルは，行動デザイナーにとって最高の価値があります。

　B・J・フォッグは，米国の名門スタンフォード大学の教授であり，人間の行動や，行動変化に影響を与える要因について研究しています。彼の教え子には著名人もいます。たとえばインスタグラムの共同創設者であるマイク・クリーガーや，人道的技術センター（Center for Humane Technology：ソーシャルメディア依存症対策などの活動を行う組織）の創設者トリスタン・ハリスの名を聞いたことはありませんか？　フォッグは教壇に立つことに加え，ビジネス界向けに行動心理学を適用するアドバイスもしています。

　しかしここで伝えたいのは，彼が確立した（そして自身の名を冠した）「フォッグ行動モデル[2]」についてです。これによりフォッグは，「行動デザイン」と呼ばれるようになった分野の創案者となったのです。このモデルは，人は何もないところから自発的に行動を起こすことはない，という前提から出発します。フォッグによると，人間が行動を起こすには次の 3 つの条件が必要となります。

- 行動を開始するには，プロンプト（きっかけ）が必要である。
- プロンプトに加え，モチベーションが十分に高くなければならない。
- プロンプトに加え，行動が十分に容易でなければならない。

●●● 三位一体 ●●●

　まずはプロンプトから考えましょう。プロンプトとはなんでしょうか？　それは，特定の行動を取るように促す，あるいは思い出させるもののことです。たとえば目覚まし時計の音です。朝，目を覚ますよう呼びかけてくれます。また，スマホ画面のプッシュ通知は，アプリを開くという行動を促しています。フォッグによると，外部からの要求が引き金とならない行動はそれほど多くありません。

　フォッグ行動モデルについて知識のある読者なら，当初は「トリガー」（trigger：引き金）という言葉が使われていたことをご存知かもしれませんね。しかし，その言葉にはさまざまな解釈がつけられました。そのため，今では「プロンプト」という言葉が使われており，本書でもそれに倣います。プロンプトについては第Ⅱ部で詳細に述べますが，現時点では，ほぼすべての行動はプロンプトが起点になるということを覚えておいてください。

　フォッグ行動モデルによると，プロンプトが実際の行動に結びつくのは，その行動を起こすモチベーションとアビリティが十分に高いときのみです。詳しくは第Ⅲ部と第Ⅳ部で説明しますが，ここでは，モチベーションとは何かを望む気持ちの強さであり，アビリティとは行動の容易さである，ということを覚えておいてください。

　十分なモチベーションとアビリティにプロンプトが加わらない限り行動は起こらない，とフォッグは説明しています。この3つの要素を体系的に考えることで，オンラインデザインは飛躍的に向上します。これは，「ランディングページのおすすめテンプレート」や「広告の成功事例10選」などを探すよりも，ずっと効果的です。

　次のグラフをご覧ください（図4）。モチベーション，アビリティ，プロンプトは三位一体となっています。縦軸はモチベーション，横軸はアビリティを示しています。モチベーションもアビリティも十分に高く，行動ラインより上にある場合，プロンプトが発生した瞬間に行動が起こります。一方，モチベーションもアビリティも低く，行動ラインを下回る場合には，プロンプトがあっても行動は起こりません。

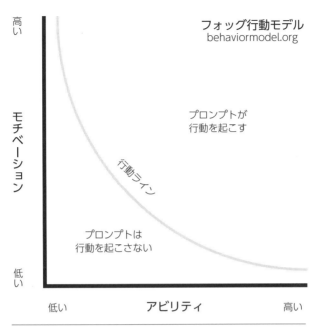

フォッグ行動モデル
behaviormodel.org

高い

モチベーション

行動ライン

プロンプトが
行動を起こす

プロンプトは
行動を起こさない

低い

低い　　　　アビリティ　　　　高い

B=MAP
行動（Behavior）が起こるには，やる気が十分にあり（Motivation），行
動が十分に簡単である（Ability）必要がある。双方が高いとき，プロン
プト（Prompt）が行動に結びつく。　　　　　　　　　　　　　　　　　図4

●●● 相互作用 ●●●

　しかしこれは，プロンプト発生時点にモチベーションとアビリティの双方が
極めて高くなければならない，ということではありません。その相互作用が重
要なのです。グラフ左上の領域を見てください（図5）。モチベーションが非
常に高いため，行動がどれほど困難であっても関係ありません。どんなに複雑
で費用がかかり大変な行動であっても，あらゆる障壁を乗り越えるだけの覚悟
があるのです。たとえば，大好きなアーティストのコンサートチケットを購入
する場合を考えてみましょう。発売と同時に売り切れてしまうことが予想され
るなら，わずかな可能性にかけ，１時間もパソコンに張りついてブラウザを更
新し続けることもいとわないでしょう。これは，モチベーションの高さがアビ
リティの低さを補っているのです。

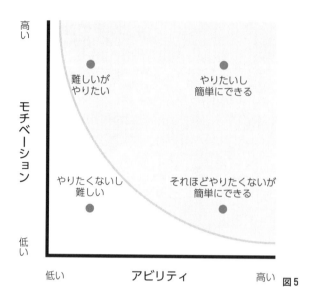

図5

縦軸: モチベーション（高い / 低い）
横軸: アビリティ（低い / 高い）

難しいが
やりたい

やりたいし
簡単にできる

やりたくないし
難しい

それほどやりたくないが
簡単にできる

　逆もまた然りです。どんなにモチベーションが低くても，アビリティを大幅に上げることでその気にさせることができます。グラフ右下の領域を見てください（図5）。たとえば，商店街ではいつも感じの良い学生らがフリーペーパーを配っており，そばを通りかかると手渡そうとしてきました。家には同じペーパーがあるのでいらないと思っていても，受け取ってしまうときがあります。なぜでしょうか。これはアビリティが非常に高いからです。この場合，拒否するよりも受け取ってしまうほうが簡単ともいえます。

　どちらかの要素がそれほど高くなくても，もう一方の要素が非常に高ければ十分に補完できます。行動デザインでは相互作用が重要なのです。

　ちなみに，フォッグ行動モデルの三要素のうち，影響を与えるのが最も難しいのはモチベーションです。ということは，すでに多少のやる気がある場合に行動を変えさせるのが最も効果的だということです。そのため，モチベーションを扱う第Ⅲ部では，やりたくない人たちを動機づけるのではなく，すでにあるモチベーションをさらに高める方法を主題としています。行動デザイナーにできることは，プロンプトをデザインすることと，行動を簡単にすることです。

●●● 本書の軸となるモデル ●●●

　フォッグ行動モデルは，行動デザインに関する最良の手引きとなります。そのため，本書はこのモデルをベースに構成されており，35個あるデザインの原則もすべてモデルの三要素を軸に語られています。

- プロンプトをより効果的にする原則
- モチベーションを高める原則
- アビリティを高める原則

　特定の行動を促し，その結果としてコンバージョンを増やしたいなら，行動デザイナーはこれら3つの要素を順に見ていかなくてはなりません。次に示す，ワッツアップ（メッセージアプリ）を使った思考実験の例でも同じことがいえます。調査や論理的思考を用いることで，モチベーション，アビリティ，プロンプトのどこに問題があるのか，適切に判断できるでしょう。2つあるいは3つすべての要素に問題がある場合には，迅速かつ容易に改善できる要素はどれか分析してください。一般的に，最も改善が容易なのはプロンプトで，次いでアビリティとなります。先述のとおり，モチベーションに影響を与えるのは最も困難です。

思考実験——恋人への連絡

　フォッグ行動モデルへの理解を深めるため，ある思考実験をしてみましょう。

　あなたは恋人をディナーに誘おうとワッツアップでメッセージを送りました。送ったメッセージにはお馴染みの青いチェックマークが付き，既読を示しています。しかし30分経っても返信が来ません。あなたが恋人に求めるのは「メッセージに返信する」という行動です。

　何が問題なのか考えてみましょう。あまり奇抜な妄想はせず，フォッグ行動モデルを使って想像してみてください。いったい何が起きているのでしょうか？

プロンプトがない？

アビリティが足りない（難しすぎる）？

モチベーションが足りない？

　ワークショップや講義でこの質問をすると，ほとんどの人がモチベーションに手を挙げます。自分が求める行動を相手が取ってくれないとき，人は相手のモチベーションに問題があると考えがちのようです。しかし行動デザイナーであれば，この思い込みは捨てなければなりません。本当の理由はわかりません。返信するのが難しい状況なのかもしれません。あなたのメッセージに気づいていない可能性だってあります。スマホを見ていないときにたまたま画面が開いていて，既読マークが付いてしまうこともありますから。

　つまり，自分が求める行動（メッセージへの返信）が起こらない原因としては，プロンプトの不在，アビリティの欠如，モチベーションの欠如の３つの可能性が考えられるのです。ウェブサイトやオンラインキャンペーン，バナーなどを作る際にこのことを意識できれば，一流の行動デザイナーに向かって大きな一歩を踏み出したといえるでしょう。

ダニエル・カーネマンの2つの思考システム

人間の選択の 95 パーセントが無意識のうちに行われている

行動心理学者のダニエル・カーネマンは 2002 年，ノーベル経済学賞を受賞しました。心理学と経済学の関係について研究し，人間の行動に対する新たな視点を提供した彼の業績を考えれば，当然のことでしょう。彼の研究の基盤には，人間とは思っていたよりも（そして現在思われているよりも）ずっと不合理に行動するものである，という考えがあります。

人間には2つの思考モードがあるということは，以前から知られていました。処理が速いモードと遅いモードです。心理学では，システム1，システム2と呼ばれることもあります。

■ **システム1：脳が無意識のうちに行う思考**

自動的，直感的に素早く行われる思考で，労力はほとんどかからない。

■ **システム2：脳が意識的に行う思考**

ゆっくりと熟慮を重ねて合理的な判断を行う思考で，大きな労力が必要。

人間の行動，判断，選択のなんと 95 パーセントもが，システム1により無意識のうちに行われているということが，多くの研究によりわかっています[3]。そしてこれは人間にとってよいことなのです。カーネマンが例示した行動のリスト[4]を見てください。

システム1の行動例（簡易な行動から順に）

- 恐ろしい画像に嫌悪感を抱く
- 「2＋2＝？」の計算式を解く
- 看板に書かれている文字を読む

- 往来のない道で車を運転する
- 平易な文を理解する

　これらは，考えなくても自動でできる単純な行動です。私たちは毎日，何百何千もの判断を下しています。「判断」の定義については心理学者の間でもいまだに議論が続いているため，数についてははっきりとは言えません。しかし確かなことは，判断すべきことの数が多すぎて，時間のかかるシステム2を使って意識的に考えていてはとても追いつかない，という点です。そんなことになればたちまち頭がパンクしてしまい，対応しきれないでしょう。単純に，人間はそこまでの時間とエネルギーを持ち合わせていないのです。

　しかし幸いなことに，私たちにはシステム1があり，判断の95パーセントを自動で処理してくれます。そのため，システム2は本当に注意を必要とする事柄に十分な時間とエネルギーを費やすことができるのです。

　システム2の行動例（簡易な行動から順に）
- 競技の開始に向けて心の準備をする
- 白髪の女性を探す
- 特定の場面で自分の行動が適切かどうか見極める
- 狭いスペースに駐車する
- 複雑な論考の妥当性を判断する

　これらはすべて意識しないとできない行動です。
　行動デザイナーは，この2つのシステムの関係性を理解しなくてはいけません。あるプロンプトが目に入ると，システム1はその重要性を判断します。また，カーネマンが指摘したとおり，システム1はよくショートカット（あるいは認知バイアス）を使います。つまり，超高速で判断するための仮定です。いくつか例を挙げます。

- 高額なものは，安価なものより良い
- 人気のあるものは，人気のないものより良い
- 真ん中の選択肢が両端の選択肢よりもよい場合，真ん中を選ぶと安全で

ある

- 終わりかけている物事には価値があり，早く終わらせるべきである
- すぐに見返りが得られると嬉しい

　もちろん，いつもこのとおりとは限りませんが，その可能性は高いといえます。そのため，システム1はこれらのショートカットを使って判断します。

●●● まずはシステム1，それからシステム2 ●●●

　システム1もシステム2も寝ているとき以外は常に動いている，とカーネマンは強調しています。システム1は自動で働いている一方，システム2はスリープモードのような状態にあります。システム1は感情や発想，意図，印象などを生み出し，そのうち最も気を引くものだけがシステム2に送られて詳細に検証されます。ここでショートカットの出番です。オンライン上で訪問者の感情や意見に即座に影響を与えるのは，システム1のショートカットなのです。

　フォッグ行動モデルを活用する行動デザイナーであれば，この点を十分に考慮しなければなりません。モデルの三要素について，ひとつずつ見ていきましょう。

■ システム1とプロンプト

　システム1は膨大な量の情報を処理しています。そのため，システム1の注意を引くには，そのレベルに合わせたプロンプトを使用するとよいでしょう。7歳前後の子どもを相手にしていると思ってください（18頁のコラムを参照）。適切なプロンプトによりシステム1の注意を引くことができれば，その情報はシステム2に送られることになります。

■ システム1とモチベーション

　カーネマンはこう記しています。「采配を振るうのはシステム1だ。システム1こそ説得すべき相手だ」と。つまり，システム1をその気にさせるショートカットがわかれば，潜在顧客のモチベーションを高めることができます。

■ システム1とアビリティ

　行動を簡単にするには，ちょっとした判断や簡単な動きをシステム1に担ってもらうことです。脳が無意識のうちに自動で動いてくれれば，精神的労力だとは感じないものです。

　この分野について学んだことがあれば，システム 1 は「爬虫類脳」とも呼ばれていることをご存知かもしれません。しかし先ほどのリストにもあったとおり，システム 1 には数を数えたり文字を読んだりする行動も含まれています。そのため「爬虫類脳」という呼称は少々不正確だと私たちは考えています。その代わり，システム 1 を相手にデザインする際には，7 歳児を思い浮かべるとよいでしょう。基礎的な計算問題を解いたり簡単な文章を読んだりはできますが，論理的に考えることはまだできません。

図 6

ロバート・チャルディーニの「人を動かす原理」

返報性／コミットメントと一貫性／社会的証明／好意／権威／希少性／一体性

> フォッグが考案したモデルにより，人間の行動に影響を与える三要素を体系的に理解できるようになりました。では，チャルディーニの「人を動かす原理」はどうなのか，これこそ人を動かす原理ではないのか，こう考えて質問してくる人も多くいます。本書ではチャルディーニの原理を，フォッグ行動モデルの中に位置づけることとしました。

　米国で心理学とマーケティングの教授をしているロバート・チャルディーニは，人の行動に影響を与えることに関する研究分野の第一人者であり，その分野で最も引用されている学者です。影響力の原理について長年研究を続け，世に知らしめたことを考えれば，それも当然のことでしょう。ましてや，彼の研究は実社会でも応用が利くのですから。

　チャルディーニは文献や現場実験を用いて研究を進めると同時に，自動車ディーラー，訪問営業，広告業者などで覆面調査も行いました。その結果，人に影響を与えるには7つの原理を使うことができると結論付けています。そのうちの6つは，全世界で400万部以上発行された彼の著書『影響力の武器——なぜ，人は動かされるのか[5]』に記されています。その後，7つ目の原理を追加しました（20頁のコラムを参照）。

●●● チャルディーニとフォッグ ●●●

　本書では7つの原理のうち，オンラインという場で実用性の高いものについて，モチベーションを扱う第Ⅲ部で触れています。なぜなら，チャルディーニの原理が真価を発揮するのは，フォッグ行動モデルの中でもモチベーションにおいてだからです。

チャルディーニの名前を聞いたことがない，または著書を読んだことがない読者のために，7つの原理を以下のコラムに掲載します。

チャルディーニの7つの原理

返報性

受け取ったものに対して何かを返さなければならないと感じること。そのため，自分が望む行動を相手に取ってもらうには，その行動を促す前に何かを与えるとよい[6]。

コミットメントと一貫性

自分が過去に取った行動や意見と一貫性のある行動を取ろうとすること。そのため，自分が望む行動を相手に取ってもらうには，一歩一歩小さなステップで導くとよい（「ベイビー・ステップ」〈101 頁〉を参照)。

社会的証明

不安があったり選択肢が多すぎる場合，周囲の人の言動に左右されること。そのため，自分が望む行動を取ってもらうには，他の人たちも同じ行動を取っていることを示すとよい。（「社会的証明」〈89 頁〉を参照)

好意

好意を持つ相手に対してはよい返事をしがちなこと。そのため，相手を褒めたり相手と自分の類似性を強調するなどして，自分を好きになってもらう理由を提示するとよい[7]。

権威

自分より知識が豊富な人や専門性の高い人を信じること。そのため，訪問者の判断の拠り所となる知識やスキルを持っている点を示すとよい。（「権威」〈97 頁〉を参照)

希少性

数が少ないものや特定の期間にしか入手できないものには価値があると

感じること。そのため，時間的または物量的に制限があることを強調し，より魅力的に見せるとよい。（「希少性」〈108頁〉を参照）

一体性

　自分と同じグループに属する人を信頼しやすいこと。そのため，連帯感を演出したり，他の人たちとの一体性が感じられるようにするとよい[8]。

倫理的観点から

> さてここで，今まで触れなかった大きな問題について考えましょう。誰もが時おり考える，また考えるべき問題です。つまり，行動デザインを用いることは倫理的にどうなのか，という問題です。訪問者を巧みに操ったり明らかに欺くようなウェブサイトを見聞きしたことはあるでしょう。その境界線はどこなのでしょうか。

　人を動かすために説得することと誤解を与えることを分ける境界線は，必ずしも明確ではありません。たとえば，ブラックフライデーの1週間前に価格を上げることを，誤解を与える行為だととらえる人もいれば，当然の商業行為だと考える人もいるでしょう。価値観や基準，法律などは，国や文化によっても異なります。

●●● まずは内容を確認 ●●●

　とはいえ，その行為が倫理的かどうかを確認するには，次のような一般的なテストをしてみるとよいでしょう。チャルディーニは，倫理的に行動するための基準として，真実性，誠実さ，賢明さの3つを示し，具体的な質問を考えました。

■ その情報は真実か？

　あなたは顧客に正しい情報を提供していますか？　自分の母親や親友にも同じ情報を与えますか？　たとえば「残り3席」と表示するとき，それは本当に真実なのでしょうか？

■ 表示方法は誠実か？

　非常識なやり方で水を販売した，米国の某有名スーパーマーケットのような

やり方をしていませんか？　その店は，セールの大見出しを付けて水を販売しましたが，その値段はなんと，「~~0.69 ドル~~」から「0.69 ドル」への値引きと書かれていました。組織ぐるみのペテンにかけられたと消費者が気づくまで販売は伸び続けました。

■ この行動を求めるのは賢明か？

この要求に対し顧客がイエスと答えた場合，その顧客は今後も自分と取り引きしたいと思うでしょうか？

3 つの質問すべてに「イエス」と答えられたら，相互利益への第一歩を踏み出したと言えるでしょう。

●●● 形式も確認を ●●●

倫理の問題は内容だけにはとどまりません。メッセージの伝え方（形式）にも注意が必要です。形式についても，いくつかの質問に答えてみましょう。

■ 本来的な使い方とは異なる表示方法を使っていないか？

再生ボタンは動画を再生するものであり，他のウェブサイトへ誘導するために使用してはいけません。アプリのバッジ表示は新規メッセージがあることを伝えるものであり，単に注意を引くために使用してはいけません（図 7）。

🔽 NG

図 7

■ 意図的に分かりにくくしていないか？

チェックマークは何かを選択するときに付けるものであり，何かを選択しないときに付けるものではありません（図 8）。

📝 NG

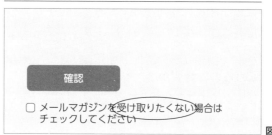

図8

■ 重要な情報を隠していないか？

重要な情報を，誰も気づかないほど，または読めないほど，小さく表示して
はいけません（図9）。

📝 NG

図9

これらの質問にも「イエス」と答えられれば，デザインを適切に使用してい
ると言えます。顧客からの信頼を失うこともないでしょう。

▶▶▶ 第Ⅱ部

▶▶ 効果的なプロンプトを作成する

プロンプトの定義

ほぼすべての行動はプロンプトから始まります。オンライン行動も例外ではありません。第Ⅱ部ではプロンプトについて詳細に説明したあと，効果的なプロンプトをデザインする方法を示します。

第Ⅰ部ではプロンプトを以下のように簡潔に定義しました。

　　プロンプトとは，特定の行動を取るように促す，あるいは思い出させるもののこと。

そして例として，目覚まし時計の音やスマホ画面のプッシュ通知を挙げました。どちらも，目を覚ます，アプリを立ち上げるなどの行動を起こすきっかけとなります。オンラインデザインでは次のような例が挙げられます。

- プッシュ通知：新しい記事を開くことを促す
- バッジ表示：アプリを開くことを促す
- 記事タイトル：記事を読むことを促す
- 「カートに追加」ボタン：好きな商品をカートに入れることを促す
- 最初の入力欄で点滅しているカーソル：登録フォームへの入力開始を促す

このような観点でウェブサイトを眺めると，すべてのオンライン行動がプロンプトで始まることがわかります。プロンプトを強化する原則を活用することで，自分が目標とする行動を取る訪問者の数が増加し，ひいてはコンバージョ

ン率も向上するでしょう。

●●● プロンプトの鎖 ●●●

　プロンプトは多くの場合，単独では存在しません。最終的な目標となる行動にたどり着くまでに，いくつもの小さな行動が存在します。そして小さな行動の一つひとつが，それぞれのプロンプトによって引き起こされるのです。たとえば，「登録する」という行動を小さな行動に分けてみましょう（表1）。

小さな行動	小さな行動を促すプロンプト
ランディングページへ行く	「今すぐ登録」「ここをクリック」などのボタンを配置したウェブ広告
テキストを読む	テキスト上部のタイトル
下へスクロールする	テキストは終わっておらず，画面下にまだ続いているという事実
登録を開始する	ランディングページ上の「登録」ボタン
Eメールアドレスを入力する	「Eメールアドレスを入力」という表示，およびカーソルが点滅している空白の入力欄
登録フォームを送信する	登録フォームの最下部にある「送信」ボタン

表1

　第Ⅱ部で示す原則を使えば，小さな行動一つひとつに対して効果的なプロンプトをデザインできるようになり，成功する可能性も着実に高まるでしょう。

●●● プロンプト作成における戦略 ●●●

　多くの場合，最も難しいのは最初のプロンプトだ，ということを覚えておいてください。なぜなら，他の作業をしている訪問者の手を止めさせ，こちらに目を向けさせなくてはいけないからです。「こっちだよ」と呼びかけるだけのCTAでは不十分です。第Ⅱ部では，訪問者の注意を引くために使える四つのプロンプトの戦略についても説明します。

- 好奇心…………好奇心をかき立てる
- 破格のお得情報…欲心をかき立てる
- やさしい質問……心地よく会話を始める

・未完了タスク……やりかけの作業を知らせる

　プロンプト作成時にこれらの戦略を使うことで，その行動を起こすモチベーションを大幅に高めることができます。なお，私たちはあえて「戦略」という言葉を使っています。なぜならプロンプトを作成する際には，どの戦略が有効か慎重に選び取る必要があるからです。

●●● プロンプトとメッセージ ●●●

　プロンプトについて説明すべきことはまだあります。実社会では，マーケティングや広告目的のメッセージ（宣伝文句）とプロンプトを明確に区別するのは，難しいものです。基本的には双方ともテキストを含んでいるので，区別がつきにくいのも仕方ありません。しかし，プロンプトとメッセージでは目的が異なります。

・プロンプトの目的は，即座に行動を促すこと
・メッセージの目的は，人々の意識に特定の考えを植えつけること

　プロンプトとメッセージの目的の違いを表にまとめました（表2）。
　メッセージは，必ずしもその場での行動を求めていません（表2の左列）。メッセージの目的は，そのメッセージついて長期に渡り考えてもらい，メッセージを覚えてもらうことです。たとえば，看板広告やテレビコマーシャルについて考えてみましょう。これらは単に，企業名やブランド名，商品名を消費者の頭に「アップロード」するためにあります。ダブルミーニングや言葉遊びなどを使った個性的なメッセージを掲げることで，受け手はそのメッセージについてほんの少し長く考えることになるでしょう。また，韻や反復を利用することで，メッセージが受け手の頭に残る可能性は高まります。
　しかしプロンプトは違います（表2の右列）。プロンプトの目的は，純粋に行動を促すことです。だからこそ，プロンプトにはその場での理解のしやすさが求められるのです。そのためには認識されやすくなければいけませんが，独創性を求めると逆効果なので気をつけてください。特に理解が難しいテキストを使用する場合には注意が必要です。また，プロンプトは覚えてもらう必要も

メッセージの目的	プロンプトの目的
相手の態度（ある物についてどんな考えを持っているか）を変えること	即座に行動を引き起こすこと
長期的に頻繁に考えてもらうこと • ダブルミーニング（二重の意味） • 言葉遊び • 集中力の持続時間 • 独創性 • ユーモア	素早く理解してもらうこと • 少ない語数 • シンプルな言い回し • 明快な表現 • 認識のしやすさ
覚えてもらうこと • 脚韻 • 頭韻 • 反復	作業の手を止めさせ，注意を引き付けること • 好奇心 • 破格のお得情報 • やさしい質問 • 未完了タスク

表2

ありません。

　本書ではこれ以降，マスメディアを通じてターゲットグループの頭に植え付けるタイプの宣伝文句，つまりメッセージについては触れません。結局のところ，本書の内容とは専門領域が異なるのです。

●●● 第Ⅱ部の構成 ●●●

　次の章からはいよいよ本題に入ります。最初に，訪問者の注意を引く方法，およびプロンプトのせめぎ合いを避ける方法について説明します。続いて，アフォーダンスを向上させる方法，つまり，訪問者がプロンプトを目にした瞬間にどうすればよいかを明確に理解できるようにする方法を示します。その後，訪問者が取るべき行動を言葉で明確に示すことでより多くの成果を得られるという点について説明します。最後に，訪問者の手を止めさせるための，プロンプト作成における4つの戦略をお伝えします。

■ 注意を引く

　動くもの，目立つもの，人，動物，強い感情表現，このうちのどれかを使って注意を引く。

■ プロンプトのせめぎあい

　プロンプトの数を，可能な限りひとつにまで減らす。それができなければ，最も重要なプロンプトを目立たせる。

■ アフォーダンス

プロンプトを見た瞬間に，クリック可能／スクロール可能／スワイプ可能だとわかるようにする。

■ 求める行動を言葉で示す

求める行動を，指示や命令をする言葉を使って示す。

■ 好奇心

訪問者の好奇心をかき立て，クリックする気にさせる。

■ 破格のお得情報

うますぎる程のお得情報で訪問者をその気にさせる。

■ やさしい質問

わかりやすく答えやすい質問を訪問者にする。

■ 未完了タスク

求められる行動を取ることが，合理的な次のステップであることを示す。

注意を引く

> 受け手の目に留まって初めて，プロンプトはプロンプトになります。受け手
> の目に留まらなければ，目標とする行動は起こりません。つまり，なにより
> もまず注意を引くようなプロンプトでなければならないということです。

　プロンプトをデザインするうえでの大きな課題は，訪問者の注意を引きつけ
ようとしているのが自分だけではないという点です。同時にいくつものプロン
プトが競り合っているのです。しかし行動デザイナーであれば大丈夫。この章
を読めば，心理学の知見に基づいた役立つテクニックを使いこなせるようにな
るでしょう。最初に紹介するテクニックは「動き」です。これは，注意を引き
つけるための最大の武器となります。

●●● 動きで注意を引く ●●●
■ 動き出す
　止まっているものが動き出すと，人は敏感にそちらに注意を向けます。動き
出すことに対して感覚が鋭くなるのは，生存のメカニズムに深く根差していま
す。最も注目してほしい CTA ボタンを，静止状態から突然動くようにしてみ
てください（図 10）。

静止状態　　　　しばらくして……　　　　動き出す　　　図10

■ 近づく動き

　何かがだんだん大きくなると，人はある種の恐怖を感じて即座にそちらに注意を向けます。たとえば，バナーを作成するときにズームインしてみてください。ボタンや画像をゆっくりと少しだけ大きくすることもできます（図11）。

図11

■ 動いているような錯覚

　静的なイラストよりも，動いているように見えるイラストのほうが注意を引きます。ブランドガイドラインや技術的問題により実際の動きが使えない環境でも，この方法なら有効です。つまり，走っている格好の人間や崩れかけの崖など，動きを感じさせる画像を使用するのです。車がフルスピードで走っていることを示すために，車の後ろに漫画風の3本線を入れてみてもいいでしょう（図12）。

より注意を引く　　　　　より注意を引く　図12

●●● 目立つことで注意を引く ●●●
■ 目立つ形や色

　目立つものは脅威か食料のどちらか──これが大昔からのジャングルの掟で

す。心理学でいう「顕現性」の原理はこれに基づいています。ボタンや広告などのオンライン上のプロンプトは，背景となる環境から視覚的にずれているほどより多くの注目を集めます。たとえば，背景の色と対比する色でボタンをデザインすれば，より多くのクリックを得ることができるでしょう。また，バナーをデザインするときは，斜めに傾いたバナーや丸っぽいバナーを作ってみましょう。他のバナーはたいてい長方形をしていますから（図13）。

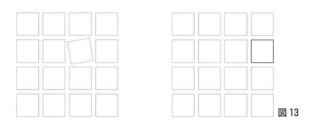

図 13

　アプリのアイコンに付くバッジ表示は，アイコンそのものとは大きさ，形，色などが異なり，一部だけが重なっているため，別のもののように見えます。それにより注意を引きつけているのです（図14）。

図 14

■「奇異」なメッセージ

　奇抜なメッセージを使って目立たせることもできます。心理学の分野では，これを奇異性効果（bizarreness effect）と呼びます。たとえば，対象となる企業や製品とはまったくかけ離れた言葉やイメージを使ってみてください（ただし良い印象のものを）。または，「自分の子どもをスクービー・ドゥー呼ばわりする人はいない」（Nobody calls their kid Scooby Doo）などの馬鹿げたセリフを使ってみてもいいでしょう。だたし気を付けてください。創造性や感性，さらには好感度が高くなければ，この手法を使いこなすことはできません。またこの手法は，送信元が正しく認識されているときにしか使えません。そうで

ない場合，メールの受信者は，この送信元は信頼できないと判断するかもしれ
ません。例として，オバマ前大統領の選挙事務所から私宛てに届いたEメール
を紹介します。(図15)

奇異性効果
米国大統領から「やあ！」とEメールが。

図15

●●●● 人や動物で注意を引く ●●●

■ 人や動物

　人の形，動物，目，顔，シルエット――これらはいつも私たちを警戒させま
す。これらが目に入ると，システム1はシステム2にこう伝達します。気を付
けて！　この後には，戦いか，逃走か，食事か，求愛かのどれかが待っていま
すよ，と。だからこそ，商品写真には人間を一緒に写すのです（図16）。

■ 強い感情表現

　強い感情表現は，人の進化という観点で非常に重要な意味を持ちます。大喜
びしている人や恐ろしい悲鳴をあげている人がいたら，なにか特別なことが起
こったと思うでしょう。この原理は注意を引きつけるために使えます。たとえ
ば，強い感情を示すイラストを使ってみましょう（図17）。また，広告や見出

👍 注意を引く
人のイメージを載せる。

👎 注意を引かない
人のイメージを載せない。

図 16

しの成功事例を何百万件も分析したところ，その感情に即した言葉を使うことで，そうでない言葉を使ったときよりもクリック率が上がることがわかりました。さらには，画像とテキストどちらでも，肯定的な感情よりも否定的な感情のほうがより注意を引くこともわかりました。しかし，否定的な感情を使う場合は，自社のブランドや伝えたいメッセージにふさわしいものか，よく考える必要があります。

　ヒント　否定的な強い感情表現は注意を引くには有効ですが，それ以降のカスタマージャーニーでは注意が必要です。友好的で心地よい雰囲気の中でのほうが，人を動かすのはずっと容易なのです。

　注意を引きつけるためのこれらの原則を，一度に全部使う必要はもちろんありません。通常は１つか２つで十分です。自社ブランドやその後のカスタマージャーニーに適した方法はどれか，考えてみてください。

👍 注意を引く
強い感情表現を示す。

👎 注意を引かない
強い感情表現を示さない。

図17

フェイスブックで最も多くのエンゲージメント（いいね，シェア，コメント）を得た3単語のフレーズ：2017年，相対比較[9]
• うれし涙（tears of joy）
• 泣ける（make you cry）
• 鳥肌もの（give you goosebumps）
• かわいすぎる（is too cute）
• 衝撃的（shocked to see）
• 心がとろける（melt your heart）
• 笑いが止まらない（can't stop laughing）

表3

■ 動くもの，目立つもの，人，動物，強い感情表現，このうちのどれ
  かを使って注意を引こう。

▶▶ 覚えておくべきポイント
  ● 見てもらえないプロンプトはそこで「ゲームオーバー」。
  ● 最も注目を集めるプロンプトだけが機能する。

▶▶ あなたにもできる具体策
  ● 動くもの，目立つもの，人，動物，強い感情表現，この
    うちのどれかを使って注意を引く。
  ● まずは動くものを使ってみる。注意を引くにはこれが
    最も有効。

プロンプトのせめぎあい

人は一度に１つのことにしか集中できないし，一度に１つの行動しかとれない

あなたはパーティーに向かっています。会場に入った途端，50人もの人があなたの気を引こうと話しかけてきました。さあ，どうしますか？　おそらく叫び声をあげて逃げ出すことでしょう。そんな状況はありえないと思いますか？　でもオンライン上ではこれと同じことが常に起きているのです。

図18

　ホームページやランディングページはたいてい，多くのプロンプトであふれています。ボタンやリンクが，私をクリックしてと誘いかけています。「こちらの商品はいかがですか，詳細はこちらへ，ログインしてください，いや，ちょっと待って，最新ニュースのチェックを，いやいや，こちらのトピックを」「アプリのダウンロードを！　メールマガジンの配信手続きはこちら，いや，その前にメッセージを送信する許可をください」「今すぐ下へスクロール，まだまだ続きますよ！」

　これでは脳の処理が追いつきません。本当にやりたいことに集中するには，

これらのせめぎあうプロンプトをすべて無視するしかありません。行動デザインの観点からすると、これではなんの意味もありません。最終的に訪問者を失うリスクも高いでしょう。目標とする行動にまでもたどり着けないかもしれません。

●●● プロンプトのせめぎあいを避ける ●●●

　人間は、きちんと集中しようと思えば、一度に1つのことにしか集中できませんし、きちんと行動しようと思えば、一度に1つの行動しかとれません。ということは、誰かの行動を変えたいならば、その人の全集中力をこちらに向けさせなければなりません。つまり、複数のプロンプトが存在する環境ではプロンプトの数を減らし、目標とする行動を取ってもらえるような効果的なプロンプトをデザインすればよいのです。なぜなら、最も効果的なプロンプトはいつも必ず1つ、存在するからです。

　自分自身の環境であればそれほど難しいことではありません。プロンプトを減らせばよいのです。たとえば自分のウェブサイトであれば、各ページで訪問者に一番取ってほしい行動を決めます。そして、その行動を取ってもらうため、注意を引くCTAをデザインします。

　おそらく、こちらが目標とする行動とは異なることをしたい訪問者もいるでしょう。そのような行動を取るためのリンクは、ドロップダウン式のメニューの中に隠したり、あまり目立たせないようにしましょう。訪問者の目的が、営業時間を知りたいなど特定のことであれば、トップページにプロンプトがなくても問題ありません。わかりやすいナビゲーションや適切な検索機能をつけることで訪問者をサポートすることができます。

　それではなぜ、多数のプロンプトがせめぎあうウェブサイトが多いのでしょうか？　原因の大部分は、すべての訪問者の目的にかなうページを作ろうとすることにあります。いい情報はないかと探す人もいれば、ホワイトペーパーをダウンロードしたい人もいる、求人情報をチェックしたい人もいる。つまり、複数の異なるゴールを持つウェブサイトが多いのです。この問題を解決する方法はただひとつ。社外のサイトから自社サイトに誘導する際、それぞれの目的に合った特別なランディングページに誘導するのです。そうすれば、それぞれの行動に対して単一の道をデザインすることができます。

●●● トップページ争奪戦 ●●●

大きな組織にとって，トップページのデザインは特に頭が痛い問題です。それぞれの部署がそれぞれの商品やサービスを「我が社のショーウィンドウ」でスポットライトを当ててほしいと願っているのですから。でもどうすればよいのでしょうか。スペースには限りがあります。

ひとつの解決策としてスライダー（カルーセル）が挙げられますが，これは評判も悪く良策とはいえません。数秒ごとにトップページの表示内容を変える，これで活用するスペースが増えたと感じるようですが，行動デザインの観点からするととんでもない間違いです。テレビ番組を見るように，訪問者がトップページをじっと見続けたりするでしょうか。A／Bテストの結果，多くの場合，スライダーを使用したページのほうがコンバージョン率が下がることがわかりました。行動デザイナーであればその理由は明らかです。プロンプトが多ければ多いほど（同時表示であれ連続表示であれ），適切な道筋を見つけるのが困難になるのです。そうなるとシステム2の出番です。システム2が働きだすと，こちらが求める方向に訪問者を誘導するのはほぼ不可能と言えるでしょう（図19）。

もちろん，トップページ全体を独占し，1つのプロンプトだけを表示するのは現実的ではないでしょう。ひとつのやり方として考えられるのは，最も望む行動1つに対して明確なプロンプトを作成し，それ以外のプロンプトはメニューやリスト表示の中にまとめるというものです。これにより，訪問者を適切なランディングページへと導き，そこで1つのプロンプトに絞り込むということができるのです（図20）。

👍 OK
1つのプロンプトに限定する

👎 NG
複数のプロンプトがせめぎあう

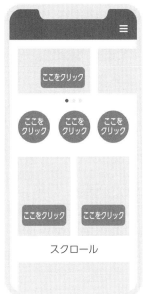

スクロール

図 19

👍 OK
最も重要なプロンプトを決め、
それ以外のプロンプトは目立た
せない

図 20

プロンプトのせめぎあい　　*41*

■ プロンプトの数を可能な限り1つにまで減らそう。それができなければ，最も重要なプロンプトを目立たせよう。

▶▶ 覚えておくべきポイント
- 人は一度に1つのことにしか集中できない。
- 人は一度に1つの行動しかとれない。
- 多くのプロンプトがせめぎあっていると，人は思考停止状態になり，なにもしなくなる。

▶▶ あなたにもできる具体策
- プロンプトの数を可能な限り1つにまで減らす。
- 複数のプロンプトがどうしても必要な場合，最も重要なプロンプトを目立たせる。

アフォーダンス

目にした瞬間，どうすればよいか無意識のうちに理解できるのが
良いデザインである

初めて訪れた建物に入ろうとして，ドアを押すのか引くのかわからない，そんな経験はありませんか？　しかしこれはあなたのせいではなく，ドアをデザインした人がアフォーダンスの原則を考慮しなかったからなのです（図21）。

👍 良いアフォーダンス
ドアのデザインにより，ドアを押すべきか引くべきかわかる。

👎 悪いアフォーダンス
ドアを引くように見えるが，ドアには「押」と表示されている。

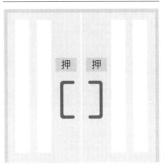

図21

　ドアの取っ手，ハンドベル，野球ボール，再生ボタン，送信ボタン——これらのものは，目にした瞬間，どのように扱えばよいかがすぐにわかります。初めて見るものなのに使い方がわかる場合もあります。ベストセラーとなった『誰のためのデザイン？——認知科学者のデザイン原論』（原題 *The Design of Everyday Things*）で有名な米国の心理学者ドナルド・ノーマンは，これを「アフォーダンス」と名付けました[10]。本書では，アフォーダンスを次のように定

義します。

> アフォーダンスとは，ある物体の形態やその他の特徴から知覚できる，
> 扱い方法のわかりやすさのこと。

　ノーマンは椅子の例を用いて説明しています。4本の脚，平らな座面，人間
工学的に加工された横棒，これらのパーツのバランス感，そしておそらく近く
には机が——これらが組み合わさり，まさに座ってくれと言わんばかりです。
これらの視覚的な特徴から，人間の脳は無意識のうちに「これには座ることが
できる」と即座にかつ自動的に判断し，「どこに座ろうか」などとあえて考え
ることはありません。このことから，椅子は優れたアフォーダンスを備えた物
体といえます。

悪いアフォーダンス　　　　　　　良いアフォーダンス　　　　図22

●●● 経験から得られるアフォーダンス ●●●

　アフォーダンスは，特に意識することなく瞬間的に知覚するものですが，人
間を取り巻く環境の中で学習していく場合も多くあります。たとえば私たち
は，ウェブサイトやアプリを使用していくなかで，どのような表示はクリック
できるのか，どのようなページはスクロールできるのか，どのようなウィンド
ウは開けたり閉じたりできるのか，どのような表示は展開したり折りたたんだ
りできるのか，などを学んできました。
　しかし，コンピューターを初めて使う人にとっては，ウェブサイトを操作す

るのは容易ではないでしょう。青の下線が引かれた文字列はクリックすることができるなどと，どうしてわかるでしょうか？　また，文化による違いもあります。たとえば，中国のチャットアプリ WeChat では，赤い封筒のアイコンをクリックするとお金が受け取れるようになっており，中国では誰もがこのことを知っています。しかし西洋では，皆が知っているというわけではありません（でも幸いにもこれで覚えました！）。

●●● オンライン設計におけるアフォーダンス ●●●

プロンプトをデザインする際には，オンライン行動デザイナーとして，アフォーダンスに細心の注意を払わなければなりません。プロンプトを見た瞬間に何をどうすればいいのか，システム 1 が直感的にわかるようにする必要があります。クリックなのか，スクロールなのか，スワイプなのか。クリックできるのはどれで，クリックできないのはどれか，システム 2 が考え込むような状況は避けなければなりません。そんなことになれば訪問者の貴重な思考時間を無駄にしてしまうだけでなく，こちらが求める操作を不必要に難しくしてしまいます。

行動デザイナーとしてのスキルは，独創的なものを作るために使うのではなく，物事をわかりやすく機能的にするために使うものです。以下にいくつかの例を挙げます。

注文ボタンは，飾り気のない正方形の箱ではなく，立体感のある横長のボタンにする（図 23）。

👍 良いアフォーダンス
ボタンであるとすぐにわかる。

👎 悪いアフォーダンス
ボタンであることがわかりにくい。

電子書籍を購入

電子書籍を購入

図23

入力欄は，アート感あふれるデザインではなく，ドロップシャドウ付きの白いボックスに点滅するカーソルを配置する。白の背景と点滅するカーソルのコントラストが目立つという点も，このような入力欄の利点である（図24）。

👍 良いアフォーダンス
白色の背景，ドロップシャドウ，点滅するカーソルにより，入力欄であることが一目瞭然である。

👎 悪いアフォーダンス
これが入力欄であると脳が理解するには少し時間がかかる。

図24

動画の再生ボタンは，独自の形ではなく，それなりの理由により一般的となったあの三角形にする（図25）。

👍 良いアフォーダンス
再生ボタンを見た瞬間にその意味を理解し，どうすればよいかわかる。

👎 悪いアフォーダンス
ここからどうすればよいか理解するのに時間がかかる。

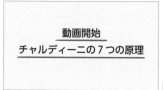
図25

●●● スクロールのアフォーダンス ●●●

最後に，どのような場合もほぼ必ず必要となるアフォーダンス，つまりスクロールについて触れます。最近でもよくみられますが，ページがスクロールできるのか，わかりにくいことがあります。主な原因は，ページ下部にある「偽

の境界線」と呼ばれるものです。見えていない部分に重要な情報があるにもかかわらず，ページがそこで終わっているように見えてしまうのです（図26）。

👍 良いアフォーダンス
背景をカットすることで，このページはまだ続くと脳が無意識のうちに理解する。

👎 悪いアフォーダンス
ここでページが終わっているように見え，無意識のうちにスクロールすることはない。

偽の境界線／
ページが終わっているように見える

👍 良いアフォーダンス
画像をカットすることで，スクロールしなければならないと脳が無意識のうちに判断する。

図26

　ヒント　操作方法を示すために追加の説明が必要だと感じたら，それは良いアフォーダンスではない。

■ 見た瞬間にプロンプトがクリック可能であると理解できるように
しよう。

▶▶ 覚えておくべきポイント
- 目にした瞬間，無意識のうちに扱い方が理解できるの
が良いデザインである。
- そのモノが何であるかを理解する前に，使い方がわか
ることもよくある。
- その場合，そのデザインのアフォーダンスは良いとい
える。
- アフォーダンスの良いデザインは，訪問者に無駄な頭
を使わせない。
- そのため，アフォーダンスの良いデザインにすること
により，プロンプトの利用者を増やすことができる。

▶▶ あなたにもできる具体策
- 見た瞬間にプロンプトがクリック可能であると理解で
きるようにする。
- ボタンは，ボタンであることが明確にわかるような形
にする。
- 訪問者が頭を使わなくてもわかるような，一般的な形
を使用する。
- プロンプトをデザインするときは，アイデア賞を狙っ
ているのではないと肝に銘じる。

求める行動を言葉で示す

なすべきことを具体的に示すと，行動を起こすのが容易になる

子どもを寝かしつけたことはありますか？ 「歯を磨きなさい，パジャマを着なさい，レゴブロックを片付けなさい，電気を消しなさい，ベッドに横になりなさい」子どもを急がせようと思えば，どこかの時点で命令形を使い始めていることに気づくでしょう。実は，オンラインの訪問者に対しても，同じことをする必要があるのです。

してほしい行動を口に出そう

図27

相手に急いでもらいたいとき，私たちは無意識のうちに，してほしい行動を言葉にして指示や命令をする形で伝えています。そうすることで，その行動を起こすよう相手の脳に働きかけているのです。これにより行動が容易になります。行動を起こすための努力が少なくて済めば済むほど，その行動が起こる可

能性は高まります。

次の例を見てください（図28）。

👍 OK
指示・命令をする動詞をプロンプトに使う。

👎 NG
プロンプトに名詞を使う。

図28

左側の例では明確で具体的な動詞を使用しています。これにより，訪問者が行動を起こす可能性が高まります。

●●● アビリティ ●●●

プロンプトを作成する際は，抽象的な言葉よりも，何をすべきか明確に伝わる言葉を使うほうが効果的です。左側の例では，「希望する項目を教えてください」と書くこともできますが，「教えてください」よりも「チェックしてください」のほうが具体的であり，行動を起こすのが容易になります。

●●● ここをクリック／スワイプしてください ●●●

なにか他の作業をしている訪問者にボタンをクリックしてほしいなら，具体的な行動を言葉にすると最も成功しやすいでしょう。システム1にとって理解しやすいのは，「お得な情報をチェック」や「見積を請求」などの概念的な言葉ではなく，「ここをクリック」「スワイプしてください」などの具体的な行動です。

なお，「ここをクリック」などの言葉を使うことに異を唱えるユーザビリティの専門家もいることでしょう。なぜなら，よく知られたUXのガイドライ

ンのひとつに，「CTA には，目標とする行動が取られた結果を動詞として表記すること」というものがあるからです。たとえば，「パンフレットを請求する」というようなものです。確かに，このガイドラインが当てはまる場面も多くあります。しかし，他の作業をしている訪問者の気をこちらに向かせたい場合は違います。そのようなときには，システム 1 のみに焦点を当てたプロンプトをデザインしなくてはいけません（図 29）。

👍 OK
他の作業に集中している訪問者の注意をこちらに向けたい場合，してほしい行動を言葉で示す。

🙅 NG
行動の結果を示している。他の作業に集中している訪問者の注意を自分のバナーに向けたい場合には，この方法は使えない。

図 29

■ 求める行動を，指示や命令をする言葉を使って示そう。

▶▶ 覚えておくべきポイント
- なすべきことを具体的に示すと，行動を起こすのが容易になる。
- 動詞を使う場合，指示や命令をする言葉（氏名を入力してください，など）を使うのが最も効果的。

▶▶ あなたにもできる具体策
- 求める行動を，指示や命令をする言葉を使って示す。
- 他の作業をしている訪問者の注意を引きつけたい場合には，プロンプトに「ここをクリック」という言葉を使っても問題ない。

好奇心

底なしともいえるほど深いゴミ箱があったら驚きますよね？　近寄ってのぞいてみたくなりませんか？　それを確かめるためにスウェーデンで行われた実験は大成功を収めました。

　この実験は，フォルクスワーゲンによる「ファン・セオリー」プロジェクトの一環で行われました。このプロジェクトは，人々の行動を変えるカギは楽しさ（fun）にあると示そうとしたものです。研究者たちは，ある特別なゴミ箱を公園に設置しました。ゴミ箱の中には電子的な仕掛けを取り付け，外側には「世界で一番深いゴミ箱」と大きく書きました（図30）。誰かがこのゴミ箱にゴミを捨てると，ヒューッとどこまでも落ちていくような効果音がし，数秒後にはドスンという大きな音が聞こえます。ゴミ箱に書かれた文字に興味を引かれなくても，周りに集まっている人々の驚いた顔を見れば，つい気になってしまうことでしょう。

150 ポンド　　　　65 ポンド

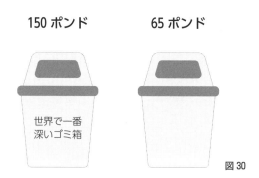

図30

研究者たちの予想は当たりました。人の行動を変えるカギは「楽しさ」だったのです。ある1日に集まったゴミの量を比べると，何も書いていない近くのごみ箱で65ポンドだったのに対し，仕掛け付きのごみ箱には150ポンドものゴミが集まりました。この実験で重要なのは，最初に人の好奇心をかき立てたことです。通りかかった人たちは「なぜこれが世界で一番深いゴミ箱なのだろう」「ゴミ箱の周りにいる人たちはなぜあんなに楽しそうなのだろう」と不思議に思ったことでしょう。

●●● 注意の向きを変える ●●●

行動デザイナーとして，この事例から学ぶべきことがあります。好奇心を刺激することで訪問者をその気にさせ，こちらが求める行動を取ってもらうことができるのです。特に，一連の行動の最初の一歩を促すためのプロンプトの場合には，非常に有効です。好奇心には人々の注意を引きつける力があり，それにより今していることの手を止めさせようというのです。つまり，広告にはうってつけです。

しかし，単なる好奇心だけでは訪問者の手を本当に止めさせることはできません。実際のところ，訪問者をその気にさせる道のりはここから始まります。とはいえ，訪問者の注意はすでに引き付けています。正しい方向に導くための最初の小さな一歩，最初のクリックを獲得したのです。

●●● 好奇心をデザインする方法 ●●●

好奇心の戦略を使う場合，クリックやスクロールをすればすぐに好奇心が満たされるということを明確に示しておく必要があります。

　　ということは，プロンプトに使うべき言葉はどちらでしょうか？
　　「100万ドルを手にしたいですか？」
　　「100万ドルを手にする方法はこちら！」

最初のプロンプトでは，クリックしても求める答えが得られないと感じ，システム1は「どうでもいいや」と判断するでしょう。これでは好奇心を刺激することはできません。ところが2番目のプロンプトなら，クリックすれば求め

る答えが得られることがわかっているので，好奇心は十分に刺激され，クリックにつながります。

　言葉で好奇心をかき立てるには5つの有名な方法がありますが，これはそのうちのひとつです。ではこの5つの方法について説明しましょう。

●●● 「こちら」●●●

　「こちら」という言葉を使うことで，クリックした後に目にするものを示すことができます。だからこそ，タイトルに使うことで記事を読むことを促し，件名に使うことでEメールを開くよう促し，広告に使うことでクリックするよう促すことができるのです。

- 車内の様子を写した画像はこちら
- 未来の働き方を知りたければこちら
- お客様からいただいたコメントはこちら

あなたをもっと成功させる原則

　フェイスブックで最も多くのエンゲージメントを得たトリグラム（3単語の文字列）を調べるため，BuzzSumo（SNSでシェアされたコンテンツを分析するツール）はフェイスブック上の投稿1億件を分析しました[11]。その結果，最もエンゲージメントの多かったトリグラムは，「will make you ……」（あなたを……させる）であることがわかりました。たとえばこんな感じです。

- あなたをよりよい人間に成長させる6つの真実（6 hard truths that will make you a better person）
- あなたを大笑いさせる写真（Pictures that will make you laugh out loud）
- 世界についてポジティブな気持ちにさせてくれる24枚の写真（24 pictures that will make you feel better about the world）

なぜこの言葉がそれほど効果的なのでしょうか？　それは，そこに書か

れている言葉とそれを読んだらどうなるかが直結しているからです。その
ため，その投稿を読んでみたいという好奇心がうまく刺激されるのです。

●●● 誰が（who）●●●

　人は，自分自身を他の誰かに投影して，物事を批判したり称賛したりするも
のです。そのため，具体的な人物を参照することで好奇心を高めることができ
ます。

- 当社のコースを修了したターニャの現在の姿はこちら
- 当社を利用したジョーンズ一家の感想はこちら

●●● どうやって／どうして（how／why）●●●

　何か学ぶことがあると聞くと興味をそそられる人もいます。そのため，
「how：どうやって／〜する方法」や「why：どうして／なぜ」などの言葉を使
うことで訪問者の好奇心を高めることができます。

- 1つのティーバッグからポット5杯分のお茶をいれる方法
- なぜ我々は脳の5パーセントしか使っていないのか

●●● リスト ●●●

　リストは人の好奇心をかき立てます。リストに目を通すことで，なにか新し
いことを手短に学ぶことができますし，ランキングを知りたいという気持ちを
満たすこともできます。人間は競争好きな生き物なのです。

- マーケティングで最も犯しがちな間違い（人間は間違いが好きな生き物
  でもあります）
- コンバージョン率を上げる10の方法（人間は利益が好きな生き物でも
  あります）

●●● 常識や期待を裏切る ●●●

　一般的に信じられていることと逆の意見に直面すると，人は不快になりま

す。そのため，一体どうしてそうなるのかを調べたくなります。

- その朝食の常識は間違いだらけ
- 運動すると太る理由

●●● テキストと画像 ●●●

　ここまで示した例は，言葉で好奇心をかき立てる方法でした。しかし広告では，なによりも視覚的なコミュニケーションが必要です。ただ，好奇心はまだ見ぬものに対して起こるものなので，視覚的に好奇心をかき立てるのはなかなか困難です。しかしいくつかの方法はあります（図31）。

- 物の一部を隠す
- 商品のごく一部を見せる
- 商品に反応している人の様子を見せる
- 先行案内の動画を見せる

👍 OK
商品のごく一部を見せることで好
奇心をかき立てる。

新型
V20

デザインを見る

図 31

●●● がっかりさせない ●●●

　注意すべきは，訪問者をがっかりさせないことです。訪問者の好奇心は確実に満たされると，あらかじめ明示しておく必要があります。釣りタイトルで誘い込んでおいて実際は薄い内容を提供するというようなことではいけません。本当に価値のある対価を与えなくてはいけないのです。そうでなければ，プロンプトとしての役割は果たすかもしれませんが，訪問者は途中でサイトを離れ，二度と戻ってこないでしょう。

■ 訪問者の好奇心をかき立て，クリックする気にさせよう。

▶▶ 覚えておくべきポイント
- 好奇心は注意の向き先を変える。
- その好奇心がすぐに満たされるとわかっている場合は特に有効。
- そのため，好奇心は「ちょっと見てみよう」というモチベーションを高める。
- これを「好奇心」の戦略と名付ける。
- 行動デザイナーとしては，「好奇心」の戦略をプロンプトのデザインに利用できる。
- 好奇心は，最初の一歩を踏み出させるのに使える。そこからが，人を動かすゲームの本当のスタートだ。

▶▶ あなたにもできる具体策
- 訪問者の好奇心をかき立て，クリックする気にさせる。
- テキストを使って好奇心をかき立てるには，「こちら」，who・how・why，リスト，常識や期待を裏切るものを使う。
- 視覚的に好奇心をかき立てるには，物の一部を隠す，商品のごく一部を見せる，商品に対する反応を見せる，先行案内の動画を見せる。
- その行動を取ったらすぐに訪問者の好奇心が満たされることを示す。
- 訪問者の好奇心をきちんと満たし，がっかりさせない。

破格のお得情報

格段に得する可能性に直面すると，人は作業の手を止める

正直に答えてください。無料のメールマガジンに心躍らせますか？　5パーセント引きならどうですか？　多くの人は見向きもしないでしょう。私たちはこんなことには慣れっこになってしまい，ただ肩をすくめてその場を立ち去るだけです。ただしこれは，本当に驚くようなお得情報を目にするまでです。そのとき，人はチャンスを逃さないよう，すべてを投げ出すでしょう。

　オンライン環境にいる人は，いつもあれこれ大忙しです。ソーシャルメディアに熱中したり，ユーチューブでジャズ講座を視聴したり，仕事のEメールをチェックしていることだってあります。そんなとき，システム2が作業に集中しているあいだも，システム1は働き続けています。システム1は無意識のうちに，オンライン上に現れるテキストや画像に目を通しているのです。幸いなことに，多くの場合，システム1はそれらを無視することができます。しかしときには，とても興味深いお得情報に気を取られてしまうこともあります。次のような情報があれば，どうしても気になってしまうでしょう。

- テレビを8割引きで購入
- 100ドルのキャッシュバック
- ボックスセットの視聴が無制限で3カ月間無料

どれもうますぎるほどの話ですね。どういうことか見てみましょう。

👍 OK
特価での提供を少ない語数で伝える。

テレビが 8 割引き

特価をチェック

図 32

　行動デザイナーは，このような破格のお得情報を伝えることで，訪問者の手を止める力を生み出すことができます。つまり，作業している手を文字どおり止めさせるのです。ただし，この「破格のお得情報」戦略を使うには，次のような特定の条件があります。

●●●● 本当にお得な情報を示す ●●●●

　前述のとおり，5パーセント引きではシステム1は食指を伸ばさないでしょう。そこにしかない，本質的なお得を提供しなくてはいけません。先ほど例示したような，高い割引率やキャッシュバック，低価格などが当てはまります。また，日常の問題に対して簡単な解決策を示すことも有効です。

- 目の下のくまとはもうおさらば
- クリスマスツリーを1分以内に飾り付ける方法
- 座りながら体重を減らそう

●●●● 簡潔に示す ●●●●

　ここで相手にしているのはシステム1です。前述のとおり，システム1は7

歳児程度と考えると，提示する情報をあまり複雑にしてはいけません。文章は簡潔を心がけ，少ない語数に収めてください。長々としたまとまりのない文章では，システム1に完全に無視されてしまいます。少ない語数に収めることができれば，システム1が自動的にそのメッセージを読み，訪問者の作業の手を止めさせる可能性が高まります。

　また，フォントは大きくしましょう。小さな文字では誰も読もうとはしません。なにしろ，システム1をその気にさせるのは簡単なことではないのです。さらには，テキストに合ったイメージ画像を使うことで，より素早く明確に情報を伝えることができます。

■ うますぎる程のお得情報で訪問者をその気にさせよう。

▶▶ 覚えておくべきポイント
- 格段に得する可能性に直面すると，人は作業の手を止める。
- これを「破格のお得情報」の戦略と名付ける。

▶▶ あなたにもできる具体策
- うますぎる程のお得情報で訪問者をその気にさせる。
- 簡潔な言葉や文章でお得を伝える。
- 文章は少ない語数に収める。
- 可能であれば，大きなフォントや内容に合った画像を使う。

やさしい質問

人は簡単な質問に対しては反射的に答える

こんな経験をした人もいることでしょう。夕食にしようと食卓についたところで，玄関のチャイムが鳴りました。玄関には学生がいて，はきはきとした声でこうきいてきました。「こんばんは。動物はお好きですか？」もちろん好きです。そう答えたあなたは，意識しないうちに会話を始め，最終的には寄付をお願いされることになるのです。

図33

　本章では，会話をスタートさせる最初の質問について説明します。実生活では，これが会話を始めるプロンプトとなります。この戦略は，質問に対しては反射的に返答してしまうという人間の性質を利用しています。これを「やさしい質問」の戦略と呼びましょう。私たちは子どものころから，質問されたらていねいに答えましょうと親や先生から教えられています。返答しないでいると問題になる場面も実際に多くあります。抜き打ちの小テストでは，正答できると純粋に喜びを感じます。

●●● やさしい質問に回答ボタンを添えて ●●●

　質問には答えたくなるというこの抑えがたい衝動は，オンライン上でも使えます。２つか３つの選択肢から選べる簡単な質問をすればよいのです。選択肢の数は４つでもいいですが，５つでは複雑になりすぎます。次の例は，バイヤーマインズ社のヨリスのチームが，bol.com（オランダ最大のオンライン小売業者）向けに行った実験です。顧客が商品レビューを書き込むフローを最適化し，レビュー数を増やそうとしました。この実験では，「レビューを書く」という行動を起こすためのプロンプトは，商品購入後に届くEメールでした。そこで，２つのバージョンのEメールを試してみました（図 34）。

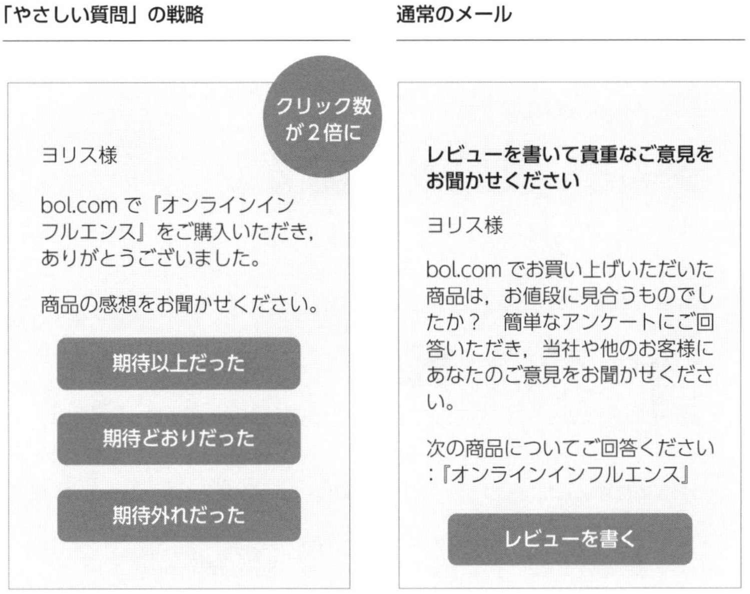

「やさしい質問」の戦略

通常のメール

クリック数
が2倍に

ヨリス様

bol.com で『オンラインインフルエンス』をご購入いただき，ありがとうございました。

商品の感想をお聞かせください。

- 期待以上だった
- 期待どおりだった
- 期待外れだった

**レビューを書いて貴重なご意見を
お聞かせください**

ヨリス様

bol.com でお買い上げいただいた商品は，お値段に見合うものでしたか？　簡単なアンケートにご回答いただき，当社や他のお客様にあなたのご意見をお聞かせください。

次の商品についてご回答ください：『オンラインインフルエンス』

- レビューを書く

注：実際の実験に使われたEメールを単純化して示している。

図 34

　結果は大成功でした。簡単な質問に３つの選択肢を添えた左のバージョンは，クリック数が２倍にも増えたのです。この実験により，私たちのチームは第１回オランダ CRO 賞を受賞しました（CRO は Conversion Rate Optimization（コンバージョン率最適化）の略）。

●●● 最強の口説き文句 ●●●

多くの場合，やさしい質問は，カスタマージャーニーの起点として最適な第一歩となります。質問の主目的は，他の作業をしている訪問者の注意を引きつけることです。訪問者の目をこちらに向けさせて初めて，本当のお誘いが始まるのです。やさしい質問の例をいくつか示します（図35）。

👍「やさしい質問」の戦略

図35

最後の質問は，個人的な好みをきいているのではなく，小テスト形式になっています。このような質問には，どうしても答えたくなってしまうことが多いようです。

●●● 本当に簡単に ●●●

　ヒント　質問は本当に簡単なものにしましょう。プロンプトが相手にしているのはシステム1です。繰り返すようですが，システム1は7歳児程度なのですから。つまり，具体的でわかりやすく，選択肢がある質問にしましょう。

●●● 軽い質問を ●●●

　また，質問内容は，心理的にも社会的にも「安全」なものに限ります。つまり，質問に答えることで，私的なことをさらけ出したり個人情報を暴かれていると回答者が感じるようではいけません。質問は軽い内容にしましょう（図36）。

🗭 NG
個人的すぎる質問をする。

あなたの収入は？

| 平均以下 | 平均 | 平均以上 |

孤独を感じることはありますか？

| はい | ときどき | いいえ |

図36

●●● 必ず回答できるように ●●●

　最後に，すべての人が回答できるようにすることを忘れないでください。時には，「わからない」「両方」「たぶん」などの選択肢が必要になります。

■ わかりやすく答えやすい質問を訪問者にしよう。

▶▶ 覚えておくべきポイント
- 人はやさしい質問に対しては反射的に答える。
- これを「やさしい質問」の戦略と名付ける。

▶▶ あなたにもできる具体策
- わかりやすく答えやすい質問を訪問者にする。
- 質問は短く，具体的に，選択肢から選べるようにし，安全な内容にする。
- 2つか3つか4つの選択肢を準備する。
- すべての人が回答できるようにする。

未完了タスク

オンラインの専門家なら，リンクトイン（ビジネスに特化した SNS）を使っている方も多いことでしょう。次につながり申請を承認する機会があれば，承認後に表示される画面に着目してください。手続き完了の通知やお礼の言葉が大々的に表示されるわけではありません。最初に目につくのは，次のタスクを知らせるプロンプトです（図37）。

　つながりの承認がうまくいったあなたは，こう思うことでしょう。「さあ，仕事に戻る時間だ」と。しかし，リンクトインは知っています。「さあ，捕まえたぞ」と。そして，プロフィールの項目を埋めたり，さらに多くのつながりを作るよう提案してきます（図37）。このようなプロンプトを使うことで，プラットフォーマーは「まだ終わっていませんよ」というサインを送っているのです。私たちはこれを「未完了タスク」の戦略と名付けました。
　この戦略の基盤となるのは，「手をつけた仕事は最後までうまくやり遂げたい」という感情です。やりかけた仕事を途中で投げ出すのは心地の悪いものです。行動デザイナーとしては，作業の終着点を探してこの状況を利用すればよいのです。たとえば，サンクスページや登録確認ページなどを使い，新しい行動を促しましょう。ただし，この方法が有効なのは，今終えたばかりの行動と新しい行動に関連がある場合のみです。具体例をいくつか挙げます。

　オンラインのメールマガジンに登録した後のサンクスメールで
　　「最新情報を手に入れませんか？　こちらのホワイトペーパーをダウンロードしてください」

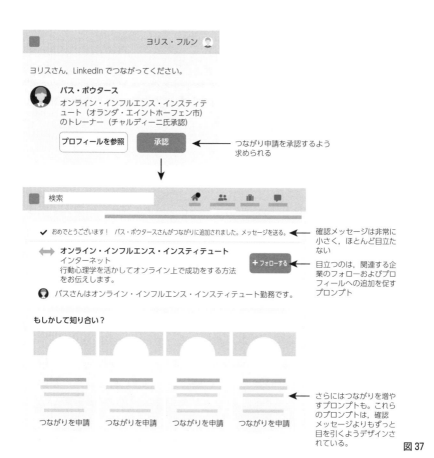

図 37

航空券を購入した後で

「アムステルダム・スキポール空港への行き方を今すぐチェック」

旅行アプリで通貨単位を選択した後で

「プロフィールの更新を」（図38）

●●● 最後の一歩 ●●●

　ロシアの心理学者ブルーマ・ツァイガルニクは，未完了のタスクは人間の脳に残り続けるということを発見しました[12]。やりかけの仕事があると人は不安を感じ，その仕事をやり終えたいと思うのです。

通貨単位に英ポンドを選択した直後，新しいアカウントの作成
を促され，個人設定に英語が追加される。　　　　　　　　図38

　これがタスクを完了させるための最後の一歩です，と伝えることで，訪問者
はその行動を取とろうという気になるでしょう。さあ，ゴールはすぐそこで
す，あと1回クリックするだけですよ，と。
　これをうまく活用しているのがエアビーアンドビー（Airbnb）です。旅行を
終えた利用者に対し，レビューを依頼するのではなく，「あなたの旅の最後の
一歩です」という言葉で巧みに誘導しているのです。「未完了タスク」の戦略
を見事に使いこなしています（図39）。

図39

■ 求められた行動を取ることが，合理的な次のステップであることを示そう。

▶▶ 覚えておくべきポイント
- 人はやりかけの仕事があると落ち着かない。
- やりかけているタスクを継続したい，あるいは完了させたい，というモチベーションが高まる。
- これを「未完了タスク」の戦略と名付ける。
- ツァイガルニクの発見により，最後の一歩には特にモチベーションが高まることがわかった。

▶▶ あなたにもできる具体策
- 求められた行動を取ることが，合理的な次のステップであることを示す。
- カスタマージャーニーを完了させるための最後の一歩である場合には，特に有効である。

第III部

モチベーションを高める

モチベーションの定義

第Ⅱ部では，プロンプトとは何か，プロンプトを使ってターゲットグループの行動を促すにはどうすればよいかを学びました。第Ⅲ部では，フォッグ行動モデルの2番目の要素，モチベーションについて説明します。

「モチベーション」（motivation：動機，やる気）という言葉は日常的によく使われます。「今日はやる気満々だ」とか，逆に「今日はモチベーションがまったく湧かない」などという言葉を何度口にしたことでしょうか。モチベーションとはつまり，私たちの内側から出てくる「何かをしたい」という力です。モチベーションの基盤となる要素として，喜びと苦しみ，期待と恐れ，社会的受容と社会的排除，といったものが挙げられます。まずはこの6つの要素について説明し，その後，訪問者のモチベーションを高める方法を示しましょう。

●●● 喜びと苦しみ ●●●

人はみな，喜びは味わい，苦しみは避けたいものです。これがモチベーションの最も原始的な形であり，動物にもみられます。この2つの要素では，「今」「ここで」が問題となります。

実生活での例としては，心地よさを得るために日向ぼっこでリラックスしたり，雨に濡れる苦しみを避けるために雨宿りすることなどが挙げられます。オンラインでは，好みのキャラクターに「恋する」ことで喜びを感じる場合が挙げられます。また，面白おかしいゴシップを読んだり難しいゲームに挑んだりすることが，楽しみにつながります。オンライン上で物理的な痛みを実際に感じることはありませんが，いら立つ気持ちがそれに近いかもしれません。突然大音量を出すウェブサイトがあったら，すぐに閉じてしまうでしょう。読みた

いページを隠すポップアップ広告も同様です。このような広告にいら立つあまり，広告をブロックするオンラインサービスに有料で登録したりするのです。

●●● 期待と恐れ ●●●

　期待や恐れは，長期的にどうしたいか，ということに関わってきます。何かを期待するとき，行動を起こしたからといってすぐに良い結果が得られるわけではありません。その行動の見返りは未来に起こるのです。また，恐れを抱くときは，将来的に起こる痛みや損失を予期しているのです。

　このような高度なモチベーションは，計画的な行動を促します。たとえば，メールマガジンの定期購読に登録するときには，将来的に少し賢くなった自分を期待していることでしょう。また，ウイルス対策のソフトウェアをインストールするのは，将来的なハッキングのリスクを恐れてのことでしょう。

　基本的なルールは，「予想される見返りが大きければ大きいほど，その行動を起こすモチベーションは高まる」です。また，見返りが得られる時期が早ければ早いほど，努力をしようという気持ちは大きくなります。たとえばお急ぎ便やワンクリックでのアクセスなど，すぐに見返りが得られるとわかっていれば，長々しい登録フォームに入力するという面倒な作業に対してもやる気が出てきます。フォッグは「人を動かすための最も真っ当な方法は，より良い未来への期待によってモチベーションを上げることだ」と言っていますが，それには理由があるのです。

●●● 社会的受容と社会的排除 ●●●

　期待と恐れは人間の行動を左右しますが，社会生活の中では特殊な形を取ります。私たちの行動の多くは，特定のグループに属したいという欲求，あるいは，少なくとも拒絶されたくないという欲求から起こります。たとえば，金銭的な報酬がないにもかかわらずフォーラムなどへ熱心に参加するのもこのためです。また，ソーシャルメディアで少しでも多くの「いいね」を得るためならどんな苦労もいとわない人もいます。

　オンラインアプリは，利用者を長時間留まらせるため，この社会的な動機付けを積極的に利用しています。ソーシャルメディアに必要以上の時間を割くのは，広告主の利益にしかなりません。そのため，行動デザイナーとしては，こ

の形態のモチベーションを使うときには注意しなくてはなりません。訪問者にさせようとしている行動は，訪問者のためになるものかをよく考えてください。

●●● すでにモチベーションがある訪問者に ●●● フォーカスする

　先述のとおり，フォッグ行動モデルの3要素（モチベーション，アビリティ，プロンプト）のうち最も影響を与えるのが難しいのがモチベーションです。特定のゴールを達成しようというモチベーションは，そう簡単に作り出せるものではありません。なにかをしたいという欲求の度合いは，その人の経験や社会的環境，メディアなどに左右されます。しかし，どうすればやる気を出し，どうすればやる気が出ないのかは，その人の性格にもよります。

　例として，新しいアイフォンを購入するときのことを考えてみましょう。新機種を欲する背景には，今まで経験してきたアイフォンの使い心地，周りの人が使っているスマートフォンの種類，今使っているアイフォンではできないこと，新機種の素晴らしさを約束するウェブサイトなどがあります。しかし，オンライン行動デザイナーとしては，最後のひとつ，ウェブサイトにしか影響を与えることができません。つまり，その役割はかなり限定的なのです。

　モチベーションのない訪問者ではなく，すでに多少のモチベーションがある訪問者に焦点を当てるように，とフォッグは強く推奨していますが，その理由はここにあります。すでにモチベーションのある訪問者を念頭に，効果的なプロンプトを作成し，求める行動を容易にすることで，訪問者に影響を及ぼす可能性が最大化されるのです。フォッグはこうも言っています。

　　「モチベーションがある人の行く手に，最適なトリガーを用意しよう」

　「最適なトリガー」とは，訪問者が直接的に応答できるプロンプトのことを指します。旧バージョンの行動モデルでは，プロンプトではなくトリガーという言葉を使っていました。

　理解を深めるため，簡単な例をみてみましょう。あなたは傘屋の店員です。傘を売るのに最適なのは雨の日だということは，誰にでもわかります。傘を持たずにショッピングモールに入って来たお客さんを相手にすればさらによいで

しょう。同様に，サッカーのチケットを売るのに最適なのは，サポーターやサッカーファンに向け，試合の1週間前にチケットショップのリンクを付けたメッセージを送ることです。

　つまり人を動かすコツは，傘やチケットを「広告すること」ではないのです。最適なときにプロンプトを提供し，行動を容易にすることこそが重要なのです。

●●● 軽くあと押ししてあげる ●●●

　では，訪問者のモチベーションを上げるすべは何もないのでしょうか？　もちろん，そんなことはありません。プロンプトを提示する際にコンテンツを工夫することで，モチベーションを上げることはできます。モチベーションを作り出すことはできないかもしれませんが，すでにあるモチベーションを呼び覚ますことはできます。成功に導くための，十分に検証された手法があるのです。

　たとえばサッカーファンであっても，チケットを購入するモチベーションがいつでも高いわけではありません。テレビ放映される試合であったり，スタジアムが非常に遠い場合などは，それほど行きたいとは思わないかもしれません。つまり，フォッグ行動モデルでみると，行動ラインの下に位置しているのです。このような場合はチケットを購入しません（図40）。

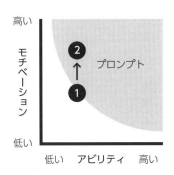

モチベーションを少し押し上げるだけで，ターゲットグループの大多数が行動ラインの上へと移動する。　　**図40**

行動デザイナーならここで，いくつかの戦略を用いて人々の背中を押し，正しい方向へと導くことができます。それによりコンバージョンの可能性が高まります。たとえば，社会的証明を用い，子どもを持つ父親の多くがチケットを購入済みだと伝えましょう。または，損失回避を用い，今シーズンで引退する選手の活躍を生で見る機会はこれで最後かもしれないと伝えることもできます。あるいは，未来への期待を用い，盛り上がっている観戦者の写真を掲載することも有効です[14]。

　このような10の戦略について，次の章から順に説明していきます。各章では，それぞれの原則について簡単に説明したあと，実例やオンラインの実践例を用いて裏付けをしていきます。さらに本書の後半では，これらの原則を実践に活かす方法を場面別に説明し，これらの原則を使って顧客をサポートする方法も示します。

●●● モチベーションを高める 10 の原則 ●●●

■ 1．未来への期待

将来的な報酬を視覚化することで訪問者の期待を高める。

■ 2．基本的欲求への訴求

自分の提案に関連する基本的欲求を見つけ，テキストやイメージで表現する。

■ 3．社会的証明

他の人たち（特に訪問者と似た人たち）も同じ行動を取っていることを，わかりやすく示す。

■ 4．権威

自分自身が権威であることを示すか，他人の権威を借りる。

■ 5．ベイビー・ステップ

小さなステップを使うことで訪問者をその気にさせ，「大きな」行動へと一歩一歩進ませる。

■ 6．希少性

時間的・物量的な希少性を強調することで商品をより魅力的に見せる方法を考える。

■ 7．ポジティブなフィードバック

惜しみなく褒める。

■ 8．損失回避

求める行動を，損失の回避という観点から提示する。

■ 9．知覚価値

自分がどれほど努力したかを示し，訪問者にも努力してもらう。

■ 10．理由

なぜ訪問者がその行動をとるべきか（正当な）理由を考え，その理由をデザインの一部にする。

●●● モチベーション向上の対価 ●●●

ここで１つ注意すべきことがあります。モチベーションを上げる対価として，複雑さが増してアビリティが低下するということが起ります。なぜなら，モチベーション向上を狙ったコンテンツの一つひとつを目に留め，読んで理解するという処理が訪問者の脳内で行われるからです。つまり，コンテンツを追加するたびに頭の中で処理すべきことが増えるのです。それが行きすぎると，行動を起こすためのアビリティが大幅に減少してしまうことも起こり得ます（図41）。

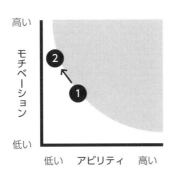

モチベーション向上を狙ったコンテンツを入れることでアビリティが下がり，プラスの効果が相殺されたり，かえって逆効果になることもある。　**図41**

訪問者をその気にさせる戦略があると知って小躍りし，思いつくだけの原則をすべて使ってウェブサイトを飾り立てるというのは，新米の行動デザイナー

が陥りがちな罠です。このようなことをするのは実は逆効果なです。「余分な」コンテンツは慎重かつ控えめに用い，その行動に対するモチベーションを最も効果的に高めるのはどの原則なのか見極めるようにしましょう。

外発的動機付け

　ここまでは，自分の中から湧き起こるモチベーション，つまり内発的動機付けについて説明してきました。しかし，人をその気にさせるために報酬を追加することもあります。たとえば，メールマガジン購読に登録すれば５ドル割引になるという場合です。これは外発的動機付けと呼ばれ，自分の外からの働きかけにより起こるモチベーションです。内発的動機付けが十分でない場合には，外発的動機付けを利用するのも賢い選択肢となります。外的な報酬は最初のひと押しとして機能するでしょう。メールマガジンの例でいえば，最初のメールマガジンを読んで初めて，内発的動機付けが高まるかも知れません。しかし，購読しようという動機を十分に高めるには，５ドルという外発的動機付けが必要だったのです。

未来への期待

将来的な報酬を期待することでゴールに向かう行動がとれる

旅行そのものよりも旅行までの高揚感を楽しむ，そんな人もいることでしょう。人は期待することで，未来の出来事を楽しみに待つことができます。しかし，さらに興味深いことがあります。期待は，ゴールに向けた行動を取るうえで，ある役割を果たしているのです。

KML のサイトでは，キュラソー島でのダイビングの様子を体験者の視点から撮影した写真を掲載することで将来の報酬を示し，訪問者の期待を高めている。

図 42

●●● ドーパミンによる動機付け ●●●

将来的な報酬を期待するメカニズムにおいて重要な役割を果たしているのがドーパミンです。ドーパミンとは，いわゆる神経伝達物質の一種で，脳細胞間の情報伝達で重要となる化学物質です。

報酬のジュース

注意

これは，サルを使った実験の典型例をデフォルメして表現したものである。

操作バー

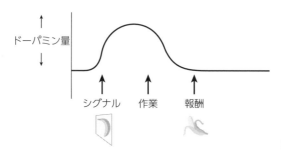

ドーパミン量

シグナル　作業　報酬

図 43

　かつては，ドーパミンの働きにより，「報酬を受け取る」ときに幸福感を得る（心理学用語で「liking：好き」と呼ぶ）と考えられていました。なぜなら，ドーパミンが脳内に放出されると，その直後に快感を覚えるからです。しかし，サルを使った新たな研究では，ドーパミンは主に「報酬を期待する」ことと関係していることがわかりました。特定の報酬に対する欲求によって行動を起こす動機が高まること，これを心理学では「wanting：欲しい」と呼んでいます[14]。

　サルを使った実験は次のように行われました[15]（図 43）。サルは，シグナルが消えるとすぐに報酬（おいしいジュース）がもらえるとわかっています。このジュースを得るため，サルは繰り返しボタンを押すという「作業」をしなくてはなりません。作業をしているあいだ，サルの脳内ではより多くのドーパミンが放出されていました。そして報酬のジュースをもらうと，ドーパミン量は下がったのです。つまり，ドーパミン量が増加するのは，主に報酬を得る前なの

です。ドーパミン量の増加によりサルは快楽を感じて活動的になり，目標とする行動を取ったのです。

　サルを使った別の実験では，報酬の確実性が欲求に与える影響も調べようと，ボタンを押した後に報酬が得られる確率を2分の1にしました。その結果，放出されるドーパミン量は2倍に増加しました。つまり，不確実な報酬を期待することで快楽がより強まったのです。これは，より多くのドーパミンを放出することで活動レベルを上げ，不確実性を排除する方法を探し出そうとするためと考えられます。不確実な報酬は，大量のドーパミンで人を中毒にさせることもあります。カジノの例を考えてみてください。ギャンブルという「作業」をすることで，勝つか負けるかという不確実な報酬を得ようとしているのです。

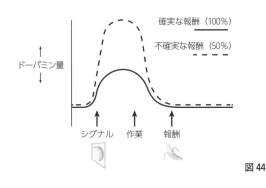

図44

●●● 期待を演出する ●●●

　この原理をウェブサイトに適用するのはそれほど難しくありません。報酬となり得るものが訪問者の目にとまるようにすればよいのです。たとえば，ビーチでの休日を予約しているなら南の島の，目的地がニューヨークであれば高層ビル群の写真や動画を見せるのです。できれば，訪問者の視点から撮影した現実感のあるイメージを使いましょう。そうすることで，将来の楽しい時間を期待しやすくなります。当然のことながら，報酬が大きければ大きいほど，それ

を欲する気持ちも大きくなります。一方で，報酬が手に入る時期が早ければ早いほど，欲求が大きくなることもわかっています。たとえば，旅行の予約をしたら即座に無料ビーチボールがもらえるなど，すぐに得られる小さな報酬を想像するだけで，遠い先の実際の旅行について考えるのと同程度のドーパミンが放出されることもあります。

　また，テキストを使って将来的な報酬をイメージさせることもできます。ホテルの予約を検討している訪問者には，「美味しいシャンパンのボトルにお客様のお名前を添えてお待ちしています」といった言葉を使ってみてはどうでしょうか。このひと言が，実際の予約につながる最後のひと押しになるかもしれません。

●●● カスタマージャーニーの最後まで ●●●

　しかしあなたはこう思うかもしれません。ちょっと待てよ，私はすでに報酬を示しているではないか，と。実際のところ，プロが作成したウェブサイトやアプリであれば，魅力的なイメージや上手いテキストをすでに使っていることでしょう。しかし，比喩的にも文字どおりにも，さらに先を見越すことが必要です。そのためには，セールスファネル（潜在顧客が購入に至るまでのプロセスを逆三角形のじょうごにたとえたモデル）の最初だけでなく，最後まで継続的にドーパミンを上昇させ続けさせなくてはなりません。

　たとえば，選んだ商品（将来的な報酬）の写真を，商品詳細ページだけでなく，その後の手続きのあいだもずっと見せ続けることができます（図45）。そうすることで，セールスファネルの最終ステップまでドーパミンが出続け，次のステップに進むためのモチベーションを高く保つことができます。

●●● 幸せの瞬間を探す ●●●

　訪問者のドーパミンを増やすのに適したイメージは，ある簡単な方法で見つけることができます。訪問者に今後訪れるであろう幸せの瞬間をすべて，時系列に並べてみるのです。例として，トレーニングに参加する場合を表にしてみました（表4）。

　つまり，将来的な報酬を示すことで，実際の商品そのものよりも大きなインパクトを与えることができることもあるのです。商品やサービスを利用したあ

👍 OK
注文手続きのあいだも将来の報酬を見
せ続ける。

🤚 NG
無味乾燥な登録フォーム。

必要な情報を入力してください

Eメールアドレス

氏名

配送先住所

図 45

	時間 →			
幸せの瞬間	トレーニングへ参加する	トレーニングを修了する	試験に合格する	得た知識を活用して成功する
イメージ	学習環境の画像	すべて完了済となった進捗グラフ	合格証	TED の講演で聴衆が拍手している画像

表 4

とに現れる良い結果を示すことも有効です。デイクリームを使用したあとの皺
のない顔，ジム通いしたあとの引き締まった体，TED の講演で拍手している
聴衆などが，効果的な例として挙げられます。

●●● シンプルかつ具体的に ●●●

ところで，「未来への期待」が働きかけるのはシステム１だということはお
忘れなく。つまり，イメージは具体的に，テキストは短く平易にすることが大
切です。

■ 将来的な報酬を視覚化することで訪問者の期待を高めよう。

▶▶ 覚えておくべきポイント
- 将来的な報酬を想像することでゴールに向かう行動がとれる。
- その将来的な報酬を示すことで期待を高めることができる。
- 行動をとった直後に報酬が得られる場合，より高い効果が得られる。
- これを「未来への期待」の原則と名付ける。

▶▶ あなたにもできる具体策
- 将来的な報酬を視覚化することで訪問者の期待を高める。
- そのためには，求める行動を取った後に訪れる幸せの瞬間をすべて洗い出し，最も効果的なものを視覚化または言語化する。
- 視覚化したイメージは，セールスファネルの入口だけでなく，実際の行動に結びつく最後の瞬間まで見せ続ける。

基本的欲求への訴求

モチベーションの背後にはいくつかの基本的欲求がある

米国人のエマニュエル・ハルデマン゠ジュリアスは,「リトル・ブルー・ブックス」と呼ばれる一連の書籍を出版し,1930年代には巨万の富を手にしていました。これらの書籍は,シェイクスピアやゲーテなどの文学作品を安価な用紙に大量に印刷する手法で作られ,1冊5セントで2百万部以上を販売しました。5セントといえば,当時のハンバーガーの値段です。この価格が当たったこともありますが,売り上げを押し上げた背景にはある素晴らしいアイデアがありました。

販売を始めてすぐ,ハルデマン゠ジュリアスは,よく売れる本とそうでない本があることに気づきました[16]。そして,売れ行きのよくない本の販売数を増やすため,タイトルを変更したのです(表5)。

原題	変更後のタイトル
Ten O'Clock(10時) 販売部数:2,000部	What Art Should Mean to You(あなたにとっての芸術の意味) 販売部数:9,000部
Fleece of Gold(金色の毛) 6,000部	Quest for a Blonde Mistress(金髪の愛人を求めて) 50,000部
Art of Controversy(論争術) 300部	How to Argue Logically(論理的に議論する方法) 30,000部
Casanova and his Loves(カサノヴァと愛人たち) 8,000部	Casanova: History's Greatest Lover(カサノヴァ:史上最高の愛人) 22,000部
Apothegems(格言集) 2,000部	Truth About The Mystery of Life(人生の不思議に関する真実) 9,000部

表5

●●● 基本的な欲求 ●●●

タイトル変更を何度か試し，その販売部数を見ていたハルデマン＝ジュリアスは，ベストセラーとなった書籍のタイトルには秘密があることに気づきました。それらにはすべて，人間の基本的な欲求に関連する言葉が含まれていたのです。

たとえば，「人生の楽しみ」や「勝利」に関する欲求です。『論理的に議論する方法』というタイトルを見た読者は，仕事で成功する方法，あわよくば他人を出し抜く方法までも学べると思うでしょう。『人生の不思議に関する真実』というタイトルはどうでしょうか。この本を読めば，人生が少しだけ理解可能になりそうな気がしますね。

●●● 8つの基本的欲求 ●●●

コピーライターのドルー・エリック・ホイットマンは，著書『現代広告の心理技術101』の中で，訪問者のモチベーションを高めたいときに使える8つの基本的欲求を列挙しています[17]。

1. 人生の楽しみ，長生き
2. 飲食の楽しみ
3. 恐怖，痛み，危険からの解放
4. 性生活
5. 快適な生活
6. 出世，勝利
7. 大切な人の世話と保護
8. 社会的承認

このリストの使い方は単純です。訪問者へなにかを提案する際，8つの基本的欲求のうち，どれかひとつを満たすことを意識してみましょう。そうすることで，その提案を受け入れようという訪問者のモチベーションは自然と高まります。

また，テキストやイメージを使うことで，訪問者は無意識のうちにあなたの

提案と基本的欲求を結びつけるようになります。カーネマン流の言葉を使えば、システム1が「そうだ、私もこれが欲しい」と思うのです。これにより、訪問者の中で肯定的な感情が生まれ、システム2が提案の詳細を検討し始めることになります。

●●● テキストを使って ●●●

基本的欲求と関連付けるには、シンプルな短いフレーズで十分です。次の例をご覧ください（表6）。

中立的なフレーズ	基本的欲求と関連付けたフレーズ	基本的欲求
当社の商品情報をお届けします	当社の商品情報を誰よりも早くゲット	勝利
出発前に最適な保険に加入しましょう	あなたとご家族をお守りします	大切な人の保護
太陽の下での休暇をお楽しみください	人生を最大限に楽しもう	人生の楽しみ

表6

●●● イメージを使って ●●●

また、基本的欲求と関連する写真や動画などを使うこともできます。こちらもいくつか例を挙げました（表7）。

商品	基本的欲求と関連付けたイメージ	基本的欲求
保険パッケージ	ゆっくりと休暇を楽しむ家族	恐怖、痛み、危険からの解放
オンラインのマーケティング研修	プレゼンテーション後に聴衆から拍手を受けている人	社会的承認
自動温度調節のエアコン	ゆったりとした服を着てソファでくつろぐ家族	快適な生活

表7

複数の基本的欲求を同時に満たす場合もあるでしょう。オンラインのマーケティング研修で得た専門性は、社会的承認という欲求を満たしてくれます。それと同時に、早く昇進して稼ぎを増やすことで人生をより楽しむこともできます。

当然のことですが、提案に関連付けられた基本的欲求は、実際に満たされる

ものでなくてはなりません。たとえば，糖分たっぷりの飲み物や電子タバコを売るのに，健康な体つきの人達がエクササイズしているイメージを使用するのは，倫理的に問題があります。

■ 自分の提案に関連する基本的欲求を見つけ，テキストやイメージで表現しよう。

▶▶ 覚えておくべきポイント
  ● モチベーションの背後にはいくつかの基本的欲求がある。
  ● これらの基本的欲求に訴えかけることで，提案に応えるモチベーションを高められる。

▶▶ あなたにもできる具体策
  ● 自分の提案に関連する基本的欲求を見つける。
  ● 関連する欲求を，テキストやイメージで表現する。

社会的証明

こんな経験はありませんか？　インスタグラムで素敵な靴を見つけ，値段を確かめようとクリックしました。それほど高くはありません。そこで突然不安になります。このショップはいったい誰だ？　信頼できるのか？　それとも，このショップから購入しようと考えるようなまぬけは世界中で自分ひとりではないのか？

　このとき，あなたは無意識のうちに「社会的証明」を探し始めていることでしょう。社会的証明とはつまり，自らの意思でこのショップから長年にわたり購入している人が，できればなるべく多く存在することを示す何かです。

　他人の行動を真似することは，人間の脳に組み込まれています。なぜでしょうか？　私たちは多くのことについて，確かなことはわかりません。わかりたいと思ってもできないのです。そのため，不確実なことがあるときには，他の人がどうしているかを見てそれを真似しようとするのです。たとえばオンラインの靴屋を信頼しきれないときなどです。

●●● 54億ポンドの証明価値 ●●●

　社会的証明の効果を示す事例として，イギリスの税務当局が行った取り組みを紹介します[18]。当局は，税の支払期限が過ぎた国民に対し，延滞通知を出していました。通知は，支払いが滞りなく行われるよう促すもので，4つのパターンがありました。

■ パターン1

　従来型の「脅迫状」。通知を受け取った人は利息および罰金の支払い義務があり，支払われない場合には裁判になる恐れもある，と書かれている。その結

果，通知を受け取った人の67.5パーセントが納税した。

■ パターン2

英国国民の9割が税金を期限どおりに支払っている，と書かれている。その結果，通知を受け取った人の72.5パーセントが納税した。少し変更を加えただけで，他の人の行動を真似するようになった。

■ パターン3

郵便番号が同じ地域に住む住民の9割が税金を期限どおりに支払っている，と書かれている。その結果，通知を受け取った人の79パーセントが納税した。

■ パターン4

同じ市に住む住民の9割が税金を期限どおりに支払っている，と書かれている。その結果，通知を受け取った人の83パーセントが納税した（図46）。

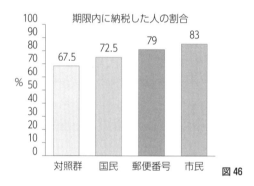

図46

ここで，重要なポイントが2つあります。1つ目は，通知を受け取った人のほとんどが，社会的証明の影響を受けたという点です。これは，パターン1よりパターン2のほうが効果が高かったことからわかります。2つ目は，通知を受けた人が他人との一体感をより感じられるはずのパターンほど，影響力が強くなるという点です。これは，パターン2，3，4の違いからわかります。通知の文言をほんの少し変えただけで，非常に大きな効果を得られました。この一文のおかげでイギリスの税務当局が追加で徴収できた税額は，合計で54億ポンドにものぼります。

●●● 大衆の智恵 ●●●

　社会的証明の原則を使って訪問者のモチベーションを高められる場面は数多くあります。ウェブ上でも人は無意識のうちに大衆の智恵に頼っているのです。なにかについて確証が持てない場合や，選択することがストレスになる場合などは，特にその傾向が強くなります。実際チャルディーニは，ウェブサイトでは社会的証明が最も強力な武器になると述べています[19]。購入や予約をする際にまずはレビューを見てみる，という人も多いのではないでしょうか。

　もちろん，これには理由があります。ウェブサイトでは購入する商品やサービスを実際に触ったり体験したりして確かめることはできません。そのため，オフラインで購入するときよりもはるかに多くの疑問を持ちます。本当にここに書かれているようにうまくいくのだろうか？　このような効果は本当に得られるのだろうか？　これは本当に私の問題を解決する最良の方法なのだろうか？　このようなとき，他人の意見を聞くことで決心が固まることも多いものです。

●●● Booking.com ●●●

　社会的証明の利用を芸術にまで高めた企業があるとすれば，それは Booking.com でしょう。同社のウェブサイトでは，カスタマージャーニーのありとあらゆる場面で「他の人はどうしたか／どうしているか」を示しています。たとえば次のような情報が可視化されています。

- 訪問者が見ているページを同時に閲覧している人数
- その宿泊施設に対するレビュー数
- 過去 24 時間にその宿泊施設を予約した人数
- その宿泊施設を利用した人によるレビューの平均点
- その宿泊施設を利用した人によるレビューのコメント
- その宿泊施設を利用した人の多さ（レビュー数の多さからわかる）
- 特定の宿泊施設には「ベストセラー」の表示

　つまり，自分の行動の正しさが常に証明され続けているというわけです。な

にしろ他の人たちもまったく同じ行動を取っているのですから。

●●● 3つのブースター ●●●

なんと，社会的証明の効果をさらに高める方法（ブースター）が3つもあります。

■ ブースター 1 ——求める行動を直接言葉にする

最初のブースターは，取ってほしい行動を直接的に言葉にすることです。これはどのような場面でも使えます。基本的には，第Ⅱ部に書かれているプロンプトの説明と同じことです。いくつか例を挙げましょう。これは，「160人が契約済です」などの一般的な表現よりも効果的です。

- この商品を購入した人のうち10人がすでにコメントをしています。
- 本日，当サイトを通じて研修の予約をした人は12人います。
- 当社のメールマガジンを購読している人は160人います。

■ ブースター 2 ——自分に似た人たち

他人の意見には力があります。多くの人の意見ならなおさらです。しかし最も強力なのは，自分と共通事項のある多くの人たちの意見です。だからこそ，イギリス税務当局の例で示したとおり，訪問者と似た人たちを用いた社会的証明を示すことが重要なのです。次に示す例では，徐々に具体性を高めています。

- この商品を購入した10人の起業家が，コメントを投稿しました。
- 20人のアムステルダム内の起業家が，本日当社のトレーニングを予約しました。
- 160人のアムステルダム内の革新的起業家が，当社のメールマガジンを購読しています。

■ ブースター 3 ——信頼性

社会的証明の効果を高める方法の3つ目は信頼性です。つまり，提示する証明が広告だと思われないことが大切なのです。Booking.comはこの点でも優秀です。ホテルの部屋が予約されると，予約者の居住国や到着時間も含めた情報

がリアルタイムで更新されます。これにより，表示されている情報はデータベースから直接取ってきたものであり，頭の回るマーケターが事前に準備したものではないとわかるようにしてあるのです。表示する数値についても同様です。端数を処理した適当な数値ではなく，実際の数値を使いましょう。

- この商品を購入した11人の起業家が，コメントを投稿しました。
- 27人のアムステルダム内の起業家が，本日当社のトレーニングを予約しました。
- 169人のアムステルダム内の革新的起業家が，当社のメールマガジンを購読しています。

●●● 社会的証明を集める ●●●

ウェブサイトで社会的証明の力を使いたいなら，まずは社会的証明を集めるところから始めなくてはいけません。その方法をいくつかご紹介します。

- レビューや感想の投稿を何度も依頼する
- 「いいね」など，コンテンツに対する反応をしやすくする
- 利用状況の統計データを収集する分析用ソフトウェアをインストールする

レビューの力を利用するには

ウェブサイトでは利用者のレビューは最も重要な社会的証明になります。しかし，レビューの力を最大限活かすにはどうしたらよいでしょうか？　この疑問に答えようと，私たちは調理器具販売の大手企業で調査を行いました。そこで私たちが得た結果のうち，特に注目すべきものをご紹介します。

- 信頼できるレビューを少なくとも20件は表示する。投稿者が確認できるとさらによい。レビューが5件以下だと，オーナーから頼まれた知人らがコメントしただけだと思われてしまうかもしれない。

- 悪いコメントも示す。社会的証明には信頼性が欠かせない。そのため，訪問者は満足していない人の声も聞きたがる。人を動かすプロであればわかっているだろうが，これらは「悪い」コメントではなく「批判的な」コメントと呼ぶこと。このようなコメントは，極端に批判的な顧客が書いただけかもしれないのだ。そのコメントが「悪い」かどうかは，訪問者自身の判断に任せよう。

- レビューは誰でも投稿できることを明示する。「レビューを投稿」と表示されたボタンを配置するのもいいだろう。これにより，レビューは実際に他の顧客により書かれたものであるという印象が強くなる。

- 点数だけでなく，言葉を使った説明を併記する。良いレビューは，星の数などの点数表示に加え，日常的な言葉による補足がある。
    星1つ：不満
    星2つ：やや不満
    星3つ：普通
    星4つ：満足
    星5つ：大満足

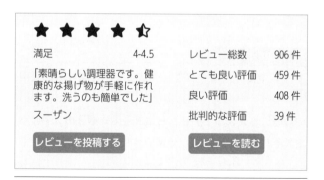

信頼されるレビュー表示の例：評点が話し言葉で説明されており，レビューの総数には批判的な評価も含まれている。また，誰でもレビューを投稿できるボタンを配置している。

図47

●●● 社会的証明を示す ●●●

　社会的証明を集めたら，それを示すことが大切です。当たり前のことに聞こえるかもしれませんが，レビューを集めたものの表示していない例や，表示していても正しい場所に配置されていない例もよく見かけます。たとえば，あるクライアントのウェブサイトでは，レビュー数と平均点の表示位置を変えることで大きな効果を上げることができました。訪問者は決して，社会的証明を求めてウェブサイトやアプリ内を探し回ったりはしません。訪問者のためにすぐ見えるところに準備しておくのは，あなたの仕事なのです。

新しい行動には社会的証明を！

> 　初めて取る行動の場合，社会的証明は特に有効です。一度も買ったことがないものを購入する場合や，よく知らない組織が提供するサービスに登録する場合などです。このようなケースでは，社会的証明により信頼性が高まり，大きな効果を得ることができます。そのため，社会的証明の原理は，カスタマージャーニーの初期において利用するのが最も効果的です。いきなり広告で表示するというのは考えものですが，ランディングページやホームページのトップに配置するとよいでしょう。他の人たちも同じように行動している，またはすでにやったことがあると証明することで，自分はひとりではないと訪問者は感じ，安心して行動に移すことができます。

■ 他の人たち（特に訪問者と似た人たち）も同じ行動を取っていることを，わかりやすく示そう。

▶▶ 覚えておくべきポイント
- 確信が持てないときは周囲の人たちの行動に影響される。
- 特に，自分と共通性の高い人たちの行動を真似することが多い。
- これを「社会的証明」の原則と名付ける。

▶▶ あなたにもできる具体策
- 他の人たち（特に訪問者と似た人たち）も同じ行動を取っていることを，わかりやすく示す。
- 求める行動を具体的に言葉にする。
- 信頼できる社会的証明を，特にカスタマージャーニーの初期において明確に示す。
- 信頼できるレビューを 20 件以上示す。
- 批判的なレビューも載せる。
- 誰でもレビューを投稿できることを明示する。
- 評価点数には言葉による補足もつける。

権威

人は自分よりも専門性が高い人や組織を信頼する

米国のペット用品チェーンのペトコは，ウェブサイトで購入する訪問者数を増やそうと，一見ささいに見える変更をしました。品質と安全性を示すロゴを，ホームページの目立つ場所に移動させたのです。ほんの数ピクセルの違い，と思うでしょうか。ところがこれが大きな違いを生んだのです。

　以前のペトコのサイトでは，その品質と安全性を示すロゴを，ホームページの右下という目立たない場所に表示していました。しかし，同じロゴをページの左上，検索ウィンドウのすぐ横に移動し，訪問者の目につくようにしたところ，コンバージョン数が9パーセント近く増加したのです。デザインという観点では，上場企業であるペトコにとってはささいな変更でした。しかし結果は，売り上げの大幅増加となりました（図48）。

👍 **コンバージョン数が増加**
マカフィーという信頼に足る権威を提示。

👎 **コンバージョン数は少ない**
権威が示されていない。

図48

●●● 賢い電話の取り次ぎ方 ●●●

　オフラインでの同じような例を，チャルディーニの実践事例からご紹介しま

しょう[20]。イギリスの不動産業者を視察したチャルディーニは，ある提案をしました。それは，簡単でありながらも，予約数の増加という効果をもたらすものでした。彼は，もっと賢く電話を取り次ぎなさい，とアドバイスしたのです。

　チャルディーニは受付係のサリーに対し，電話を取り次ぐ際は，同僚の経歴を丁寧に紹介するよう伝えました。商業用不動産について問い合わせてきた相手には，「商業用不動産に関するお問い合わせですね。それではピーターにおつなぎします。ピーターは20年の経験を持ち，地域でも頼りにされている専門家なんです」といった応対をするのです。住宅物件の問い合わせなら，同じようにしてサンドラにつなぎます。実際に，ピーターは20年の経験を持つ専門家ですし，サンドラは住宅物件に関する豊富な知識の持ち主なのですから。

　結果はどうだったでしょうか。同僚をその分野の権威として紹介したところ，実際に予約を取る顧客の数は20パーセントも増加したのです。そして，全体の成約数は15パーセント増加しました。

●●● 不安感の排除 ●●●

　ペトコとチャルディーニは両者とも，「権威」の原則を活用して成功しました。人間は，専門家と思われる人，または専門性があることを示すシンボルマークなどから，大きな影響を受けます。自分ではよくわからないことや評価できないことがあると，確信が持てる何かを探すものですが，このようなときに権威はおおいに役立ちます。

　人は，世の中のありとあらゆることに関して必要な知識やスキルを身につけようとは思いませんし，そんな時間もありません。たとえば，車に関しては素人である人が新車を購入する際，どの車が最高のドライブ・テクノロジーを搭載しているかを判断するのは容易ではありません。がんばれば必要な知識を身につけることは可能かもしれませんが，それだけの時間を投資するに値しないと考えるでしょう。そんなとき，必要な権威がその場に示されていれば，これほど素晴らしいことはありません。「なるほど，カー・オブ・ザ・イヤーか。ならばドライブ・テクノロジーもよいものに違いない」と。

●●● 自身の権威と借り物の権威 ●●●

　ウェブサイトで使える権威には2種類あります。自身の権威と「借り物」の

権威です。自身の権威とは，自力で獲得した権威のことです。次のような例が
挙げられます。

- 自分が受講・修了した研修
- 自社の商品が満たしている品質基準
- 自分が書いたブログや本

一方，「借り物」の権威とは，自分と関連する人やものが持つ権威であり，それを示すことによって自分にもプラスの効果をもたらします。次の例を見てください。

- 仕事を受託したことのある有名なクライアント
- 賃借している一流のオフィス
- 業界における権威が書いたコメント

●●● 信頼を作り出す ●●●

今では著名となったあるクラウドファンディング会社の事例を見てみましょう。私たちはその会社で，特に権威を強化する取り組みを行いました。同社は当時起業したばかりで，自身の権威はほとんどありませんでした。そのため私たちは，ウェブサイト上で借り物の権威を使うことにしました。助成金を得ていた経済関連の省庁のロゴと，融資を受けていた大手銀行のロゴを表示したのです。効果は絶大でした。他にもいくつかの原則を活用したことも合わせ，ウェブ経由の収益が6倍にも増加したのです。

このスタートアップ企業においては権威は特に重要でした。クラウドファンディングとは，つまるところ投資です。そのため，信頼が大きな役割を持つのです。

●●● 謙虚になりすぎない ●●●

研究によると，人はみな，意識的にせよ無意識にせよ，権威を示すサインに敏感に反応します。そのため，ウェブサイトでは次のことが訪問者の目に留まるようにしましょう。

- 自身がその分野の権威であること
- 権威を持つなにかとつながりがあること

　どうか謙虚になりすぎないでください。自分の権威を示すことは，訪問者を
サポートすることなのです。こちらから権威を示さなければ，訪問者は自分が
正しい相手に向き合っているかどうか，時間をかけて確かめなければなりませ
ん。権威を示すことで訪問者の手間を省いてあげましょう。なにしろ，先述し
たイギリスの不動産業者の顧客たちは，ピーターやサンドラといった素晴らし
い専門家に出会えたことを幸運に思っているに違いありませんから。

■ 自分自身が権威であることを示すか，他人の権威を借りよう。

▶ 覚えておくべきポイント
- 人は，自分よりも専門性が高い人や組織を信頼する。
- この傾向は，相手のことをよく知らないときに特に顕
  著になる。
- 人や組織だけでなく，シンボルマークなどでも権威を
  示すことができる。
- これを「権威」の原則と名付ける。

▶ あなたにもできる具体策
- 自分自身が権威であることを示す。
- 他人の権威を借りる。
- 謙虚になりすぎない。

ベイビー・ステップ

人はささいな要求には簡単に応じ，過去に取った
行動や思考と一貫性のある行動を取りたがる

自宅の庭に大きな看板を出したいと思いますか？　正当な理由があったらどうですか？　米国のある地域では，住民の3分の1近くが看板を立ててもいいと思ったようです。彼らはみな，一見害のなさそうな質問に対して「はい」と答えただけだったのですが。

　これは，ジョナサン・フリードマンとスコット・フレイザーによる看板を使った調査で，フォッグとチャルディーニの著書でも触れられています[21]。2人の社会心理学者が明らかにしたのは，人間とは，すでに取った行動や考え方と一貫した行動を取ろうとするものだということです。

●●● まずは小さな要求から ●●●
　この調査では，対象地域の住宅を訪問し，あることを依頼しました。最初の訪問では，クレジットカードサイズのステッカーを窓に貼ってもらえないかと頼みました。ステッカーには「安全運転を！」と書かれており，これを貼ることで近隣の自動車事故の減少が期待できると説明しました。多くの住人がこれに賛同しました。

●●● そして大きなコミットメントへ ●●●
　調査員たちは数週間後に二度目の訪問を行いました。今度は，同じ文言が書かれた高さ1メートル程の看板を前庭に立たせてくれないか，と頼みました。その結果，訪問した住人の76パーセントが同意しました。調査の対照群と比較すると，これが驚くべき数値だということがわかります。対照群となった地域では，一度目の訪問でカードサイズのステッカーを貼ることは依頼せず，い

きなり庭への看板の設置を依頼したのです。その結果，看板の設置に同意したのはたったの 17 パーセントでした（図 49）。

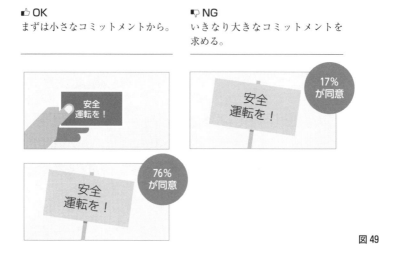

図 49

　一体なにが起きたのでしょうか？　庭に看板を設置することに同意した住人たちは，自分の過去の行動（窓にステッカーを貼ったこと）と一貫した行動を取ろうとする習性にひきずられたのです。フォッグは，このステッカーを貼るという中間段階の行動を「ベイビー・ステップ」（小さな一歩）と呼びました。つまり，まずは小さなステップを慎重に踏み出させ，それを架け橋として次の大きなステップへと進ませるのです。結局のところ，私たち人間は，過去に取った行動や考え方と一貫性のある行動を取るものなのですから。行動デザイナーとしては，人を動かすためにこの法則を利用することができます。

●●●● 大きな行動は小さなステップから ●●●●

　一般的に，ベイビー・ステップはウェブサイトに非常に適しています。まずは，訪問者に大きく一歩踏み出してほしい場面を特定しましょう。たとえば，ホワイトペーパーのダウンロード，商品の購入，研修コースへの登録などです。これらの大きな行動に向けた道筋を，小さなステップを使って調えていきましょう。その道筋をたどることで訪問者のコミットメントは徐々に高まり，

最終的に大きなステップを実行する可能性も高まります。

　では，ある求人サイトの事例を使って具体的に見ていきます。これは私たちが実際に関わった案件で，同サイトでは動画による応募が可能でした。求人情報をクリックした求職者らは，まずアプリのダウンロードが求められ，そのアプリ内で応募動画の録画ができるようになっています（図50）。

まずは小さなコミットメントから。

図50

　つまり，大きなステップが2つもあります。そのため私たちは，カスタマージャーニーのあいだにいくつものベイビー・ステップを追加することにしました。

(1) 以前とは異なり，求職者はまず応募動機を記入することになります。ここでは，なぜ自分がこのポジションに向いていると思うかを書くことができます。これは，窓にステッカーを貼ることと同様の働きをします。
(2) 翌日，「おめでとうございます！　次のステップへどうぞ」というEメールが訪問者に届きます。
(3) 続いてアプリをダウンロードします。
(4) 次に求められるのは，カメラの前に立つことではありません。その前にまず，小さなコミットメントが必要だと私たちは判断しました。そこで，この段階では，求職活動に関するヒントや動画の上手な録画方法を学ぶことにしました。

(5) これらのベイビー・ステップをすべてクリアした後でようやく，応募者は動画を使って応募することができます。

　アプリの開発者は当初，このやり方では動画の録画という最終目的に到達するまでに時間がかかりすぎるのでは，と心配しました。ステップ数が多いほどコンバージョン数は減るだろうと思ったのです。しかし実際は，クリック数の多さよりも，コミットメントの大きさのほうが問題だったのです。数値を見ればわかります。ベイビー・ステップを追加したことで，動画を使った応募者の数は25パーセントも増加しました（図51）。

図51

●●● 安全な一歩から始める ●●●

　かなり長いカスタマージャーニーの例を示しましたが，ベイビー・ステップの原則はもっと小規模な例でも使えます。たとえば登録フォームを作成する場合です。多くの訪問者は，いきなり電話番号の入力を求められるとしり込みし

てしまいます。ところが，先に比較的「安全」な情報の入力を求めるとどうなるでしょうか。たとえば，気になる商品や希望の配送方法などを入力した後であれば，電話番号の登録にもそれほど抵抗を感じないかもしれません。

●●● 初月無料体験 ●●●

ネットフリックスやアマゾンプライムなどのオンラインサービスで，ベイビー・ステップがどのように取り入れられているか見てみましょう。これらのサービスでは通常，登録した最初の月は無料にしています。初月終了時にキャンセルすることも可能なので，これは小さな一歩といえるでしょう。しかし多くの場合，この小さな一歩が最終的には有料会員へとつながるのです。このように，特にサービスプロバイダーにとっては，初月無料という方法で比較的簡単にベイビー・ステップの原則を取り入れることができます。

一歩一歩を褒めたたえよう

行動デザインの観点では，ステップを終えるたびに「いいね」マークを表示するなど，一歩一歩のステップを褒めるとよいでしょう。第Ⅲ部の「ポジティブなフィードバック」（113頁）で詳しく説明しますが，ステップ後にちょっとしたお祝い気分を味わうことで，訪問者は着実に前進していると感じます。これは，フォッグ行動モデルにある「成功を実感させる」という基本原則とも一致しています。

●●● CTA はやわらかい言葉で ●●●

動画による求人募集の事例では，中間的なステップを組み込むことで訪問者を大きなステップへと導きました。一方，大きなステップをそれほど大きくないステップに見せるやり方もあります。その方法として，オンライン専門のコピーライターたちは，CTA に「やわらかい」言葉を使っています。次のボタンに書かれている言葉を比べてみましょう（図52）。

左側の CTA だと，訪問者は行動の主体は自分だと感じます。この方法では実際にステップを小さくするわけではありませんが，心理的に違った感情を持たせることができます。

図52

●●● 複数のルートを ●●●

　最後に，次の点にも留意してください。目標とする行動にたどり着くまで
に，すべての訪問者がベイビー・ステップを必要としているわけではありませ
ん。すでにその気になっている訪問者は，すぐに行動を起こせることを求める
でしょう。そのような人たちの歩みを遅らせたくはありません。そのような場
合は，「今すぐ購入」などのボタンを並行して配置するとよいでしょう。ス
ペースの都合でボタンが1つしか配置できない場合は，CTAに「フォームの
入力・登録」と併記することもできます。いずれにせよ，最終目的地へと導く
正しいステップを整備しておくことが大切なのです。

■ 小さなステップを使うことで訪問者をその気にさせ、「大きな」行動へと一歩一歩進ませよう。

▶▶ 覚えておくべきポイント
- 人はささいな要求には簡単に応じる。
- 人は過去に取った行動や思考と一貫性のある行動を取りたがる。
- 一気には越えられそうもない大きなステップでも、カスタマージャーニーに小さなステップ（ベイビー・ステップ）を組み込むことで、訪問者をその気にさせることができる。
- 大きなステップはいつでも小さなステップに分割することができる。
- CTA にやわらかい言葉を使うことで、訪問者は「いつでも戻れる」と安心して進むことができる。
- これを「ベイビー・ステップ」の原則と名付ける。

▶▶ あなたにもできる具体策
- 小さなステップを使うことで訪問者をその気にさせ、「大きな」行動へと一歩一歩進ませる。
- 最終的な目標となる行動に到達するのに必要な、最初の最も小さなステップは何かを考える。
- その最初の小さなステップを CTA として使えるか考える。
- クリックを促すため、CTA ボタンにはやわらかい言葉を使う。
- すぐにでも行動を起こしたい訪問者向けに、（追加の）CTA を配置する。

希少性

時間や在庫が限定されると，人は決断を早める

> 「3日後には大学を退学になるんだ。デートするなら急がないと」このロマンチックなセリフは，フェイスブックの創始者マーク・ザッカーバーグが，のちに妻となるプリシラをデートに誘ったときの言葉です。その後2人はデートし，数年後には結婚にまで至ったのですから，この言葉は大当たりでした。人を動かす原理を使うとどうなるか，このエピソードはよく示しています。

　洒落っ気たっぷりのザッカーバーグは，「デートに行こうか？（Do you want to?)」という誘い文句を，「まだ間に合うかな？（Is it still possible？)」という質問に変えました。意識していたわけではないでしょうが，「希少性」の原理を使ったのです。「希少性」の原理とはつまり，何かを欲しいと思ったとき，そのモノに時間的または物量的な制限があると，手に入れたいというモチベーションが急速に高まることです。

　特にオンラインの販売者は，訪問者による購入を促すためによくこの原理を利用しています。「在庫限り」「残り2点」「本日限り」といった文句はよくみかけますね。これらはみな，その商品が時間的または物量的に限られていることを強調しています。まずは時間と物量それぞれについて説明し，最後に2つの組み合わせをご紹介しましょう。

●●● 時間的希少性 ●●●

　行動を取るための時間が限られていると，その行動を起こすモチベーションは高まります。なぜなら，そこには期限というものがあり，残る時間はわずか数日，または数時間，ときには数分という場合だってあるのです。よくある例としてタイムセールが挙げられます。オンラインで使える割引用のコードが与

えられ，「タイムセールスタート！　割引終了まであと 23:59」と表示されるのです。グルーポンや skyauction.com，お得な日帰り旅行を提供するウェブサイトなどでは，時間的希少性を収益モデルに取り込んでいます。この「驚くべきチャンス」をものにできるのは今だけ，というわけです。

　ウェブサイトで時間的希少性を強調したいなら，カウントダウンするタイマーを表示するとよいでしょう。ただし，あまり大げさなものにすると，あからさまな広告だと警戒されるのでご注意ください。

　大げさな表示

- 今しかない！
- 最後のチャンス！
- 売り切れ御免！

　控えめで事実に基づく表示

- 12 席残っています
- プロモーション終了まで 02:03:33
- 在庫限り

●●● 物量的希少性 ●●●

　量的な希少性を使ってモチベーションを高めたい場合は，購入を遅らせると在庫がなくなるという単純な事実を明示しましょう。そうすれば訪問者は，今この瞬間に行動しなければ，と思うでしょう。予約サイトなどで「最後の 1 枚！」と表示するのは，物量的希少性を使っているのです。

　物量的希少性を活用したければ，在庫数を，たとえば 5 から 0 までカウントダウンするメーターを表示するのはどうでしょうか。この場合も，あまり押しつけがましくならないよう，表示は控えめにするとよいでしょう。

残り   5   個

　ヒント　一般的に，時間的希少性よりも物量的希少性のほうが有効です。物量的希少性の場合は在庫がなくなったらそこで終了となり，手に入れるために

残された時間がわからないからです。一方，時間的希少性では，行動を起こすのに残された時間が正確にわかります。

●●● 2つの希少性の組み合わせ ●●●

希少性の原則を活用するのに最も効果的なのは，時間的希少性と物量的希少性の双方を取り入れることです。イベント予約の早割りチケットは良い例です。このようなチケットは通常，枚数（500枚限り）も期限（4月21日まで）も限定されています。このような場合，手遅れになる前に今すぐ決断しようという強いモチベーションが湧いてきます。

オンラインチケット販売サイトの ViaGoGo は，これを非常にうまく使いこなしています。このサイトでは，チケットの残り枚数を正確に表示し，この間にもチケットが売り切れる可能性があるという説明を添えています。チケットを入手したければ，まずは購入待ちの列に並ばなければなりません。列に並ぶと，本当にチケットを購入したいかときかれます。答えがノーであれば，そのチケットは他の人の手に渡ります。答えがイエスであれば，5分以内に購入するよう求められます。この一連の流れの中で，訪問者の意識を「本当にこのチケットをこの枚数欲しいのか？」から「自分は時間内にこのチケットを入手できるのか？」へと変換してしまうのです。

図53

●●● どんなものにも希少性はある ●●●

自分の商品・サービスはまったく希少ではないため，「希少性」の原則は使えないと思う人もいるかもしれませんね。そんな場合は，商品の独自性を強調しましょう。独自なものとはつまり，希少だということです。たとえば，「動物

実験をしていない唯一の化粧クリームです」「返金保証の付いたデザイン研修は，オンラインではここだけ」といった具合です。

　また，その商品を手に入れないと訪問者の身になにが起こるかを想像してみましょう。化粧クリームであれば，「お肌の保護を開始するのが遅くなるほど，若返り効果が得られるまでに時間がかかります」と言えるでしょう。旅行保険であれば，「保険なしで旅を続けるほど，補償がないまま盗難にあうリスクが高まります」といったところです。これらも希少性の一例です。それを明示することで，訪問者がすぐさま行動に移す可能性を高めることができます。

●●● 倫理的責任 ●●●

　最後に倫理について触れます。「希少性」の原理は，最も悪用されている原理と言えるでしょう。たとえば，ウェブサイトでは残り2席となっていたのに劇場についてみたら空席ばかりだった，なんてことはありませんか？　はっきりと言います。こんなことはしないでください。なによりもまず，これは倫理に反します。そして次に，こんなことをしていると最終的には自分に跳ね返ってきます。だまされた人もいつかは気づきます。顧客をだまして儲けているような会社をまた利用したいと思う人はいません。

■ 時間的・物量的な希少性を強調することで商品をより魅力的に見せる方法を考えよう。

▶ 覚えておくべきポイント
- 時間が限られていたり在庫が減っているとき，人は決断を早める傾向にある。
- 人は，時間的・物量的に希少なものにはより価値があると考える。
- これを「希少性」の原理と名付ける。

▶ あなたにもできる具体策
- 時間的・物量的な希少性を強調することで商品をより魅力的に見せる方法を考える。
- 「これは時間的に希少だろうか？」と考えてみる。答えがイエスなら，それを中立的に伝える方法を考える。
- 「これは物量的に希少だろうか？」と考えてみる。答えがイエスなら，それを広告らしくなく伝える方法を考える。
- 「希少性」の原理を適用するもうひとつの方法は，その商品・サービス・企業の独自性を強調することである。
- タイムセールなどで期限を設けたり，プロモーションの対象商品数を絞ることで，希少性を作り出せないか考える（チケットの早割りが好例）。
- 最後に，この商品やサービスを使わなかったら訪問者にどんな不利益があるか考える。

ポジティブなフィードバック

⟶

誉め言葉などのポジティブなフィードバックがあるとモチベーションが高まる

土曜日の夜です。多忙な1週間を終え，生きる楽しみを求めて友人と街へくり出しました。クラブは高揚した人々であふれ，DJが流す音楽は最高です。大ヒット音楽も最高潮に達したとき，突然カラフルな紙吹雪が舞い上がってフロアを埋めつくしました。あなたの反応は？　テンションが下がりますか？　それともさらに激しく踊り出すでしょうか？

　もちろん，さらに激しく踊りますよね。あなたはすでに大盛り上がりでしたでしょうが，色とりどりの紙吹雪がそれに拍車をかけたのです。気分はさらに高揚し，同じフロアで踊っていた人たちもみな同様だったはずです。

　なぜ人間は，一握りの紙吹雪にこれほど動かされるのでしょうか？　紙吹雪ではなく，褒め言葉や激励の言葉，拍手など称賛を示す行為にも同様の働きがあります。その理由を探るため，症例の少ない脳疾患を抱える患者を対象とした関連研究から，脳の前頭前皮質に損傷を受けた人は，感情を示すことがないことがわかっています[22]。そのため，常に「中立」といえる状態にあり，なにかを判断しようというモチベーションも湧かないのです。なにかを比較したり，論理的に考えたり，メリットとデメリットをリスト化することなどはできますが，決断を下すことができないのです。

　別の言い方をすると，感情が意思決定に重要な役割を果たしているということです。そして行動デザイナーが訪問者に求めるのは，まさに意思決定です。つまり，カスタマージャーニーを通じて，訪問者に適切な感情を抱いてもらうとよいのです。

●●● ポジティブな経験を作り出す ●●●

どのような環境においても，恐れ，哀しみ，驚き，喜びなど，さまざまな感情が生まれます。オンライン環境も例外ではありません。そのため，ウェブサイト閲覧時やアプリ使用時に湧きあがる感情は，訪問者の意思決定や行動に影響を与えます。そして行動デザイナーなら，訪問者の感情をうまく誘導することができるでしょう。

ある調査の結果，カスタマージャーニーでポジティブな感情を体験した訪問者は，そうでない訪問者に比べ，目標とする行動を取ることが多いとわかりました。ということは，訪問者になにか行動を取ってほしいなら，単純に紙吹雪のシャワーを浴びせればいいのです。そう，ちょうど土曜日のクラブで体験したように。カスタマージャーニーでポジティブなフィードバックを与え続けることで，訪問者からポジティブな感情を引き出し，それを維持させるのです。

●●● すべてのステップがパーティー ●●●

ウェブサイト上で訪問者を褒めたり称賛したりする機会は，いくらでもあります。よくある例は，入力欄に正しく入力したら緑色のチェックマークが付くものです。しかしそれ以外にもポジティブなフィードバックを与える方法はたくさんあります。「いいね！」といったテキストや親指を立てたイラスト，踊るように揺れるショッピングカートなど，独創性を大胆に発揮させましょう（図54）。

図54

覚えておいてください。褒める対象となる行動は，大きくても小さくても構いません。褒めるという行為そのものが大切なのです。それを繰り返すことで，全体としてポジティブな体験になるのです。

大げさすぎる？　いえ，大丈夫です

　オランダやベルギーなど褒める文化のあまりない国では，行動デザイナーもポジティブなフィードバックの活用にあまり積極的でないようです。大げさだと感じたり，しょせんコンピューターが作り出した称賛だと訪問者もすぐにわかるだろう，と言う人もいます。でもそれでいいのです。フォッグは，明らかにコンピューターが作り出した称賛でもユーザー体験は向上するという結果を示しました。なぜでしょうか？　それは，本物の称賛ではないとシステム2が気づくよりずっとまえに，褒められたシステム1は顔を赤らめているからです。そして，意思決定の95パーセントはシステム1でなされているのです。つまり，どこまでも褒め続けよう，ということです。

●●● さあ，パーティーの時間です ●●●

　紙吹雪の嵐で訪問者のモチベーションを上げたいなら，どうか紙吹雪は惜しみなく使ってください。まずはカスタマージャーニーをいくつかのステップに分けましょう。次に，それぞれのステップについて，大小問わずどのような褒め言葉をかけられるか考えるのです。褒め続けることでポジティブな感情を持続させましょう。それにより，訪問者がカスタマージャーニーの最後まで到達する可能性は高まります。

■ ポジティブなフィードバックは惜しみなく。

▶▶ 覚えておくべきポイント
- 誉め言葉などのポジティブなフィードバックがあると
モチベーションが高まる。
- 感情がないと人は常に「中立」状態となり，意思決定
ができなくなる。
- オンライン環境には，ポジティブな感情をかき立てて
それを維持する機会が多くある。
- 大小の違いはあれど，カスタマージャーニーの一歩一
歩がパーティーとなり得る。
- これを「ポジティブなフィードバック」の原則と名付
ける。

▶▶ あなたにもできる具体策
- ポジティブなフィードバックは惜しまない。
- カスタマージャーニーのすべてのステップでポジティ
ブなフィードバックを与える。

損失回避

損失を回避しようとするモチベーションのほうが，同じものを
新たに得るモチベーションより2倍も大きい

石器時代に生きていると仮定しましょう。あなたは住みかとしている洞窟に
すべての持ち物を保管しています。そして毎朝，ある決断を迫られます。新
しいモノを手に入れるために洞窟を離れるべきか？　それとも，今あるモノ
を守るために洞窟に留まるべきか？　さて，どうしますか？

図 55

　進化の過程で，人間は（そして動物も）利益よりも損失に敏感になりまし
た。そのため，我々の祖先は大抵の場合，すでに持っているものを大切にする

ことを「選んで」きました。新しいものを手に入れる可能性を失うよりも，盗難などによる損失のほうが堪えがたかったのです。

　この傾向はその後の時代もずっと続いていることを，ダニエル・カーネマンらは示しました。カーネマンの研究では，なにかを失う恐怖が，同じものを得る期待よりも，2倍も大きいことがわかりました。心理学ではこれを「損失回避の法則」と呼びます。そのため，訪問者のモチベーションを高めたければ，なにを得るかではなく，なにを失うかを強調するとよいでしょう（図56）。

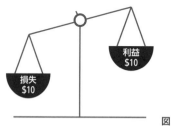

図56

●●● 利益の獲得より損失の回避を ●●●

　この法則をウェブサイトで適用するのは非常に簡単です。次の2つの文章を読み比べてください。

- 住宅の断熱対策をすると，一日50セント節約できます。
- 住宅の断熱対策をしないと，一日50セントを失います。

　最初の文章は，「なにを得るか」に焦点を当てています。2番目の文章はまったく同じことを言っていますが，「なにを失うか」に焦点を当てています。その結果，2番目の文章を使用したときのほうがコンバージョンが150パーセント増加しました[25]。

　また次の例では，乳がん検診の広告を2パターン作成して比較しました[26]（図57）。

　右側の広告では利益に焦点を当て，検診を受ければ生存できると言ってい

予約数が125％増加。

予約数は少ない。

乳がん検診

発見が遅れた場合，5年
生存率はたったの15%です。

検診を受けましょう。

Screening.com

乳がん検診

早期発見すれば生存率は
100%です。

今すぐ予約を。

Screening.com

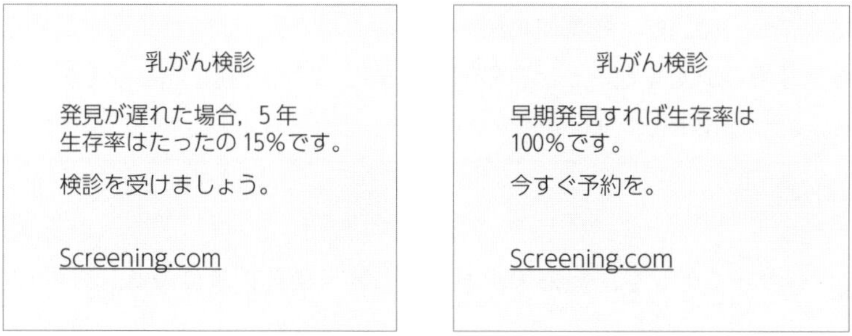

図57

す。一方，左側の広告では損失に焦点を当て，検診を受ければ死を免れると説明しています。その結果，損失回避を適用した左側の広告のほうが，予約数が125パーセント多くなりました。

　さらに別の実験では，サブスクリプションサービスを退会しようとしている人を引き留めるにはどのような方法がいいか，異なる戦略を使って比較しました。チャットボット上で4種類の異なるメッセージを送り，「サービスを継続」をクリックする人の数を調べたのです。

(1) 退会すると，今後は当社の製品をお楽しみいただけません。

(2) 退会すると，過去のポイントを失うことになります。

(3) 退会すると，当社のチャリティー活動をご支援いただけなくなります。

(4) まもなく新機能が追加されます。このタイミングでの退会はおすすめしません。

　結果はどうだったでしょうか。サービス継続を決めた顧客のほとんどが，過去のポイントを失いたくないという理由 (2) で思いとどまりました。つまり，なにかを失いたくないという気持ちが決定打となったのです。

　すでに説明した「希少性」の原理は，実は損失回避の一種です。希少性とはつまり，時間的・物量的に制約があることです。制約があることでそれを取り損ないたくないという感情が生まれ，早く行動を起こすモチベーションにつながるのです。

■ 目標とする行動を，損失の回避という観点から提示しよう。

▶▶ 覚えておくべきポイント
- 損失を回避しようとするモチベーションのほうが，新しいものを得るモチベーションより2倍も大きい。
- これを「損失回避」の原則と名付ける。

▶▶ あなたにもできる具体策
- 目標とする行動を，損失の回避という観点から提示する。
- 目標とする行動を取らない場合に訪問者が失うものはなにかを考え，その損失をオンラインメッセージで示す。

知覚価値

努力が目に見えるものには価値を感じる

> 最安値の航空券を探している人のために，すべての航空会社のチケット価格をリスト化して比較できるサイトが数多くあります。これらのサイトでは通常，検索に多少時間がかかります。いえ，そのように見せかけていると言ったほうがいいかもしれません。それでもサイト利用者は気にかけません。自分のためだけに計算して比較するのに忙しいのだろう，と思うのです。

　同じような経験をしたことはありませんか。行き先を決め，期待を込めて「料金比較」のボタンをクリックしたあと，10秒ほど待たなくてはなりません。その間，比較対象となるすべての航空会社のロゴが表示されるようサイトは設計されています（図58）。大事なのはまさにここです。航空会社のロゴの行列の理由は，知覚価値と関連しています。知覚価値（perceived value）とは，人間の脳が認識する商品やサービスの価値のことです。知覚価値は感情に左右され，訪問者が最終的に支払ってもいいと思う価格に一定の影響を与えます。

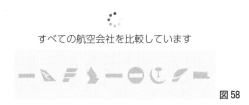

すべての航空会社を比較しています

図58

●●● 努力の大きさ＝価値の高さ ●●●
　平たく言えば，明らかな努力の跡が見られるものにはより高い価値を感じる，ということです。心理学ではこれを「知覚価値」の原則と呼んでいます。

多少時間がかかることで，比較サイトが最大限の努力を払って最安値のチケットを探していると思えてくるのです。その結果，サイトに対する信頼が高まり，他のサイトでチケットを探そうとは思わなくなります。

　もちろん，だからといって，誰もが今すぐ時間のかかるサイト設計をしましょうというわけではありません。ここからは，「知覚価値」の原則を活用して，もう少し自然な形で訪問者のモチベーションを高める方法を2つ紹介しましょう。

●●● 努力しているところをみせる ●●●

　最初の方法は，努力しているところを見せることです。イケアがよい例です。イケアは，顧客による家具の組み立てを簡単にするために社員がどれほどの努力を払っているかを紹介した動画を作成し，これにより訪問者が認識する知覚価値を上げることに成功しました。動画では，社員が製品の細部までていねいに設計し，試作，調整，また試作と繰り返している様子がわかります。これを見た訪問者は，反射的に，この商品には高い価値があるとほぼ自動的に感じるのです。

　ウェブサイトで「知覚価値」の原則を使いたければ，たとえばメイキングビデオを作るのはどうでしょうか。または，その商品やサービスを提供するまでにどれほどの人員・機械・時間がかけられているか，数字で示すこともできます。そうすることで知覚価値が高まり，訪問者が販売側の希望価格で購入する可能性も高まるでしょう。

●●● 訪問者にも努力してもらう ●●●

　もうひとつの方法は，訪問者にもなにか努力をしてもらうことです。もう一度イケアの例を見てみましょう。小さな食器棚を作るくらいのことは，多くの人にとって大した手間ではありません。しかしそれを自分の部屋に置いてみると，完成品を配送してもらうよりもずっと大きな充実感を得られます。そのため，その食器棚により高い価値を感じます。これは「イケア効果」と呼ばれています。

　オンラインでも同様の効果が得られます。たとえば，訪問者に簡単なゲームをしてもらい（そして勝ってもらい），その結果として割引クーポンを提供す

るのです。または，ナイキのサイト上でスニーカーのデザインができるように，オンラインで商品のカスタマイズをしてもらうのです。その結果，次のステップに進もうという訪問者のモチベーションは格段に高まるでしょう。

例示した航空チケットの比較サイトでは，データを検索・処理・表示するのに本当にそれほどの時間が必要なのでしょうか？　それとも，わざと時間をかけていると思いますか？　もしわざとであれば，そこにはモチベーションとアビリティの綱引きが発生します。知覚価値によりモチベーションが高まる一方で，時間がかかることによってアビリティが下がります。Ａ／Ｂテストなどを通じて自分の商品ではどちらがより重要かを検証し，コンバージョンに向けた最適な解を見つけてください。

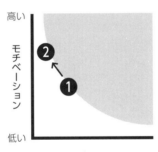

モチベーションを高めようとした結果アビリティが下がり，効果を相殺したり逆効果になることもある。　図 59

■ 自分がどれほど努力したかを示し，訪問者にも努力してもらおう。

▶▶ 覚えておくべきポイント
- 努力が目に見えるものには価値を感じる。
- これは，自分がする努力にも，他の人がする努力にも あてはまる。
- これを「知覚価値」の原則と名付ける。

▶▶ あなたにもできる具体策
- 自分がどれほど努力したかを示す。
- 訪問者にも努力してもらう。

理由

人は理由を与えられるとその行動を取るようになる

> 会議の準備中，書類を何枚か急いでコピーしなければならないことに気づきました。ところがコピー機の前にはコピーをしようとしている人がいます。さて，どうしますか？　先にコピーをとらせてほしいと頼んでみましょう。おそらくうまくいくと思いますよ，理由さえ添えれば。

　ハーバード大学教授のエレン・ランガーが行った有名な「コピー機の実験」は，理由を伝えることでコピー機を先に使わせてもらえるかを調査したものです[27]。また，先に使わせてもらえるなら，なぜそうなのかも調べました。実験では，コピーを始めようとしている人に3パターンの異なる言い回しでお願いをしました。

　最初のグループには，理由を付けずにお願いしました。
　「すみません。5ページなのですが，先に使わせてもらえますか？」

　2番目のグループには，正当な理由を付けて同じお願いをしました。
　「すみません。5ページなのですが，急いでいるので先に使わせてもらえますか？」

　3番目のグループにも同じお願いをしましたが，こちらには中身のない理由を付けました。
　「すみません。5ページなのですが，コピーしなくてはいけないので先に使わせてもらえますか？」

結果はどうなったと思いますか？　理由を付けない場合，60 パーセントの人が先にコピー機を使うよう譲ってくれました。正当な理由を付けた場合，94 パーセントの人が譲ってくれました。さて，ここからが面白いところです。中身のない理由を付けた場合でも，93 パーセントの人が譲ってくれたのです。ランガーの結論は，理由の中身は関係なく，理由さえあれば人は譲ってくれる，というものでした。人はなにかをするときには理由を求めるものであり，「～なので（because）」という言葉はその要求を満たし，行動に移すモチベーションを高めるのに十分だということです。私たちはこれを「理由」の原則と名付けました。

●●● 理由を考える ●●●

　訪問者のモチベーションを高めるには，その行動を取る理由はなにかを考えましょう。なぜこのアプリをダウンロードするのか，なぜこの商品を買うのか，なぜこのメルマガ配信に登録するのか。理由は正当なものにするとよいでしょう。正当な理由は，訪問者のモチベーションを高めるだけでなく，実際に訪問者の役に立つからです。いくつかの理由の中から効果の高そうなものを選び，ウェブサイトの目立つところに表示しましょう。

●●● 実践例 ●●●

　ここで，私たちが「理由」の原則を用いて成功した事例をご紹介しましょう。電力会社を比較するある大手サイトでは，どの電力会社と契約しようか検

討中の訪問者にサイトを使ってもうため，次のような 3 つの理由を考えました。

- 最高 300 ドルを節約できるので，このサイトを使おう。
- お金を無駄に使うのはもったいないので，このサイトを使おう。
- いくら節約できるか 2 分で診断できるので，このサイトを使おう。

この 3 つの理由を強調することで，コンバージョンが 5 パーセント向上するという効果が得られました。この原則を使ってみるのに十分な理由ですよね？

■ なぜ訪問者がその行動をとるべきか（正当な）理由を考え，その理由をデザインの一部にしよう。

▶▶ 覚えておくべきポイント
- 人は理由を与えられるとその行動を取るようになる。
- 基本的には，理由の中身は関係なく，理由があるという事実が重要である。
- 当然のことながら，中身のない理由よりも正当な理由のほうが訪問者の役に立つ。
- これを「理由」の法則と名付ける。

▶▶ あなたにもできる具体策
- なぜ訪問者がその行動をとるべきか（正当な）理由を考え，その理由をデザインの一部にする。

第 IV 部

アビリティを高める

アビリティの定義

フォッグ行動モデルでは，人間の行動を決定づける要素として，プロンプトとモチベーションに加えてアビリティがあります。アビリティとはつまり，「どれほど容易にその行動を取ることができるか」です。目標とする行動が容易に取れるようにすることでアビリティは向上し，ひいてはコンバージョンのチャンスも高まります（図60）。

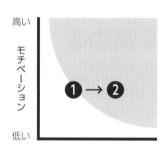

高い

モチベーション

低い

低い　アビリティ　高い　　図60

　ある行動を取ろうというモチベーションはとても高いのに結局やらずに終わってしまった，という経験はありませんか？　フォッグによれば理由はただひとつ，その行動を取るのが難しすぎた，つまりアビリティが低すぎたのです。例として，オンラインで素敵な靴を見つけたときのことを考えてみましょう。あなたは購入を決めましたが，まずはアカウントの作成を求められました。それから，安全なパスワードも必要です。9文字以上で大文字と数字を1文字以上含み……ああ，もういいや，それほど欲しいというわけでもないし。
　行動が難しすぎると，やめてしまったり先送りしたりします。モチベーショ

ンが十分に高くないとやり遂げることはできません。逆もまた然りです。非常に簡単な行動であれば，それほどモチベーションが高くなくても実行するでしょう。

●●● 行動デザイナーにとって大きな発見 ●●●

　これは，行動デザイナーにとっては非常に大きな発見です。原理的には，ターゲットグループのモチベーションが高かろうが低かろうが，行動を容易にすることで訪問者がその行動を取る可能性を高めることができるのです。つまり，コンバージョンの可能性が高まるということです。

　第Ⅳ部では，これを実現するための実践的な原則について説明します。しかし，それらの原則を理解する前にまず，行動の難易を決定付ける要因を知っておくとよいでしょう。ここでもまた，フォッグのモデルと考え方を参考にします。フォッグによると，アビリティを左右する要素は5つあります。

- 身体的労力
- 精神的労力
- 時間
- 習慣
- 金銭

　これらの要素は，行動を起こすために必要なリソースだと考えることもできます。その人に最も欠けているリソースが，その人にとっての行動の難易度を決定付けます。たとえば，ある行動を取るのに10分かかる場合，時間がない人にとってはその行動は難しいものになります。これら5つの要素は，ひとつながりの鎖と考えるとよいでしょう。鎖を構成する5つの輪のうちで最ももろい箇所が，その行動を難しくさせている要素なのです。

■ 1．身体的労力を減らす

　アビリティを左右する最初の要素は身体的労力です。なにか行動を起こすとき，通常はなんらかの物理的な動きが伴います。スポーツジムへ行くなどの大きな動きもあれば，ポケットからスマホを出すという小さな動きもあります。求められる身体的労力が小さいほど行動を取るのが容易になるというのは，想

像に難くないでしょう。そのため，訪問者に行動を取ってもらいたければ，それに伴う身体的労力を小さくする必要があります。

■ 2．精神的労力を小さくする

身体的労力だけでなく，精神的労力もあります。理解すること，読むこと，計算すること，選択することなどです。頭を使う必要があるほど，その行動は難しくなります。行動デザイナーとしては，訪問者の精神的労力をなるべく小さくすることが必要です。考えることが減れば，訪問者が行動を起こす可能性も高まります。

■ 3．可能な限り短時間にする

行動を取るのに必要な時間の長さも，その行動を取るかに影響を与えます。多くの人は非常に多忙な毎日を送っています。時間がかかる行動ほど難しくなり，実際に行動に移す可能性も低くなるのは当然でしょう。たとえば，25ページもあるアンケートを目の前にしたら，もっと有効な時間の過ごし方を考えるものです。訪問者に余計な時間をかけさせないようにしましょう。

■ 4．習慣を利用する

慣れない作業は，いつもしている作業より手間がかかるものです。だからこそ人は，新しい行動を起こすよりいつもの習慣どおりに動くことを好みます。新しいウェブサイトより，いつも使っている信頼できるウェブサイトで購入するほうがずっと簡単です。行動を促すには訪問者の習慣を利用しましょう。

■ 5．金銭的要素を考慮する

お金で幸せは買えない，とはよく聞きますが，お金があれば行動を起こすのが容易になるのも事実です。自由になるお金が少ない人よりも，十分な金銭的余裕がある人のほうが2台目の車を購入するのは容易でしょう。よって，金銭的な要素を考慮することも必要です。価格を下げることができない場合でも，「高くない」と思わせることはできます。

●●● 何が容易かは人それぞれ ●●●

ある人にとっては容易な行動でも，別の人にとっては難しいという場合もあります。たとえば，幼い頃からゲームに親しんできた12歳の子どもにとっては，プレイステーションの操作など朝めし前です。しかしおじいちゃんにとってはどうでしょうか？　子どもの頃にはビデオゲームなどなく，今ではそんな

もので遊びたいとも思わないため，操作に手間取ることでしょう。そのため，同じ FIFA のゲームで遊ぶにしても，孫にとっては簡単で祖父にとっては難しい，となるのです。おじいちゃんにとっては，スーパーボウルのチケットを購入するほうがよほど簡単なはずです。

　ウェブサイトを設計する行動デザイナーとしては，行動を難しくしているポイントはどこか，ターゲットグループごとに見極めなくてはなりません。時間的な制約でしょうか？　そうであれば，時間を短縮することで行動を取りやすくする必要があります。金銭的な問題でしょうか？　それなら，その問題を解決する方法に注力しなければなりません。つまり，アビリティを向上させる方法は，行動ごとにも異なりますし，対象とする訪問者ごとにも異なるのです。オンラインショップではよく安売りセールをしていますが，これは必ずしも購買行動を簡単にする最適な方法ではありません。たとえば，手早く購入できるなら（時間的要素），その商品が 9 ドルであろうが 10 ドルであろうが気にしない（金銭的要素）という訪問者もいるでしょう。

●●● 精神的労力の軽減を重点的に ●●●

　オンラインでは身体的労力が必要となることはほとんどありません。ボタンをクリックするには 1 カロリーもあれば十分でしょう。せいぜい，財布を取り出してクレジットカード番号を確認するとか，パスポートをスキャンするとかいった程度です。

　行動デザイナーが最も大きな影響を与えられるのは訪問者の精神的労力です。商品情報を読んで理解する，商品をカスタマイズする，複数の選択肢から選ぶ——これらはどれも非常に頭を使う作業です。行動デザイナーならその労力を最小化できます。そのため，本書でも特に手厚く説明しています。

　第Ⅳ部では，行動を容易にするための 12 の方法を紹介します。

■ 選択肢を減らす

同時に表示する選択肢の数を減らす。

■ 意思決定をサポートする

分類，差異化，フィルタリング，ウィザードなどを活用して訪問者の選択をサポートする。

■ デフォルト，自動入力，オートコンプリート

カスタマージャーニーにおいて，選択する場面ではすべてにデフォルトを設定し，データを自動入力し，オートコンプリートで候補を示すことでデータの入力スピードを速める。

■ ジェンガ式

見出し，表現，文章から取り除けるものを探す。

■ 邪魔を排除する

目標とする行動から気をそらすものはすべて取り除く。

■ フィードバックを与える

カスタマージャーニーのどの時点においても，適切なフィードバックを素早く与えて訪問者の不安を取り除く。

■ 可逆性を示す

訪問者の選択は可逆的であることを明示する。

■ ページ構成

階層やリズムを活用して情報を整理する。列は1列で，同じ内容はひとまとまりにして表示する。

■ 頭を使わせないで

訪問者が，頭を使ったり調べ物をしたりしなくて済むようにする。

■ 慣れ

訪問者が慣れ親しんだデザインパターンを使う。

■ 労力予測

手間や時間はそれほどかからないと明示することで，労力予測を低減させる。

■ 望ましくない行動を困難に

デザイナーにも訪問者にも望ましくない行動は，特別に困難にする。

モチベーションを扱う第Ⅲ部では無意識への働きかけが主題でしたが，アビリティに関する例ではそのような話はほとんど出てきません。アビリティを扱う第Ⅳ部ではもっと具体的な対策が主題となります。ウェブサイト上でこれらの原則を正しく活用し，目標とする行動を容易にすれば，コンバージョンも改善するでしょう。

選択肢を減らす

多くの選択肢から選ぶには精神的労力が必要であり，
その結果なにも選ばないこともある

選択肢は多いほうがいいですか，と聞くと，たいていの人は「はい」と答え
ます。ところが販売データを分析すると，選択肢が多いほうがコンバージョ
ンが下がるという事実が判明する場合もよくあります。つまり，「なにも選択
しない」という選択をするのです。

　レストランのメニューを例に考えてみます。メインディッシュを数多く並べ
たメニューがあるとしましょう。どんなお客さんでも食べたいものが必ず見つ
かり，決して飽きさせることのないメニューです。しかし，その魅力的な多く
の選択肢から実際にひとつを選ぶことを考えてみてください。

　もちろん，だからといってレストランを立ち去るような人はいないでしょ
う。外食は特別なことですし，メインディッシュを選ぶのも楽しみのひとつで
すから。しかし，オンラインでは話が別です。訪問者がウェブサイトやアプリ
を離れてしまうリスクがあります。求められる行動があまりに難しく，モチ
ベーションがそれほど高くなければ，訪問者は選ぶことを諦め，決定するのを
後回しにするでしょう。

　シーナ・アイエンガーとマーク・レッパーという2人の心理学者が行った有
名な調査があります[28]。彼らはジャムを売る店で2つの状況を比較しました。
まずは24種類のジャムを並べて販売しました。次に，ジャムの種類を6種類
にして販売しました。販売数の差は明らかでした。6種類から選んだ顧客は，
24種類から選んだ顧客に比べて，なんと10倍も多くジャムを購入したのです。

●●● 選択のパラドックス ●●●

　これは選択のパラドックスと呼ばれる現象です。つまり，選択肢が多すぎると，なにも選ばず決定を後回しにするのです。選択するストレスは，選択肢が似通っているとさらに強まるようです。ただし注意してください。これが当てはまるのは，選択肢が同時に与えられたときのみです。

　行動デザイナーにとってこれは有益な情報でしょう。選択肢を減らすことは大抵の場合で可能でしょうから，すぐに取り入れることもできます。たとえば，アンバウンス（Unbounce）が開催する無料デモへの参加を促すページを比較しましょう。登録可能日の選択肢が1日少ないだけで，コンバージョン率は約16パーセント上昇しました[29]（図61，図62）。

●●● 選択肢を削除する ●●●

　行動デザイナーがなすべきことは明確です。訪問者のカスタマージャーニーを見直し，同時に3つ以上の選択肢から選ばなくてはいけない場面を探すのです。その選択肢の数を減らすことで，コンバージョンの改善が見込めます。ただし，選択肢を減らすのは，選ぶのが困難だと思われる場面だけにしてください。たとえば，多くの人にとって出身国を選択するのは難しくはないでしょう。よって，出身国の選択肢を減らしたからといって，なんらかの効果があるとは考えにくいものです。

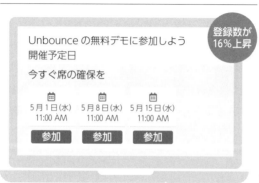

👍 OK
コンバージョンが増加。

Unbounce の無料デモに参加しよう
開催予定日

今すぐ席の確保を

登録数が
16％上昇

📅　　　📅　　　📅
5月1日(水)　5月8日(水)　5月15日(水)
11:00 AM　11:00 AM　11:00 AM

参加　　　参加　　　参加

図61

🖓 NG

コンバージョンが少ない。

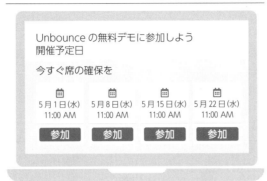

図 62

●●● 選択肢の与え方を変える ●●●

ところで，どんなときでも選択肢を減らさなければならない，というわけではありません。同時に与える選択肢を減らすだけでよい場合もあります。たとえばウェブショップで靴を売る場合を考えてみましょう。次の2つの表示方法を比べると，右側よりも左側のほうが，訪問者にとって選択するストレスが少ないでしょう（図63）。

左側の表示方法では，最初に3つのカテゴリーを表示します。その後，カテゴリーごとに売れ筋の5足のみを表示し，残りの選択肢はクリックしないと見えないように「隠す」のです。選択肢の数は変わりませんが，選択するのはずっと容易になります。

選択には困難が伴い，訪問者に精神的労力を強います。同時に提示する選択肢の数を減らし，訪問者を選択のストレスから解放することで，訪問者のアビリティを向上させましょう。

👍 同時に表示する選択肢を少なくする
選択が容易になる。

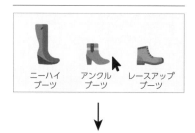

👎 同時に多くの選択肢を表示する
選択するストレスを引き起こす。

図 63

■ 同時に表示する選択肢の数を減らそう。

▶▶ 覚えておくべきポイント
- 多くの選択肢から選ぶことは，頭を使う作業である。
- その結果，なにも選ばないこともある。
- 選択肢が似通っている場合，この傾向はさらに顕著になる。

▶▶ あなたにもできる具体策
- 同時に表示する選択肢の数を減らす。
- カスタマージャーニーのどの場面においても，選択肢の数をできれば3つ，多くとも5つに絞る。
- そのためのひとつの方法は，選択肢を削除することである。
- 別の方法として，選択肢を分類することができる。たとえば，最初に3〜5個の最も重要な選択肢を示し，残りはクリックすれば見えるように隠しておく。

意思決定をサポートする

サポートがあると選択が容易になり，決断も早くなる

> 前章で例示した選択肢の多いメニューについてもう一度考えてみましょう。レストランを去るのは難しいと判断したあなたは，どうにかして選択する方法を探し始めます。たとえば，ウェイターにアドバイスをもらうのはどうでしょうか。するとウェイターは，どんなものを食べたい気分ですか，と聞いてきました。辛いものですか，甘いものですか，サクサクしたものですか。食べたいもののイメージが湧くと，選択は一気に楽になります。

　選択を難しく感じるのは，魅力的な選択肢が数多くあるからだけではありません。なによりも，常に正しい選択をしたいという思いがあるからです。特に，選択肢が多かったり多様である場合には，何らかの助けが欲しいと思うものです。そこで行動デザイナーの出番です。行動デザイナーは，次の方法で訪問者をサポートすることができます。

- 分類
- 差異化
- フィルタリング
- ウィザード

それぞれ詳しく見ていきましょう。

●●● 分類 ●●●

　訪問者をサポートするための最初の方法は分類です。すべての選択肢を何らかの基準を設けてグループ分けするのです。たとえばオンライン研修であれ

ば，次のように分類できます。

- 初心者向け
- 経験者向け
- 専門家向け

また，スマートフォンを販売するなら，次のような分類が考えられます。

- アイフォン
- アンドロイド
- ピクセル

　形，色，価格帯，人気度，製品寿命など，選択肢を分類する方法はさまざまです。選択するにあたって最も重要な基準はなにか，ターゲットグループに該当する人たちの意見も参考に検討しましょう。

●●● 差異化 ●●●

　選択をサポートする2つ目の方法は，違いを明確にすることです。選択がストレスとなる原因のひとつは，選択肢が似通っていることです。選択肢のあいだの違いがわからなければそこで行き詰まり，決定を先送りします。

　差異化する方法として，価格の違いを見せることが考えられます。たとえば，同じようなチューインガムが2パックあり，価格がまったく同じであれば，選択は困難です。ところが，どちらかのガムの価格を数セント上げると，たちまち金銭的要素という論点が明確になり，選択が容易になります（図64）。

👍 価格の差異化
選択が容易になり，77％の人がガムを購入した。

👎 まったく同じ価格
選択は困難であり，ガムを購入した人は46％だった。

図64

同じような商品を販売する場合は，違いを強調するデザインにしましょう。間違っても，どの商品にもあてはまる USP（unique selling proposition：自社が提供する独自の価値）を強調しないでください。違いを示すのです。

●●● フィルタリング ●●●

　選択を容易にする3つ目の方法はフィルタリングです。商品の特徴やオプションをリスト化し，訪問者が望むものにチェックを入れることで，自分で選択肢を絞り込むようにします。これは，一般的なタグ付きのフィルターメニューをデザインに取り入れることで可能となります。

　私たちは，大型家電を取り扱う大手ウェブショップにおいてこの手法を用いました。使うのはクイックフィルターにしました。複雑なフィルターだとチェックを付けすぎて選択肢が絞られず，選択が容易にならないことがあると経験から学んでいたからです。

　まずは，消費者が新しい洗濯機に求める特徴を探るため，任意の100人を対象にアンケートを実施し，洗濯機を購入する際に重視する点を3つ選んでもらいました。その後，調査結果をふまえ，「大容量ドラム」「静音設計」「高速回転」など重要な特徴を10に絞り込みました。そして，1回のクリックで求める洗濯機が表示されるようなクイックフィルターを設計しました。たとえば「静音」をクリックすると，すべての静音洗濯機が表示されるのです。次の例では，画面左側にクイックフィルターが配置されています（図65）。

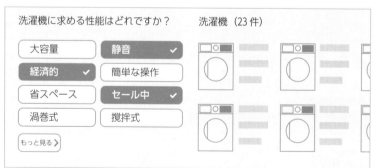

図65

フィルターの導入自体は小さな改善ですが，大きな成果へとつながりました。クイックフィルターのおかげで，決断する人の数が25パーセント増加したのです。

図66

●●● ウィザード ●●●

　選択肢をフィルターにかける手法として，ウィザードもおすすめです。ウィザードとは，訪問者の希望にかなう商品を提示するためのツールです。訪問者の希望を尋ねるいくつかの質問に答えると，ウィザードが最終結果を出してくれます。この方法では，項目ごとに選択肢を段階的に減らしていくのではなく，訪問者の希望をすべて聞き取ったあと，結果をまとめて表示します。

　ここでは創造力を発揮し，簡単なアンケートという形でウィザードを「パッケージ化」してみましょう。たとえば，電話の使用状況などをたずねるいくつかの質問に答えてもらい，その回答をもとに，数種類のモデルが自動的に表示されるようにするのです。これにより選択はずっと容易になります（図67）。

図67

●●● コンバージョンの改善と顧客体験 ●●●

　本章の冒頭で，選択には困難が伴うと述べました。人間の脳は，同時に多く
の選択肢から選び取るようにはできていません。そのため，選択する際に
ちょっとしたサポートがあると非常に助かります。つまり，選択を手助けする
ことで，コンバージョンが改善するだけでなく，顧客体験を向上させることが
できるのです。

■ 分類，差異化，フィルタリング，ウィザードなどを活用して訪問
　者の選択をサポートしよう。

▶ 覚えておくべきポイント
　● サポートがあると選択が容易になり，決断も早くなる。
　● 意思決定をサポートすることで，選択に伴う精神的労
　　力を小さくできる。

▶ あなたにもできる具体策
　● 分類，差異化，フィルタリング，ウィザードなどを活
　　用して訪問者の選択をサポートする。
　● フィルタリングの活用方法としては，ウィザードがお
　　すすめである。

デフォルト，自動入力，オート
コンプリート

特に希望がない場合，人はデフォルトの選択肢を選びがちである

2009 年，オランダでは，多額の学資ローンの返済に苦しむ学生が増加していることが明らかになりました。オランダ政府はこの傾向に歯止めをかけようと，高額なキャンペーンの展開ではなく，ちょっとした工夫を実行しました。申請フォーム上でデフォルトの選択肢を変更するだけで，十分な効果を上げることができたのです。

　当初，学資ローンの申請を行う DUO（教育関連の行政機関）のウェブサイトでは，融資の最大限度額が提示されるようになっていました。選択肢のひとつとして最大額が提示されるのではなく，それが標準の選択肢になっていたのです。それ以下の金額を選択することもできましたが，そのためには，学生は自ら選んでチェックマークを入れなければなりませんでした。

　オランダ政府はここを変えました。現在では，学生が受け取っている成績連動型の助成金の額を確認し，前月に受け取った額と同額のローンを提案するようになっています。つまり，最大融資額ではなく，それよりずっと低い金額が標準の選択肢となったのです。それよりも高い金額を申請することもできますが，そのためには自ら融資額を変更する必要があります。このささいな変更は，非常に大きな効果へとつながりました。最大限の融資額を選択した学生の割合は，2 年間で 68 パーセントから 11 パーセントに減少しました[30]。

　このように，オンライン環境で標準として元々セットされている選択肢を「デフォルト」と呼びます。明確な希望がなかったり，選択に確信が持てない場合，訪問者はデフォルトの選択肢を選びがちです。デフォルトは専門家が最適だと判断した選択肢である，つまりそれがベストな選択であると考えるのです（図 68）。

図 68

●●● デフォルトの二面性 ●●●

　行動デザイナーであればデフォルトをうまく利用しましょう。顧客の立場に立ってデフォルトをデザインするなら，訪問者にとって最も良い（と思われる）選択肢を標準として選びます。DUO のウェブサイトでデフォルトの選択肢を変更したのがよい例です。

　一方，自分にとって都合がいいように訪問者を誘導することもできます。たとえば比較サイトであれば，自社にとって最も収益が高くなる結果を最上段に表示する，ということもできます。この場合，顧客のためという思想が出発点になっていないことは明らかです。

　私たちの経験でも，訪問者を特定の方向に誘導するためにデフォルトを利用したことが何度かあります。宝くじのサイトを作成した際，「1枚買う」ではなく「3枚買う」をデフォルトに設定したのです。その後，平均購入額は急激に増加しましたが，最終的には販売は低迷しました。長期的には，リピーターとして宝くじに参加する人が減ってしまったのです（図 69）。

デフォルトあり
3枚購入する人が増加したが，リピーターは減った。

何枚購入しますか？

○1枚	●3枚	○5枚
チャンスは 3,000万分の1	チャンスは 3,000万分の3	チャンスは 3,000万分の5

デフォルトなし
3枚購入する人は少なかった。

何枚購入しますか？

○1枚	○3枚	○5枚
チャンスは 3,000万分の1	チャンスは 3,000万分の3	チャンスは 3,000万分の5

図 69

●●● 選択過程をサポートする ●●●

　基本的に，訪問者が選択する過程をサポートするための方法がデフォルトだと，私たちは考えています。デフォルトの設定により，最終的にはコンバージョンの可能性を高めることができます。デザインにデフォルトを追加することで，訪問者の迷いを減らし，選択のストレスを軽減することができます。

　訪問者の希望に最も近いと思われる選択肢をデフォルトに設定することを常に心がけてください。それにより訪問者の行動や思考への負荷を減らし，また，訪問者が「誤った」選択をするのを避けることができます。つまり，標準的な選択が訪問者を満足させるようなデザインにすることが必要なのです。

●●● 応用──自動入力 ●●●

　デフォルトのひとつの形態に自動入力があります。最も可能性が高いと思われる選択肢をあらかじめ選んでおくもので，通常は保存データを活用します。配送先住所を入力する欄に登録済みの住所を表示しておいたり，出身国の選択画面で最も可能性の高い国を選んでおくなどの方法があります。これにより，訪問者の時間と労力を節約できます（図70）。

👍 **自動入力あり**
訪問者の時間を節約できる。

👎 **自動入力なし**
99％の訪問者にとっては無駄な手間となる。

図70

ウーバーのライドシェア事業では，自動入力を活用して配車リクエストを容易にしています。何度か同じ配車サービスを選択すると，アプリが自動でそのサービスをデフォルトに設定するのです。これによりウーバーは，「ライドの予約」という行動を訪問者が取りやすくしています（図71）。

図71

●●● 応用——オートコンプリート ●●●

　デフォルトの一形態として，入力しかけのデータを自動で完成させるオートコンプリート（自動補完）も挙げられます。たとえばグーグルで検索する場合，最初の3文字を入力しただけで適切な候補が出てくることがよくあります。これは，設計者が訪問者を個人的に知っているからではなく，他の何百万もの人たちが同じ質問をしているからです。

　検索ワードの一部を入力しただけで検索回数の多い言葉を表示することで，グーグルは訪問者の思考時間を節約しています。表示された言葉の中に訪問者が求める検索ワードが含まれる可能性は高く，訪問者はそれをクリックするだけで済みます。これには別の効果もあります。その言葉を検索しているのはどうやら自分だけではなさそうだという事実は社会的証明にもなり，モチベーションの向上にもつながります（第Ⅲ部の「社会的証明」〈89頁〉を参照）。

●●● デフォルト設定はいつでもおすすめ ●●●

　デフォルトや自動入力，オートコンプリートを活用したくなりましたか？

それならまず，カスタマージャーニーを見渡し，訪問者が2つ以上の選択肢から選ばなくてはならない場面を特定してください。そして，選択肢の1つをデフォルトにできないか検討してください。可能な場合は常にデフォルトを設定することをおすすめします。デフォルトがあれば，こちらが狙った選択肢を選ぶ可能性も高まりますし，そもそも選択するという行動を起こす可能性が高まります。よって，デフォルトの活用によりコンバージョンの改善が見込めます。

「同じような人」

訪問者に関する情報が多いほど訪問者に対する理解が深まり，訪問者へのサポートも充実させることができます。十分な数の訪問者が存在するなら，「同じような人」をベースにデータを自動入力するとよいでしょう。

■ カスタマージャーニーにおいて，選択する場面ではすべてにデフォルトを設定し，データを自動入力し，オートコンプリートで候補を示すことでデータの入力スピードを速めよう。

▶ 覚えておくべきポイント
- オンライン環境では，標準的な選択肢を「デフォルト」と呼ぶ。
- 特に希望がない場合，人はデフォルトの選択肢を選びがちである。
- デフォルトを用いることで，訪問者の精神的労力を軽減できる。
- また，訪問者が「誤った」選択肢を選ぶことを防ぐこともできる。
- 自動入力は，主に保存データをもとに，望ましい選択肢をあらかじめ選んでおくことである。
- オートコンプリートは，入力しかけのデータを自動で完成させるものである。

▶▶ あなたにもできる具体策
- カスタマージャーニー内の選択場面ではすべてにデフォルトを設定する。
- データは自動入力する。
- オートコンプリートで候補を示すことでデータの入力スピードを速める。

ジェンガ式

不要な言葉のないテキストのほうが読みやすい

> ジェンガというゲームを知っていますか？ 木のブロックを積み上げてタワーを作り，そのタワーが崩れないようにしながらなるべく多くのブロックを取り除いていくというバランスゲームです。勝つためには，どのブロックを「取り除く」べきかを考える必要があります。オンライン行動デザイナーがテキストを作成する際には，この考え方を応用できます。

　先述のとおり，アビリティを向上させることで，訪問者はこちらが求める行動を迅速に取れるようになります。つまり，妨げとなる要素をすべて排除するとよいのです。冗長な表現を削除するのがよい例です。不必要な言葉が含まれない文章のほうが読みやすいのです。私たちはこれを実現する最適な方法を考案し，ジェンガ式と名付けました。

●●● 数秒の価値 ●●●

　この手法について説明する前に，少し数字の話をしましょう。人間の脳は，英語の1単語を処理するのに約0.25秒かかることをご存知ですか？ 文字どおり，コンマ1秒の世界です。ほんの一瞬に思われますが，単語が合わさって文となり，段落となり，ページとなります。

　たとえば，250単語のウェブページなら，読み切るのに1分以上かかります。本や雑誌を読んでいるのであればたいした時間ではありませんが，オンラインでは永遠に等しいほどの時間です。それだけの時間があれば，電話のベルが鳴る，子どもが泣き出す，宅配便が届くなど，訪問者のカスタマージャーニーを妨害するあらゆることが起り得ます。このような邪魔の入るリスクを減らすには，テキストをなるべく短くし，要点を押さえなくてはなりません。

図72

●●● 言葉の撤去 ●●●

　さて，ジェンガはどう関係するのでしょうか？　自分が伝えたいメッセージをジェンガのタワーだと考えてください。多くの場合，メッセージには不要な言葉が含まれています。ジェンガと同様，このような不要な言葉は「撤去」することができます。次の文について考えてみましょう。

　　あなたのウェブサイトでより多くのコンバージョンを得ましょう！

　このメッセージを理解するのに，文中のすべての言葉が必要でしょうか？そう質問することで答えが見えてきます。次のような表現はどうでしょう。

　　より多くのコンバージョンを！

　29字から13字へとぐっと短くなり，より明確で力強いメッセージになりました。ジェンガ式では目安として，最初に書いたテキストを半分にまで削減できると私たちは考えています。

●●● 159字から60字へ ●●●

　先程は短いコピーの例を示しましたが，より長いテキストでもジェンガ式は使えます。次の例では，159字のテキストを60字まで削減しました。

　　なにか文章を書く際，1文でも文章全体であっても，多くの言葉が頭に浮かび，知らず知らずのうちについ長々と言葉を書き綴ってしまいます。

だからこそ私たちは，単純に省略できる言葉を探しましょう，とアドバイスしています。通常であれば，50 パーセント以上を容易に省略できることがわかるでしょう。それらの言葉は完全に不必要なのです。

なにか文章を書く際，一文でも文章全体であっても，多くの言葉が頭に浮かび，知らず知らずのうちについ長々と言葉を書き綴ってしまいます。だからこそ私たちは，単純に省略できる言葉を探しましょう，とアドバイスしています。通常であれば，50 パーセント以上を容易に省略できることがわかるでしょう。それらの言葉は完全に不必要なのです。

文章を書く際，つい長々と書き綴ってしまいます。省略できる言葉を探しましょう。通常，50 パーセント以上省略できるでしょう。

●●● 余分な言葉を取り除く ●●●

ジェンガが上手い人は，タワーを崩すことなく余分なブロックを引き抜くことに長けています。オンライン行動のデザインも同じです。上手い行動デザイナーは，テキストの明瞭性を保ったまま，不要な言葉を取り除くことができます。

ところでこれは，「できるだけ多くの」言葉を取り除くこととは違います。ジェンガと同様，十分にあるもの（心理学では「冗長性」と呼ぶ）を取り除くのです。そのため，常に訪問者の視点に立ってテキストを読み返し，そこにある言葉や文が本当に必要なのか考えましょう。

ヒント──ジェンガ会議を開く

心血を注いで練り上げた文章から言葉を取り除くには，非常な困難が伴うことでしょう。その場合，先入観のないチームメンバーを巻き込むとよいでしょう。ジェンガ会議を開いてテキストから不要なものを撤去してもらってください。

最後にひとつ注意すべき点があります。商品紹介のページでは通常，訪問者は商品について多くの情報を読みたがっています。このようなページで情報を

取り除いてしまえば，ジェンガのタワーは崩壊してしまいます。この場合は長く説明してもよいのです。ただしわかりやすくまとめましょう。コンテンツマーケティングで使われる長めの読み物についても同様です。

■ 見出し，表現，文章から取り除けるものを探そう。

▶▶ 覚えておくべきポイント
- 不要な言葉のないテキストのほうが読みやすい。
- 不要な言葉や文章を取り除く方法をジェンガ式と名付ける。
- ジェンガ式を用いることで，テキストを短く読みやすくすることができる。

▶▶ あなたにもできる具体策
- 見出し，表現，文章から取り除けるものを探す。
- 目安として，最初に書いたテキストから 50 パーセント程度を削減できることが多い。
- 商品紹介のページではあまり熱心に取り除かない。

邪魔を排除する

作業中に関係のない邪魔が入ると集中できなくなる

> 計算の最中に同僚が何度も質問をしてくる，ホワイトペーパーを読んでいる
> のに恋人が大音量で音楽をかけている，本の執筆中に続けて電話がかかって
> くる。これらの邪魔にはすべて，人間の行動を抑制する効果があります。オ
> フラインでも，もちろんオンラインでも。

　前章ではジェンガ式を使って余分な言葉を削除する方法について説明しました。しかし，不要なものを削除するのはテキストに限ったことではありません。目標とする行動とは無関係な邪魔な要素はすべて，訪問者の行動を遅らせる要因になります。

●●● 悪いことではない？　本当に？ ●●●

　ウェブデザイナーの多くが，ランディングページや商品紹介ページにさまざまな情報を盛り込んでいます。企業ニュース，人気のブログ上位３件，ソーシャルメディアで紹介された最新投稿など，そのページにとって大して重要ではない情報です。意識的にせよ無意識的にせよ，このようなデザイナーは「まあ，悪いことではないだろう」と思っているようです。

　しかし本当にそうでしょうか？　本書ではすでに，競合するプロンプトは注意をそらす邪魔ものであることを説明しました。追加のコンテンツはすべて，訪問者の脳に余分な労力を要求するものだと思わなければなりません。コンテンツは，利用するときだけでなく，無視するときにも精神的労力が求められます。つまり，「悪いことではなくない」のです。

　ある大手銀行のコンバージョン担当マネージャーが教えてくれた成功事例を紹介しましょう。彼は実験的に，銀行のウェブページの大部分から前書きの文章を削除しました。ほとんどのページで不要だったにもかかわらず，コンテンツ管理システム（ウェブサイトのバックエンド）に必須の入力フィールドがあるというだけの理由で表示されていたのです。それは素晴らしい結果を生みました。リード・コンバージョンが全体で 10 パーセント以上も向上したのです。

　もうひとつの事例はシムシティのウェブサイトです。プロモーション用のバナーを削除したところ，販売が 43 パーセントも上昇しました（図 73）。

👍 バナーなし
余分な邪魔を取り除いたことで購入が43％増加。

👎 バナーあり
余分な邪魔がコンバージョンに悪影響を与えることも。

図 73

●●● 目標とする行動にフォーカスする ●●●

　訪問者のアビリティを向上させ，コンバージョンの可能性を高めるには，自分が目標とする行動にフォーカスするのが最良の方法です。そのためには，選択肢をひとつしか与えないという方法が考えられます。それ以外のもの——イメージやナビゲーションメニューやクリックボタンなど——は訪問者の妨げになるだけです。たとえば，訪問者が購入画面に遷移したら，他の商品を見せて気をそらさず，購入という行動をやり遂げることに集中してもらいましょう。

●●● 最愛のものを手放す ●●●

　こんな話をしていると，デザイナーたちの悲鳴が聞こえてきそうです。「私のこの大切なウェブサイトをどうしろと？　なにも残らなくなってしまうではないか！」と。残念ながら，邪魔をなくすには去ってもらわなければならないコンテンツもあります。辛いことだとは思います。それでも，心を鬼にして最愛のものを手放さなくてはなりません。訪問者がなにを求めてサイトを訪れているのかをよく考え，そこに向けた道筋をつけるのです。邪魔なコンテンツを削除する行為を楽しんでみましょう。それが最も安上がりなコンバージョン改善方法なのです。

図74

トリミング

　邪魔なコンテンツを取り除くとき，別人になったつもりで自分のウェブサイトを客観的にチェックするとよいでしょう。あるいは他の人に頼んで，訪問者になったつもりでウェブサイトを「トリミング」してもらうこともできます。

■ 目標とする行動から気をそらすものはすべて取り除こう。

▶▶ 覚えておくべきポイント
- 作業中に関係のない邪魔が入ると集中できなくなる。

▶▶ あなたにもできる具体策
- 目標とする行動から気をそらすものはすべて取り除く。
- 目標とする行動と，そこに至る道筋にフォーカスする。

フィードバックを与える

人は，自分の行為が正しいかどうか確認したがるものである

> リンゴを肩越しに放り投げたとします。しばらくしてドスンという鈍い音が
> しました。しかし，もしなにも音がしなかったらどうでしょう？　そうです，
> 疑問に思いますよね。リンゴは地面に落ちたのだろうか，と。

　キーボードをタイプすると，スクリーン上に文字が現れるはずです。電灯の
スイッチを入れると，電灯がともるはずです。そしてリンゴを肩越しに投げる
と，リンゴが落ちたことを示す音がするはずです。これらのような反応
（フィードバック）が得られないと，なにが起こっているのかわからず頭が混
乱してしまいます。

　つまり，人間が行動を起こすときには，正しく行われていることを示す確証
が必要なのです。

●●● フィードバックでモチベーションが向上 ●●●

　本書ではすでに，フィードバックを用いてモチベーションを向上させる方法
について説明しました（第Ⅲ部の「ポジティブなフィードバック」〈113頁〉を
参照）。緑色のチェックマークや誉め言葉などあらゆる方法で訪問者を励まし，
気持ちを高めてポジティブな感情を維持してもらうのです。そうすることで訪
問者は，カスタマージャーニーのどこにいてもパーティー中のような気分にな
り，行動を起こし続けるモチベーションが高まります。

●●● フィードバックでアビリティも向上 ●●●

　しかし，行動をデザインするうえで，フィードバックにはもうひとつの機能
があります。フィードバックを与えることで，オンライン上の行動をより自然

で容易に感じさせることができるのです。訪問者が行動を取るたびに反応を返し，また，その行動が正しく取られたかどうか伝えることで，訪問者のアビリティが向上し，コンバージョンの可能性も高まります。

●●● フィードバックを与え続ける ●●●

オンラインでは，顧客はリンゴを肩越しに投げ続けています。そしてその都度，リンゴが地面に落ちる音を聞きたがっています。ここで確認のフィードバックを与えるかどうかはデザイナー次第です。フィードバックがあることで，顧客は安心してカスタマージャーニーを続けることができます。いくつか例示します。

- 適切なパスワードを入力したときに，「強力なパスワードです」というメッセージを表示する。
- 入力内容が正しくない，または十分ではないときに，エラーを優しく伝えるメッセージを表示する。
- 処理が正しく行われたことを示すポップアップウィンドウを表示する。
- 進捗状況を表示し，どのステップまで終了して残りのステップがどれだけかを明示する。
- オンライン購入が確定したことをEメールで知らせる。

●●● 不安を取り除く ●●●

訪問者の不安が大きいときほど多くのフィードバックを与えるべき，というのが基本原則です。やりすぎを心配する必要はありません。重要な選択を迫られる場面では特に，訪問者は確信を得たいものです。

最もフィードバックが必要となるのは，商品の購入を決定するときです。「サイズはあっているかな？」「カートに入れておいたあのブラウスは削除したっけ？」「さっき入力した住所は間違ってない？」これらの情報をすべて確認できるようにすることで，不安をほぼ確実に取り除くことができます。

たとえば，航空券を予約するときにはパスポート情報を正確に入力する必要があります。間違えれば大問題となり，とんでもなく高い手数料を払わされると訪問者もわかっています。そのため，航空業界に携わる行動デザイナーは，

予約手続き中は常にパスポート情報を表示し続けるか，少なくとも，予約を確定する時点で入力情報を確認できるようにするべきなのです。

●●● ネガティブなフィードバック ●●●

訪問者もただの人です。そして人は間違いを犯します。たとえば登録フォームの入力時に。そんなときはネガティブなフィードバックを返す必要が出てきます。しかし，厳しい言葉や上から目線な態度は避け，やる気が出るようサポートしましょう。一番いいのは誉め言葉を使うことです。

厳しい言葉
　Eメールアドレスの入力ミスです。

上から目線
　有効なEメールアドレスを入力すること。

やる気がでるようサポートする
　確認通知を送るためにEメールアドレスが必要です。
　例：john@example.nl

誉め言葉を使う
　ここまでは完璧です。あとはEメールアドレスを入力するだけ。確認通知を送るためにEメールアドレスが必要です。例：john@example.nl

最初の例は，ネガティブなフィードバックであることが明白です。コーヒーショップで砂糖がないからといって，「砂糖がないぞ！」と叫ぶようなことはしませんよね？　2番目の例も改善の余地があります。たとえば，「有効」というのは典型的なIT用語です。それに，自分に対して命令ばかりしてくる相手をどう思いますか？　3番目の例では，訪問者をサポートしたいという意図が伝わってきますし，何をすればよいのかも明確です。しかし，4番目の例のほうがより温かな雰囲気が伝わってきます。上手くいっていることに着目しているからです。ちょっとした思いやりで，エラーメッセージを誉め言葉に仕立

て上げることもできるのです。

図75

●●● 常にフィードバックを ●●●

　ポジティブなものであれネガティブなものであれ，フィードバックの役割は，「これでいいのかわからない」という不安を訪問者に抱かせないことです。そんなことで訪問者を悩ませる時間があるなら，目標とする行動を取るよう誘導することに時間をかけるべきです。

　カスタマージャーニーを見直し，訪問者が入力したりアクションを起こすたびにフィードバックを与える設計にしましょう。フィードバックは，行動を起こした直後に目に見える形で示し，カスタマージャーニーのあいだは常に表示し続けるとよいでしょう。どの時点においても，フィードバックを素早く返すことで，訪問者は確信をもってカスタマージャーニーを続けることができます。

■ カスタマージャーニーのどの時点においても，適切なフィード
バックを素早く与えて訪問者の不安を取り除こう。

▶▶ 覚えておくべきポイント
- 人は，自分の行為が正しいかどうか確認したがるもの
である。
- そのための方法のひとつがフィードバックである。
- 訪問者が行動を起こした後にフィードバックを与える
ことで，訪問者はそれが正しい行動なのか悩む必要が
なくなる。

▶▶ あなたにもできる具体策
- カスタマージャーニーのどの時点においても，適切な
フィードバックを素早く与えて訪問者の不安を取り除
く。
- 訪問者の不安が大きければ大きいほど，多くのフィー
ドバックを与える必要がある。
- ネガティブなフィードバックが必要な場合もあるが，
訪問者のやる気が出るようサポートする言葉を選び，
さらには誉め言葉もつけるとよい。

可逆性を示す

やり直せるとわかっていれば，行動に対する不安が和らぐ

Eメールの受信箱（あるいは迷惑メールフォルダ）がいくつものメールマガジンであふれ返っている人は多いことでしょう。その理由のひとつは，メールマガジンの登録が非常に容易だからです。それにしても，私たちはどうして登録してしまうのでしょう？　それは，登録するという行動が可逆的だからです。

　可逆的とはつまり，購入した後に後悔してもその購入を確実に取り消すことができる，ということです。やり直しがきくとわかっていれば，行動を起こすことに対するためらいも小さくなります。これによりコンバージョンを高めることができます。

　キャンセル，オプション登録の取り消し，交換補償サービスなど，オンラインの世界では多くの企業が可逆性の重要性に気づき始めています。これらの企業では，たとえば次のような文句をうたっています。

- クリックひとつで配信登録を解除できます。
- 14日以内なら容易に返品可能です。
- 配信登録はいつでも無料でキャンセル可能。
- 宿泊予定日の24時間前までならキャンセルは無料。
- 返金保証付き，理由は問いません。

●●● 可逆性を恐れない ●●●

　可逆性を明示したがらないプロダクトマネージャーもいます。商品の返品なんて考えを訪問者の頭に吹き込むのはよしておこう，と思うのです。返品にか

かるコストの高さを思えば，その気持ちもわかります。しかし第Ⅱ部で述べたとおり，行動をデザインすることとメッセージを作成することは違います。取り消し可能であることを強調することで，コンバージョンを改善することができます。さらに言うと，自社サイトが可逆性を伝えないなら，競合サイトが可逆性を伝え始めるでしょう。

ギャップやアマゾンなどの大手サイトは，この点をよく理解しています。だからこそ，これらのサイトでは商品の返品が無料で，しかも非常に簡単なのです。実際，これら企業の戦略では可逆性の重要性が高まっています。とはいえ，訪問者が商品を選択する際に，サイズなどの十分な情報を提供して丁寧にアドバイスすることで，返品を大幅に削減することはできます。これは誰にとっても助かる話です。

●●● トランザクションの可逆性と
インターフェースの可逆性 ●●●

ここまでは，購入手続きなどトランザクションにおける可逆性について説明しました。一方，ユーザーインターフェースに可逆性の考えを活用することでウェブサイトを最適化することもできます。たとえば，カスタマージャーニーのどの段階でも注文内容を変更できるようにするという方法があります。あるいは，いつでも1つ前の手順に戻れるようにし，データの再入力も不要であると明示することもできます。

ミスをしやすい訪問者にとっては，いつでも前の手順に戻れるというのは便利なものです。タイプライターがパソコンへと置き換わった背景には，「元に戻す」機能（ctrl + z）の存在も重要でした。

●●● 可逆性の活用 ●●●

可逆性を活用するには，カスタマージャーニーの分析から始めましょう。社会的・金銭的に影響のある行動を訪問者に求めている場面を特定してください。たとえば「プロフィール写真のアップロード」や「注文の確定」などです。そのような場面で，訪問者の選択が可逆的であることが明確にわかる文章を考えましょう（図76）。

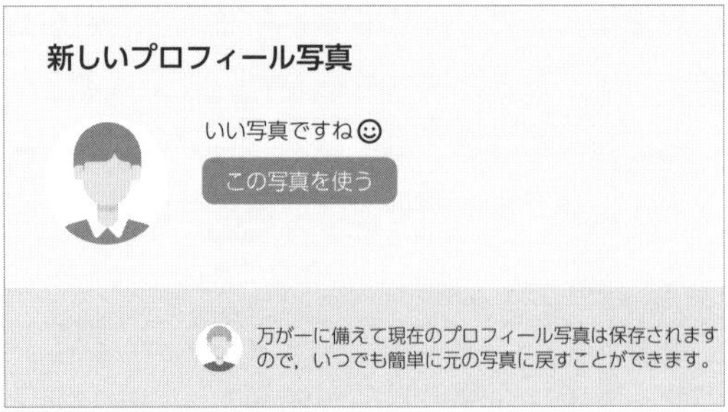

新しいプロフィール写真

いい写真ですね😊

この写真を使う

万が一に備えて現在のプロフィール写真は保存されますので，いつでも簡単に元の写真に戻すことができます。

図76

■ 訪問者の選択は可逆的であることを明示しよう。

▶▶ 覚えておくべきポイント
- やり直せるとわかっていれば，行動に対する不安が和らぐ。
- 可逆性の考えは，トランザクションでもインターフェースでも活用できる。

▶▶ あなたにもできる具体策
- 訪問者の選択は可逆的であることを明示する。

ページ構成

軽く目を通しただけで内容が自然と頭に入ってくるのがよい

分かりにくい構造，不十分な情報，見えない CTA——上手く構成されていないウェブサイトは，訪問者から多くの労力を奪います。これはちょっと面倒だと思えば訪問者は立ち去り，おそらく二度と戻らないでしょう。そのため，目標とする行動を訪問者に取ってもらうには，ウェブサイトを論理的な構成にすることが不可欠です。

人間の脳は構造化されたものを好み，論理的に構成されている情報ほど上手く処理できるようになっています。そして，容易に処理できる行動ほど実行される可能性が高くなります。本章で紹介する以下の4つの指針を活用すれば，軽く目を通しただけで内容が容易に理解できるようなウェブページを作れるでしょう。

- 階層
- リズム
- 列
- 並置

●●● 階層——可能な限りフラットに ●●●

そのページで最も重要な情報はなにか，常に明白でなければなりません。そのためには「章」や「節」などの階層を使い，それぞれのポイントを明確にする必要があります。階層のレベルは2つ以内に収めましょう。3つ以上では複雑になりすぎます。階層は可能な限りフラットにするのです（図77）。

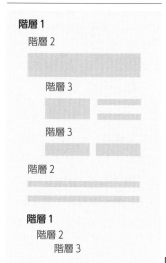

👍 OK
フラットな階層。階層のレベルは2
つ以内に。

👎 NG
階層のレベルが3つ以上ある。

階層1
　階層2

　階層2

階層1
　階層2

階層1
　階層2
　　階層3

　　階層3

　階層2

階層1
　階層2
　　階層3

図77

●●● リズム──規則正しく明確に ●●●

　リズムは，階層を視覚的にデザインする際に必要となります。内容ごとの固
まりをブロックに見立て，規則正しく一定のリズムで配置しましょう。それに
より訪問者はウェブサイトの構造を素早く理解でき，ナビゲーションが容易に
なります。

　たとえば，ブロックの冒頭部分はそろえます。同じ位置に同じフォントサイ
ズの同じ見出しを配置しましょう。ブロックの終わりがどこで，次のブロック
がどこから始まるかが一目でわかれば，見出しを目で追うだけで，さらにスク
ロールするか，それともそのブロックの内容を詳しく読むかを決めることがで
きます。

　内容はさまざまでも，各ブロックの境界が明確であれば訪問者はリズムをつ
かみやすくなります。視覚的にテンポの良いリズムを作るため，ブロック間の
距離は一定に保ちましょう（図78）。

👍 OK：リズムがある

すべての見出しが同じフォントサイズで左揃えになっている。各ブロック内のフォントも一定のサイズになっており，背景の色はひとつおきに同じパターンをくり返している。スクロール中も，次のブロックがどこから始まるのか素早く簡単に理解できる。これにより訪問者の精神的労力が軽減され，アビリティを向上させることができる。

👎 NG：リズムがない

見出しのフォントサイズがそろっておらず，配置位置も異なる。各ブロック内のフォントもばらばらである。次のブロックの始まりがどこなのか，スクロールしながら頭を使わなくてはならない。

図78

●●● 列——複数の列を作らず1列に ●●●

　多くのデザイナーがテキストの表示方法に頭を悩ませています。1列で表示するか，2列か，それとも3列にしようか，などと考えたことはありません

か？　私たちのアドバイスはこうです。よほどの理由がない限り，列は1列にしましょう。

　列が複数あるとウェブサイトは一気に複雑になります。モバイルサイトはわかりやすくていいと言われますが，1列表示しかできないことも大きな理由でしょう。1列であれば，訪問者のナビゲーションを制御することができます。つまり，上から下へ，または下から上への動きです。しかし2列以上になると，そのコントロールを失います。

　テキストをすべて1列で表示するのは，見た目にはよくない場合もあります。しかし，訪問者に求める精神的労力を最小限にすることはできます。訪問者の目は一方向にしか動きません。1列しかなければ，次にどこに目を向けようか悩むこともありません。しかも近年ではスマートフォンのおかげで，訪問者は1列表示の長いページをスクロールすることに慣れてきています。つまり，訪問者のアビリティ向上のためには1列表示を選ぶのが最適なのです（図79）。

👍 OK
1列表示。

👎 NG
複数列表示。

図79

●●● 並置——同じ内容はまとめる ●●●

　最後に並置について説明します。並置とはすなわち，内容の類似性を示すこ

とです。近くに表示されているものほど同じ内容のものだと素早く判断できます。一方，遠くに表示されていれば，内容が異なるとすぐにわかります。次の図のようなイメージです（図80）。

図80

　適切な並置により，訪問者はウェブページの全体像をより容易に把握することができます。たとえば次のような具合です（図81）。

- CTA は，広告文章の下か右側に配置する。
- 記事のタイトルは，文章から遠く離れた上のほうには配置しない。
- タイトルと文章の距離は，タイトルとその前の文章との距離よりも短くする。

👍 OK
タイトルは，関係する文章との距離が近くなるようにする。

👎 NG
タイトルと関係する文章との距離が，関係しない文章との距離と同じ。

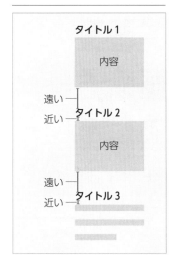

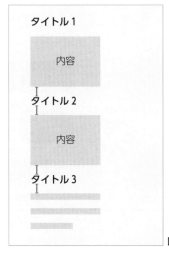

図81

うまく並置されていないと，どれが同じ内容のものかを理解するために脳は余分に働かなくてはなりません。

当たり前の話に聞こえますが，デザイナーには，ついアイデア賞を狙ってみたくなるときがあるものです。その結果，訪問者は不必要に長く考え込むことになってしまいます。

USER IN YER FACE

ベルギーのデザイン会社 Baggar は，ウェブサイト制作の際に起こしがちなミスを，面白い方法で世に示しました。同社が制作したウェブサイト「User in yer face」(userinyerface.com) では，オンラインデザイナーが犯しがちなありとあらゆる誤りを，わざと盛り込んでいます。次の例を見てください（図82）。チェックボックスは上の写真に属しているように見えますね。ところが実際にクリックしてみると，そこで初めて下の写真に属していることがわかるようになっています。

図82

　既存のウェブサイトやアプリ，メルマガの構造を改善したいなら，階層，リズム，列，並置の基本をしっかりと理解してください。新しく一から作成する場合は，これらの基本を念頭に作業を始めましょう。

■ 階層やリズムを活用して情報を整理しよう。列は1列で，同じ内容はひとまとまりにして表示しよう。

▶▶ 覚えておくべきポイント
- 軽く目を通しただけで内容が自然と頭に入ってくるのがよい。
- 論理的に構成されている情報ほど，脳は容易に処理することができる。

▶▶ あなたにもできる具体策
- 階層やリズムを活用して情報を整理する。列は1列で，同じ内容はひとまとまりにして表示する。

頭を使わせないで

脳を酷使せずに済むならそのほうがよい

「注文後3営業日以内にお届け」などと書かれている商品ページをよく見かけます。それはそれで有益な情報ですが，実際にいつなのかは自分で計算しなくてはいけません。今日は金曜日だから，3営業日だと火曜日……あれ，それとも月曜日かな？　今日も1日と数えるのだろうか？　ああ，面倒くさい。

　結果的にはそれほど時間をかけずとも配達日はわかるでしょう。とはいえ，多少は頭を使って計算しなくてはなりません。月曜日なのか火曜日なのか，ショップ側が教えてくれれば余計な頭を使わなくて済むのに。

　注文時の時間に応じて配達予定日を知らせる計算式をプログラミングするのは，いくらか手間はかかりますが，それだけの価値は十分にあります。訪問者の代わりにサイト側が頭を使うことで，訪問者のアビリティを向上させることができます。つまり，コンバージョンの可能性が高まるということです。

●●● 答えを準備しておく ●●●

　訪問者の頭をなるべく使わせないためには，訪問者のために情報を準備しておくことです。訪問者の代わりに頭を使って調べものをしておくことで，訪問者がクリックしたり，行動を起したり，購入したりする可能性が高まります。

　私たちはこれを「頭を使わせないで」の原則と名付けました。これは，人間とはなるべく自分の頭を使って考えたくないものだ，という考えに基づいています。米国のウェブデザイナーであるスティーブ・クラッグは，まさに「Don't Make Me Think（頭を使わせないで）」というタイトルで2005年に本を出版し，ベストセラーとなりました[31]。この原則を理解すれば，ウェブサイトを最

適化するためのヒントが多く得られます。ここでは，そのうちの３つについて
説明します。

- 業界用語を避ける
- 訪問者の視点から書く
- 計算させない

●●● 業界用語を避ける ●●●

オンラインで保険に加入する場合，いくつかの「商品」から選ぶことになる
でしょう。保険会社が「商品」という言葉を使うときは通常，保険の「契約」
について話しています。「商品」という言葉は，社内では共通言語なのでしょ
うが，それ以外の人にとっては余分な疑問を抱かせます。「商品」という言葉
を見て保険契約のことだとわかる訪問者はそれほどいないでしょう。

このような曖昧さを避けるには，業界用語を使わないことです。業界用語は
専門用語とは限りません。一般的な言葉でも，従業員同士だけで通じる，外部
の人には不明な使い方をしていれば業界用語です。訪問者に通じる言葉を使う
ことで，訪問者は容易に行動を起こせるようになります。誰も知らない意味不
明な専門用語で訪問者を悩ませるよりもずっと効果的です。いくつか例を挙げ
ます。

- 「取り引きが完了しました」ではなく「支払いが完了しました」
- 「以下の商品から選択してください」ではなく「購読したい新聞を選択
  してください」
- 「必須の入力欄です」ではなく「生年月日を入力してください」

●●● 訪問者の視点から書く ●●●

オンライン行動デザイナーが作成する文章は，自分のためではなく訪問者に
向けて書くものです。訪問者の視点に立ち，訪問者にとってどのような意味を
持つのかを考え，わかりやすく明確に書きましょう。当たり前のことに聞こえ
ますが，人間はどうしても，自分の視点や自社の立場からものごとを見てしま
い，他人の視点を忘れがちです。そのため，実践の場で失敗してしまうことも

多いのです。

　たとえば，モバイルバッテリーの仕様を紹介する場合を考えてみましょう。バッテリー容量の大きさを示すことはできます。しかしそれでは，訪問者は，それが自分にとってどういう意味を持つのか考えなくてはいけません。しかし，そのバッテリーを使えばスマートフォンを何回充電できるかを明示すれば，訪問者は頭を悩ませる必要がなくなります。

- 「このモバイルバッテリーの容量は 2 万 mAh です」ではなく
  「このモバイルバッテリーはスマートフォンを 6 〜 7 回充電できます。平均的なバッテリーよりも大容量です」
  （2 万 mAh が容量として大きいのか小さいのか判断できる人はそれほどいないでしょう）
- 「注文番号 3434343 を弊社デリバリーセンターへ配送しました」ではなく
  「ご注文の商品は予定通り配送中です。購入いただいた本は，明日の 14 時〜16 時にご指定のポストに到着予定です」
  （訪問者が知りたいのは社内サプライチェーンの仕組みではありません。どの商品がいつ届くのか，ちゃんとポストに入るのか，ということを知りたいのです。このような視点が行動デザイナーには重要です）

●●● 計算させない ●●●

　このように到着日を明示することは，訪問者に頭を使わせないための 3 つ目の方法でもあります。つまり，訪問者に計算をさせない，ということです。訪問者の代わりに計算をしてあげましょう。

- 「特定された地点から 6 マイル離れています」ではなく
  「ここから車で 6 分の距離（6 マイル）です」
- 「11 時 59 分までにご注文下さい」ではなく
  「今から 24 時間以内にご注文下さい」
- 「注文期限まであと 4 日と 3 時間 2 分」ではなく
  「7 月 24 日の 21 時 59 分までにご注文下さい」

ヒント　注文期限まで3日以上ある場合は，残り時間を示すのではなく，「〜までに」と期限を示すほうが頭を使わずにすみます。

●●● やってみよう ●●●

　「頭を使わせないで」の原則を使うには，コストがかさむこともあります。プログラムに計算式を組み込み，訪問者に合わせた計算をしたり，「インデシット製300ターボプラス45545」という製品名を「お買上の洗濯機」という話し言葉に変換することが必要になってくるでしょう。「フロントエンドの表示をわかりやすくするほど，バックエンドの開発は複雑になる」というのが基本的な考え方です。しかし，小さな手直しから始めることもできます。自分のサイトをカスタマージャーニーに沿って見直してください。訪問者の頭を使わせないために工夫できる場面を見つけることができるでしょう。

■ 訪問者が頭を使ったり調べ物をしたりしなくて済むようにしよう。

▶▶ 覚えておくべきポイント
- 人間は，知恵を絞ったり深く考えたりしなくて済むならそのほうがよい。
- 訪問者の代わりに頭を使ったり調べものをすることで，訪問者がクリックしたり，行動を起こしたり，購入したりする可能性が高まる。
- フロントエンドをわかりやすくするほどバックエンドは複雑になる。しかしその価値は十分にある。

▶▶ あなたにもできる具体策
- 訪問者が頭を使ったり調べ物をしたりしなくて済むようにする。
- 業界用語を避ける，訪問者の視点から書く，計算をさせない。

慣れ

やり方を知っていれば，頭を使う努力はそれほどいらない

> ショッピングカートは……右上。クリックしてトップページに行くための会
> 社ロゴは……左上。問い合わせ先は……いつだってメインメニューの一番
> 下。近年では，ウェブサイトのどこに何を配置するかはほぼ決まっています。
> オンライン行動デザイナーはこの慣例に従うべきです。

図83

　自動車の運転と同じです。自動車ならほぼ自動で，つまりシステム１のみ
で，運転が可能でしょう。ところが，アメリカ人がイギリスでレンタカーする
となると，A地点からB地点へ向かうのにシステム１では間に合いません。な
ぜなら，突如として頭を使わざるを得なくなるからです。左車線を走行し，左
手でギアを変え，右側から降りる。すべてが左右逆になるだけなのですが，こ

うなると車の運転がシステム2を使った行動に変わります。

●●● ヤコブの法則 ●●●

オンライン上でまったく同じ経験をする訪問者もいます。慣れ親しんだウェブサイトとは異なるつくりのウェブサイトに出会うと，全体の構造がわからず，そのサイトを理解するのが困難になります。ウェブサイト・ユーザビリティの父と云われるヤコブ・ニールセンが，UXデザイナーに向けて厳しい「法則」を設けたのもこの理由からです。

> 「訪問者は，ほとんどの時間を自社サイト以外のサイトを見て過ごしている。つまり，馴染みある既存サイトと同じような動きをすれば，訪問者は喜ぶ[32]」

このヤコブの法則を念頭に，訪問者が慣れ親しんだデザインを使うとよいでしょう。

創造性の高いデザイナーにとっては，大衆に迎合するのは辛いことだと思います。独創性を求める自然な欲求に従い，ウェブサイトを自分好みにデザインし，いくらかの個性も見せたいことでしょう。しかし，訪問者が簡単に操作できるようにするには，ヤコブの法則や「慣れ」の法則に従うほかはありません。結局のところ，ここではアビリティについて説明しているのです。行動が簡単であるほどコンバージョンの可能性が高まる，これに尽きます。

●●● 慣例は無限に ●●●

本章の冒頭で，オンライン行動デザイナーが念頭に置くべき慣例についていくつか触れました。このような慣例は実際のところ無限にあります。これらはすべて，多かれ少なかれ自然発生したものです。参考までにいくつかの慣例を示します。

- メインメニューに表示されていない重要度の低い情報へのリンクは，ページのフッターにある。
- ウェブショップでは，注文ボタンの上および商品イメージの右側に価格

が表示されている。

- アプリ内では，重要なショートカットボタンは下部に表示されていることが多い。
- CTA は関連するテキストのすぐ下に表示されている。
- サブメニューは，ページ上部に横並びで配置されているか，左側に縦に配置されている。

　このリストはどこまでも続けることができます。人気のある有名サイトがどのように構成されているかを注意深く分析すれば，「慣れ」の威力をすぐに実感できます。そのようなサイトのデザインパターンを採り入れれば，コンバージョンを向上させることができるでしょう。

■ 訪問者が慣れ親しんだデザインパターンを使おう。

▶▶ 覚えておくべきポイント
- やり方を知っていれば，頭を使う努力はそれほどいらない。
- すなわち，訪問者が慣れ親しんだデザインパターンから外れるほど，訪問者にとって使いにくいものとなる。
- 逆に，慣れ親しんだデザインパターンを使えば，訪問者は容易に操作できる。
- これを「慣れ」の原則と名付ける。

▶▶ あなたにもできる具体策
- 訪問者が慣れ親しんだデザインパターンを使う。
- 人気の高い有名サイトを分析し，そのデザインパターンを採り入れる。

労力予測

労力がかからないと思われる行動ほど着手しやすい

> オンライン記事が載っているEメールを受け取ったことはありますか？　記事は読むだけで済みます。あまり時間がないときでも，目を向けるくらいのことはするでしょう。冒頭を読む限り興味深い内容のようですが，もう行く時間です。他のページに移ろうとクリックしかけたところで，「記事を読むのに必要な時間：4分」という表示が目に入りました。次の瞬間には記事を読み始めていることでしょう。

　記事を読むのに必要な時間を表示するのは，「労力予測」の原則をうまく活用している例です。一般的に予想されるよりも手間や時間はかからないですよと明示することで，一見難しそうな行動でも容易に取り組めるようになります。これは，未経験の新しい行動を促すときに特に有効です。

●●● テキストに工夫を ●●●
　労力予測を小さくするにはテキストを賢く使いましょう。いくつか例を挙げます。

- 記事を読むのに必要な時間：2分
- 30秒でプロフィールが作成できます
- 3ステップで簡単にオリジナルのデザインが作れます

●●● 見せ方にも工夫を ●●●
　取ってもらいたい行動の見せ方を工夫することで，労力予測を小さくすることもできます。たとえば，あるプログラムに登録しようとしている訪問者がい

ます。ところが，登録に必要な手順が15個もあります。これを見た訪問者は登録を始める前にやめてしまうでしょう。なにしろ手順が15個です。そんな時間，誰にあるでしょうか？　しかし15個の手順を，5個ずつ3つのセクションに分けたらどうでしょうか。突如として登録作業が簡単に感じられます。同様に，入力欄が長々と続くときも，いくつかの小さなセクションに切り分けることで容易にみせることができます。

●●● モチベーションも上乗せ ●●●

　細かく分けることで，訪問者のモチベーションを上げる機会も増やせます。たとえば，ひとつの手順が終わるたびに「よくできました！」とポジティブなフィードバックを与えるのです（第Ⅲ部「ポジティブなフィードバック」〈113頁〉を参照）。または，「95パーセントのお客様が2分でオリジナルの自転車を作り上げました」と社会的証明を示すこともできます（第Ⅲ部「社会的証明」〈89頁〉を参照）。それにより，行動しようとしている訪問者をやさしく促すことができます。

●●● モチベーションが低い訪問者にも ●●●

　「労力予測」の原則を使えば，モチベーションが低い訪問者を行動に向かわせることもできます。そのためには，作業はいつでも中断できますよと最初から明示しておくことが重要です。

　この原則を使うにはまず，訪問者がやる気にならない行動や躊躇する行動を特定しましょう。それは，登録の手順かもしれませんし，長い入力フォームかもしれません。これらの箇所に来たときに，労力はそれほどかからないと伝えることで，訪問者はすぐにでも作業に着手するようになることでしょう。そして嬉しいことに，一旦着手してしまえば，最後までやり遂げる可能性がぐっと高まります（第Ⅲ部の「ベイビー・ステップ」〈101頁〉を参照）。

■ 手間や時間はそれほどかからないと明示することで，労力予測を
　低減させよう。

▶▶ 覚えておくべきポイント
　　• 労力がかからないと思われる行動ほど着手しやすい。
　　• これを「労力予測」の原則と名付ける。
　　• 着手してしまえば最後までやり遂げる可能性が高い。

▶▶ あなたにもできる具体策
　　• 手間や時間はそれほどかからないと明示することで，
　　　労力予測を低減させる。
　　• 例として，読むために必要な時間を明示したり，入力
　　　フォームなどの手順が多い場合はいくつかのセクショ
　　　ンにまとめるたりすることが挙げられる。
　　• モチベーションが低い訪問者に対しては，いつでも中
　　　断できることを明示しておく。

望ましくない行動を困難に

物事が困難になると人はあきらめやすくなる

皆さんはお気づきでしょうか？　注文ボタンは多くの場合，キャンセルボタンよりも大きく押しやすく作ってあります。ポップアップ画面の「閉じる」ボタンは，その横にある「詳しくはこちら」ボタンよりも小さくなっています。これはもちろん偶然ではありません。オンライン行動デザイナーが，望ましくない行動をより難しくしている好例なのです。

　第Ⅳ部では，訪問者に取ってほしい行動を容易にするにはどうすればよいかを説明してきました。しかしときには，正反対のことをしてみるのもいいでしょう。つまり，望ましくない行動を困難にするのです。なぜなら，フォッグ行動モデルは双方向に働くからです。行動を容易にすればその行動が起こる可能性は高まり，行動を困難にすればその行動が起こる可能性は低下します。次の例を見てください。ウィンドウを閉じるよりも，登録ボタンを押すほうがずっと簡単です（図84）。

図84

望ましくない行動を困難にする例は日常にあふれています。たとえば，男性用トイレの小便器は，ビールが半分入ったグラスをどこかに置くことなどできない造りになっていますよね。その結果，多くの男性が，「グラスを持ったままトイレに行かない」という望ましい行動を取るのです。

　あるいは，うまくデザインされたメニュー表を考えてみましょう。店主は客に，懐具合ではなく味の好みで食事を選んでほしいと思っています。メニューが価格順に並んでいないのはそのためです。価格の順番をバラバラにすることで，価格を基準に選ぶという望ましくない行動を困難にしているのです。

●●● オンラインでは ●●●

　オンラインでも同様です。オンライン上にも良い例は数多くありますが，あまり良いとはいえない例もよく見かけます。その境界を明確にするため，ここでは，「素晴らしい例」「普通の例」「問題のある例」の3つに分類しました。

●●● 素晴らしい例──みなが喜ぶ ●●●

- Eメールアドレスを2回入力してもらうことで，入力ミスをしにくくする。
- 依存性の高いアプリを1時間の連続使用後に自動的にシャットダウンし，続けて使用するのを困難にする。

●●● 普通の例──行動に向かわせる軽い誘導 ●●●

- ネットショップの購入手続き中は，画面にナビゲーションボタン配置しないことで，ショッピングに戻ることを困難にする（滞りなく購入手続きを済ませてもらう）。
- 望ましくない選択肢のボタンを，望ましい選択肢のボタンより小さく表示することで，クリックしにくくする。

●●● 問題のある例──やりすぎ，嫌な気持ちにさせる ●●●

- 航空券を予約する際に，「旅行保険に加入」のチェックボックスにデフォルトでチェックを入れることで，旅行保険に加入しないことを困難にする。
- フェイスブックから退会する際に，退会理由を長いリストの中から選ばせることで，アカウントの削除を困難にする。

このように並べると，この原則を活用する際に考慮すべき条件が見えてきます。それは，訪問者にとってもその行動がある程度望ましくないものであるときに限り，その行動を困難にするべきだ，ということです。

●●● 望ましくない行動はなにか ●●●

オンライン行動デザイナーは，訪問者に取ってもらいたい行動について常に考えています。しかし反対に，訪問者に取ってもらいたくない行動について考えてみるのもいい方法です。望ましくない行動はなにか？　訪問者がその行動を取らないようにするにはどうすればよいか？　ある選択肢が，デザイナーにとっても訪問者にとっても望ましくないのであれば，その選択肢を選ぶのを難しくする必要があります。

■ デザイナーにも訪問者にも望ましくない行動は，特別に困難にしよう。

▶▶ 覚えておくべきポイント
- 物事が困難になると，人は少しあきらめやすくなる。
- 望ましくない行動を困難にすることで，望ましい行動が取られる可能性が上がることもある。

▶▶ あなたにもできる具体策
- デザイナーにも訪問者にも望ましくない行動は，特別に困難にする。
- そのためには，訪問者に取ってほしくない行動をすべて洗い出す。
- 合理的かつ倫理的な方法で，取ってほしくない行動を困難にすることができるか考える。

▶▶ 選択肢をデザインする

選択肢の構築とは

アビリティを扱う第IV部で説明したとおり，デフォルトを活用することで，選択という行為を簡単にすることができるだけでなく，誘導することもできます。選択に影響を与えるために行動デザイナーが使える方法は，デフォルト以外にもいくつかあります。そのためには，選択肢の作り方が重要になってきます。そのため，私たちはこれを「選択肢の構築」と呼んでいます。

　本書の冒頭では，オンラインデザイナーと建築家を比較しました。建築家が物理の法則を活用して建物をデザインするのと同様，オンラインデザイナーは心理学の諸法則を活用して選択肢をデザインするのです。第V部では，選択肢をデザインする際に活用できる法則を5つ紹介します。

ホブソン＋1
望ましい行動に加え，2番目の選択肢を示すことを考えてみる。

アンカリング
比較対象となる数値を直前や周辺に表示することで，自分が示す数値を高く感じさせたり低く感じさせたりする。

極端回避
可能であれば選択肢の両端に「極端」な選択肢を追加する。

おとり
選んでほしい選択肢を魅力的に見せるため，選択肢に「不細工な兄弟」を追加する。ただし，自分の倫理基準に従うこと。

ナッジ
選んでほしい選択肢を選んでもらえるよう，1つか2つの選択肢にナッジを使う。

これらの法則を適切に活用すれば，目標とする行動を取る訪問者が増えることでしょう。なお，これらの方法は主に，訪問者側に特に強い希望がないときに使えます。つまり，訪問者の選択をサポートすることになるのです。

ホブソン＋1

選択肢が1つしかないと，「なにもしない」という選択肢が頭に浮かぶ

かつて，配達業を営むトーマス・ホブソンは，ケンブリッジとロンドンを結ぶ郵便配達を担っていました。また，配達に行かない馬は学生に貸し出していました。馬を借りたい人がホブソンの広大な厩舎に到着すると，そこには何十頭もの馬がいて，好きな馬を選びたい放題……に見えるのですが，ホブソンはあるひとつの決まりを設けていました。客が借りられるのは，入口に最も近い区画にいる1頭だけだったのです。さて，あなたならどうしますか？　歩いて行きますか？　それとも仕方がないからその馬を借りますか？

多くの客は後者を選びました。ホブソンにとっては好都合です。速く走れる良い馬を貸し出さずにすむのですから。ホブソンは実質的には，「この馬がいやなら借りてくれるな」と言っていたのです。現在でも，「ホブソンの選択（Hobson's choice）」という英語表現は，「自由選択」でありながらもその選択をせざるを得ない状況を指します。

当時は，これは優れたやり口だったことでしょう。ところが現在では，オンライン上で1つの選択肢しか与えない方法が最善とは言えません。訪問者にとっては，「なにもしない」というのも検討に値する選択肢になり得ます。なにしろ，数回クリックすれば別のネットショップに行けるのですから。現代の顧客は，隣の貸馬屋へ行くのに何時間も歩く必要はありません。

デフォルトの選択肢に加えてもう1つ別の選択肢を用意するとよいというのは，このような理由からです。それにより訪問者は2つの選択肢から選ぶことに集中し，「なにもしない」という選択肢に目を向けなくなります。オランダの消費者心理学者バルト・シュッツは，この原則を「ホブソン＋1」と名付けました[33]。

図85

●●● 選択の対象を変える ●●●

　ウェブサイト上で「ホブソン＋１」の原則を活用できる場面は多くあります。承認，注文，ダウンロード，ログイン，問い合わせ――訪問者に取ってもらいたい行動はどこにでもあります。そこに２つ目の選択肢を追加することは可能でしょう。

　私たちが実際に行った例を挙げます。あるオランダの銀行において，顧客満足度調査を依頼するＥメールを送付しました。その際，２つ目の選択肢を追加したＥメールのほうが，「はい，協力します」と回答した顧客の数が倍にもなったのです（図86）。

👍 OK

2つ目の選択肢を追加することで、「なにもしない」という選択肢が意識に上らなくなる。

👎 NG

1つしか選択肢がない。

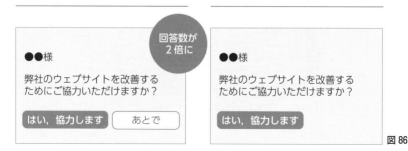

回答数が2倍に

●●様

弊社のウェブサイトを改善するためにご協力いただけますか？

はい、協力します　　あとで

●●様

弊社のウェブサイトを改善するためにご協力いただけますか？

はい、協力します

図86

●●● 選択肢を探す ●●●

やるべきことは単純です。カスタマージャーニーで選択肢が1つしかない場面をすべて洗い出し、2つ目の選択肢を追加するのです。その後、コンバージョンが改善するか確認してください。いくつか例を挙げます（図87）。

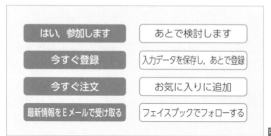

はい、参加します　　あとで検討します

今すぐ登録　　入力データを保存し、あとで登録

今すぐ注文　　お気に入りに追加

最新情報をEメールで受け取る　　フェイスブックでフォローする

図87

最後に実践的なアドバイスを3つほど。まず、2つの選択肢は近くに表示しましょう。選択肢が同時に目に入ることで、訪問者はその2つをセットで考えることができます。選択肢が離れた場所に表示されていると、「なにもしない」という選択肢が頭に浮かびます。次に、2つの選択肢は内容が対になるようにしましょう。たとえば、「はい、今すぐ参加します」「あとで検討します」といった具合です。選択肢の内容がちぐはぐだと、「なにもしない」という選択肢がまたもや現われるでしょう。最後に、望ましい選択肢のほうを視覚的に目

立たせましょう。そうすることで選択が容易になります。

> なぜ追加する選択肢は 1 つだけなのでしょうか。2 つや 3 つ，4 つでは
> だめなのでしょうか。選択肢が複数あると訪問者は，「誤った」選択をする
> こと，その結果なにか損してしまうことを恐れ始めます。疑念があると訪
> 問者の行動は遅くなります。だからこそ，まずは選択肢を 1 つ追加するこ
> とから始めるとよいのです。

■ 目標とする行動に加え，2 つ目の選択肢を示すことを考えてみよ
う。

▶▶ 覚えておくべきポイント

- 選択肢が 1 つしかないと，「なにもしない」という選択
肢が頭に浮かぶ。
- ところが選択肢が 2 つあると，2 つのうちのどちらを
選ぶかに関心がいき，「なにもしない」という選択肢は
見えづらくなる。
- これを「ホブソン＋1」の原則と呼ぶ。

▶▶ あなたにもできる具体策

- 目標とする行動に加え，2 つ目の選択肢を示すことを
考えてみる。
- 2 つの選択肢は近くに表示し，内容も対になるように
する。
- 2 つ目の選択肢は視覚的にあまり目立たないようにす
る。

アンカリング

なんらかの数値を評価する際，近くにある数値や直前に見た数値に影響される

2010 年に行われた iPad の発表会。その場にいた全員が，スティーブ・ジョブズが端末価格を告げるのを待ち構えていました。ジョブズが価格を口にしたのはプレゼンテーションの終盤になってからでしたが，そこに至るまでの30 分間，背後の巨大スクリーンには「999 ドル」という意味のない金額が表示されていました。ジョブズが実際の価格を発表すると，会場中で安堵のため息がもれました。iPad の最安値はたったの 499 ドル，最も高いモデルでも829 ドルだったのです（図 88）。

ジョブズは聴衆を高い価格（アンカー）に慣れさせた。

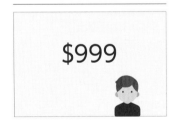

それにより，後に発表された価格が安く感じられた。

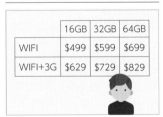

	16GB	32GB	64GB
WIFI	$499	$599	$699
WIFI+3G	$629	$729	$829

図 88

　ジョブズは，心理学で「アンカリング」と呼ばれる手法をうまく利用しました。最終的に示された価格はそれでも高額でしたが，事前に「アンカー（船のいかり）」となる価格を目にして価格を予想していた参加者には，安く感じられたのでした。
　このアンカリング効果に関して，ダン・アリエリーが行った有名な実験があります[34]。実験では，学生にいくつかの商品（たとえばワイン 1 本）の価格を

予想してもらいます。しかしその前に，学生らは自分の社会保障番号の最後の
2桁を書き出すように言われました。そして，その数値をドルにし，その価格
でそのワインを購入したいかを尋ねられました。学生らはおかしな質問だと
思ったことでしょう。なにしろ，その数値は完全に無作為の数字なのですか
ら。しかしこれは非常に賢いやり方でした。アリエリーが知りたかったのは，
無作為に選ばれた数値が商品価格の評価に影響を与えるかどうか，とうことで
した。最終的に，学生らはそのワインに対して入札するよう言われました。実
験は成功でした。有意な効果がみられたのです。大きな数字（たとえば89ド
ル）を書いた学生のほうが，小さな数字（たとえば11ドル）を書いた学生より
もずっと高い値段をつけました。最大で3倍もの高値で入札したのです。

　物の値段が高いか安いかをシステム1が判断する場合，近くにある無作為の
数値に影響されます。大きな数値を見たあとにそれより低い価格を提示される
と，悪くない値段だと無意識のうちに思ってしまいます。ところが小さな数値
を見たあとだと，無意識のうちに高いと感じてしまうのです。この効果は主
に，その物の価格が見当もつかないようなときに当てはまります。

　アンカリングは，マーケティングやセールスの世界ではそれほど新しい概念
ではありません。北アフリカのメディナ（旧市街）の商人を考えてみてくださ
い。彼らは自分の商品にとんでもない高値を付けています。値下げ交渉の末に
半値を勝ち取った観光客は満足の表情でその場をあとにしますが，実際にはそ
れでも多すぎるほどの金額を支払っているのです。

●●● 実践例 ●●●

　「アンカリング」の原則を活用するには，カスタマージャーニーの見直しか
ら始めましょう。そして，対比となる数値を提示することで，望ましい選択肢
の見え方に影響を与えることができる場面を見つけてください。いくつか例を
挙げます。

- 中間の価格帯の商品を売りたい場合は，最も高い商品を最初に表示する（図89）。

👍OK
高額な商品から表示

👎NG
安価な商品から表示

図89

- 価格を安く感じさせたい場合は，値引き前の価格を表示する（図90）。

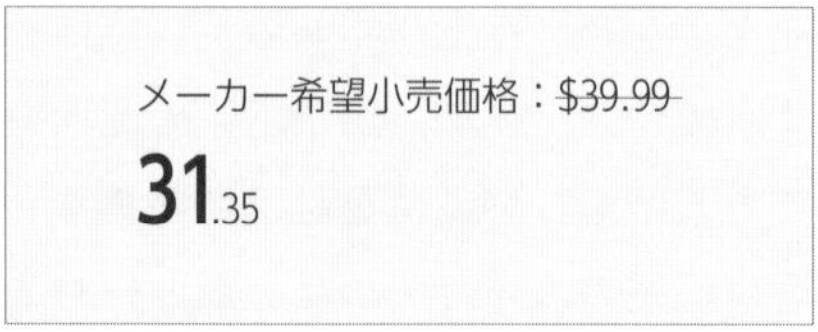

メーカー希望小売価格：$39.99

31.35

図90

- 顧客満足度の高さに着目してほしい場合は，満足度が最も低い競合を先に表示する（図91）。

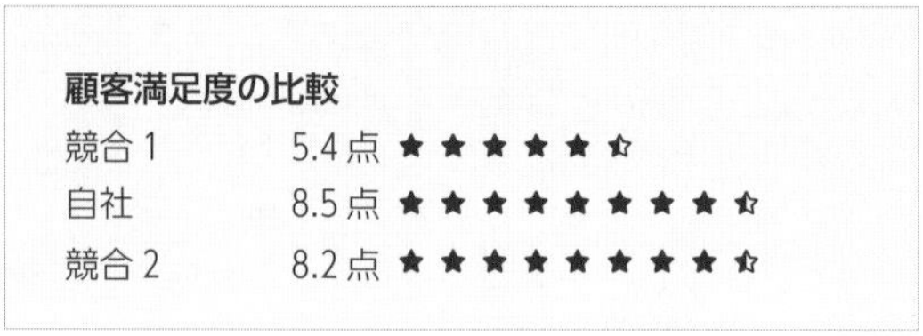

顧客満足度の比較

競合1	5.4点	★ ★ ★ ★ ★ ☆
自社	8.5点	★ ★ ★ ★ ★ ★ ★ ★ ☆
競合2	8.2点	★ ★ ★ ★ ★ ★ ★ ★ ☆

図91

■ 比較対象となる数値を直前や周辺に表示することで，自分が示す数値を高く感じさせたり低く感じさせたりしよう。

▶▶ 覚えておくべきポイント
- なんらかの数値を評価する際，近くにある数値や直前に見た数値に影響される。
- これを「アンカリング」の原則と呼ぶ。

▶▶ あなたにもできる具体策
- 比較対象となる数値を直前や周辺に表示することで，自分が示す数値を高く感じさせたり低く感じさせたりする。
- なにかの数値を低く／小さく／少なく感じさせたい場合，より高い／大きい／多くの数値と対比させる。
- なにかの数値を高く／大きく／多く感じさせたい場合，より低い／小さい／少ない数値と対比させる。

極端回避

あなたは会議に向かっている途中です。急いではいますが，お腹も空いています。フライドポテトを食べようとファストフード店のドライブスルーに入りました。どのサイズを選びますか？　スモール，ミディアム，エクストララージ？

おそらく，ミディアムを選ぶ人が多いことでしょう。なぜなら，人間は「極端」な選択肢を選びたがらないからです。選択肢の最初と最後というだけだったとしても，です。この傾向は，マーケティング学者イタマール・サイモンソンと心理学者エイモス・トベルスキーが行った一連の調査でも明らかでした[35]。彼らが出した結論は，人は中間にある選択肢により惹かれる，というものでした。逆もまた然りで，外側にある最初と最後の選択肢には惹かれないのです（図92）。

外側にある選択肢には惹かれないので，
あまり選ばれない。

図92

一体なぜでしょうか？　おそらく，日常生活において「極端」はリスクと隣り合わせだからではないでしょうか。生存本能により，昔から人間はリスクを

避ける傾向にあります。このような背景から，心理学ではこれを「極端回避」
の原則と呼んでいます。

●●● 選択肢を追加する ●●●

この原則は選択をデザインする際に役立ちます。次の例では，最も売りたい
「基本プラン」が左端に位置しています。しかし，極端回避の原則により，コン
バージョンの機会を失っているかもしれません（図93）。

図93

どうすればよいかというと，左端にもう1つ選択肢を追加するのです。無料
のお試しプランなど，既存のサービスで構いません。これにより「基本プラ
ン」は中間に移動し，それほど「極端」な選択肢ではなくなるのです（図94）。

図94

■ 可能であれば選択肢の両端に「極端」な選択肢を追加しよう。

▶▶ 覚えておくべきポイント

- 人は「極端」な選択肢を選びたがらない。
- 一番最初と一番最後の選択肢でも同じことである。
- これを「極端回避」の原則と呼ぶ。

▶▶ あなたにもできる具体策

- 選んでほしい項目が，選択肢の外側（一番左または右）に位置していないか確認する。
- その場合，選択肢の両端に追加できる「極端」な選択肢があれば追加する。

おとり

横に「不細工な兄弟」がいると，その選択肢がより魅力的に見える

若い起業家にチャンスを与えようと思い立ち，大手クラウドファンディングサイト「キックスターター」のページを開きました。10 ドルの投資に対して電子書籍 1 冊を受け取るプランと，20 ドルの投資に対して電子書籍 1 冊とハードカバー 1 冊を受け取るプラン，あなたならどちらに投資しますか？ほとんどの人は安いプラン，つまり電子書籍のみのプランを選ぶでしょう（図 95）。

図 95

　この 2 つの選択肢は，リヒテンシュタイン大学で行われた調査に基づいています[36]。研究者グループは，ここに 3 つ目の選択肢を追加したらどうなるかも調べました。価格は最も高いプランと同じですが，内容は明らかに劣るもの，つまり「おとり」を用意しました。新しい選択肢は次のようなものでした（図 96）。

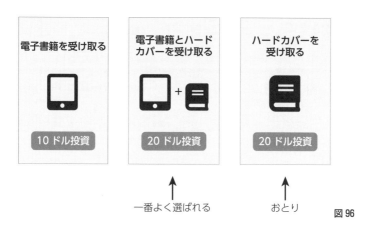

一番よく選ばれる　　　　おとり

図96

結果はどうだったでしょうか？　突如として，人気のなかったプラン（電子書籍＋ハードカバー）が一番人気となったのです。また，実社会でこの魅力のないプランを追加した場合，売り上げは10パーセント増加すると推定されています。

これは「おとり効果」と呼ばれるもので，多くの調査により実証されています。おとりの選択肢はターゲットとなる選択肢と似通っていますが，明らかに劣っています。そのため，ターゲットとなる選択肢がより魅力的に見えるのです。おとりのことを「不細工な兄弟（ugly brother）」と呼ぶこともあります（205頁のコラム参照）。

図97

心理学と行動経済学を専門とするイスラエル系アメリカ人の教授，ダン・アリエリーは，おとりについて多くの研究を行ってきました。そのひとつに，トムとジェリーの魅力を比較したものがあります[37]。トムの隣にトムの不細工な兄弟を並べると，調査の参加者はジェリーよりもトムのほうが魅力的だと答えました（A）。ところが，ジェリーの隣にジェリーの不細工な兄弟を並べると，トムよりもジェリーのほうがハンサムだと答えました（B）。

トムのおとり
トムの不細工な兄弟を示すことでトムの魅力が増す。

ジェリーのおとり
ジェリーの不細工な兄弟を示すことでジェリーの魅力が増す。

A
トム　　　　　トムの兄弟　ジェリー

B
トム　　　　ジェリーの兄弟　ジェリー

図98

●●● 実践 ●●●

商品ラインや価格表，サブスクリプションの構成を検討しているなら，いつでも「おとり」の原則を活用できます。不細工な兄弟はハンサムな兄弟とよく似せる必要がありますが，ほんの少しだけ違うことによって，できるだけ選ばれないようにしてください。なお，訪問者が求めた場合には不細工な兄弟を実際に提供できるようにしておかなくてはいけません。面白いことに，キックスターターの実験では，おとりを選択した人が4人いたのです。

●●● 倫理面 ●●●

「おとり」の原則は詐欺的だと感じる人もいることでしょう。なにしろ，お

とりは人々の行動に影響を与えるためだけに追加されているのですから。しかし，こう考えることもできます。不細工な兄弟はハンサムな兄弟の価値を訪問者に気づかせているのだ，と。私たちは，これはぎりぎり許容範囲内だと考えています。どの例でも，情報をわざと隠したりはしていません。

■ 選んでほしい選択肢を魅力的に見せるため，選択肢に「不細工な兄弟」を追加しよう。ただし，自分の倫理基準に従うこと。

▶▶ 覚えておくべきポイント
- 横に「不細工な兄弟」がいると，その選択肢がより魅力的に見える。

▶▶ あなたにもできる具体策
- 選んでほしい選択肢を魅力的に見せるため，選択肢に「不細工な兄弟」を追加する。
- 自分の倫理基準に従う。
- 不細工な兄弟は，ハンサムな兄弟とよく似せる必要があるが，ほんの少しだけ違うことによって，できるだけ選ばれないようにする。
- それでも不細工な兄弟が求められたときには，実際に提供できるようにしておく。

ナッジ

選択するにはちょっとしたナッジが必要なときもある

インターネットでノートパソコンを買ったことがある人はおわかりでしょうが，そこには驚くほど数多くの選択肢があります。そして，どれもこれも似たような商品の中からひとつを選び取るのは，かなり困難です。そんなとき，誰かが正しい方向にそっと導いてくれたら，どれほど助かるでしょうか（図99）。

£ 599

£ 589

£ 649

£ 499

£ 599

£ 579

図99

心理学では「ナッジ」（nudge：軽く押すこと）を「正しい方向へひと押しすること」と定義しています。たとえば家電量販店のカリーズ PC ワールドは，ラベル付けというナッジを上手く使い，特定の製品へ目を向けさせています。カリーズや他の企業が使っている例をいくつか紹介しましょう。

- 人気商品
- 専門家のおすすめ
- 残りわずか
- 値引きは本日中のみ
- 無料延長ケーブルつき

　「ナッジ」の原則を使ったラベルは，デフォルトの原則をさらに一歩進めたものです（第Ⅳ部「デフォルト，自動入力，オートコンプリート」〈145 頁〉を参照）。デフォルトは事前に選ばれた中立的な選択肢ですが，ナッジはその一歩先を行きます。

●●● 複数の原則を活用 ●●●
　ラベルはそれ自体でナッジの役割を果たします。ラベルのない他の商品と比べ，ラベル付きの商品は目立ちます。しかし，ラベルの内容を工夫することで，さらに訪問者を引きつけることができます。先ほど紹介したラベルの文言には，さまざまな原則が活かされています。

- 人気商品………………………社会的証明
- 一番の売れ筋…………………社会的証明
- 消費者協会による最高評価…権威
- 残り 3 つ………………………物量的希少性
- 値引きは本日中のみ…………時間的希少性
- 無料延長ケーブルつき………破格のお得情報

　これらのラベルにより，その商品を選択する理由を与えることになります。私たちはこれを，「理由」の原則の「視覚バージョン」と呼んでいます（第Ⅲ部

「理由」〈125頁〉を参照）。どのラベルが効果的かは，Ａ／Ｂテストにより２つのラベルを比較してみないとわかりません。

　最後にひと言。ナッジを使う選択肢は１つか２つにしましょう。それ以上に増やすと，選択のストレスを与えるだけになります。

■ 選んでほしい選択肢を選んでもらえるよう，１つか２つの選択肢にナッジを使おう。

▶▶ 覚えておくべきポイント
　● 選択するにはちょっとしたナッジが必要なときもある。

▶▶ あなたにもできる具体策
　● 選んでほしい選択肢を選んでもらえるよう，１つか２つの選択肢にナッジを使おう。

▶▶▶ 第 VI 部

▶▶ 行動心理学を活用する

さあ，実践です

オフラインであれオンラインであれ，行動が起こるには強力なプロンプト，十分なモチベーション，十分なアビリティが必要だということがわかりました。また，この3要素に影響を与える重要な原則についても学びました。今ではもう，どんなコンバージョンの課題も克服できると言ってよいでしょう——少なくとも，どの戦略をいつどこで使えばよいかがわかれば。つまり，実践に移すべきときがやってきたのです。

　本書では以降，異なる場面での実践方法を，オンライン広告，Eメール広告，検索エンジン広告，ランディングページ，商品紹介ページ，注文手続き，の順に説明していきます。タッチポイントと呼ばれるこれらの場面でどうすればよいか，本書で学んだ理論を基に具体的な指針を示していきます。それにより，原則がどのように働くかを理解するだけでなく，自分が望む方法で適用することができるようになります。

オンライン広告

オンライン広告のクリックからオンライン行動が始まることは珍しくありません。よいスタートを切れば仕事は半分終わったも同然，とはよく言ったものです。ここまで学んできたデザインの原則に従えば，効果的なオンライン広告を作成することができます。科学的知見に基づかない場当たり的なブレインストーミングや他人の真似をするよりも，ずっと効果的です。

　最も一般的なオンライン広告として，ウェブサイト上のディスプレイ広告と，ソーシャルメディア上の広告が挙げられるでしょう。次章からはこの2つについて，デザイン原則の適用のしかたを詳しく説明していきます。しかしその前に，著者と読者の期待値をそろえておきましょう。

　オンライン広告は，インタラプション・マーケティングの一種です。つまり，なにか別のことをしている人に対して一方的にアプローチするものです。相手はサイクリング・ルートの計画中かもしれませんし，お気に入りのアーティストの画像を見ているところかもしれません。ニュースのチェック中かもしれません。このようなときに邪魔されるのは，誰だっていやなものです。そのため，ターゲットとなる訪問者の大多数は広告を無視するということを知っておいてください。

　最近のことですが，新人の行動デザイナーが困り果てていました。なぜなら，彼女が制作したバナーをクリックしたのは，訪問者のたった0.1パーセントだったからです。そこで，この種の広告の世界平均は0.05パーセントだと教えると，彼女はとても元気になりました。なにしろ，オンライン・マーケターの平均値の2倍を達成していたのですから（表8）。

ディスプレイ広告（バナー）[38]	ソーシャルメディア広告[39]	Eメール広告[40]	検索エンジン広告[41]
0.05%	0.9%	2.5%	2.7%

表8

●●● 7歳児向けにデザインする ●●●

人間の脳にはシステム1とシステム2がある，と本書の前半で説明しました。システム1は自動的に働き，システム2は興味深いことや特別なことをシステム1が検知したときのみに働きます。ポイントは，システム1がテキストを読んだり理解したりする能力には限界があるという点です。これはちょうど7歳児レベルだと私たちは考えています。7歳児は主に画像に目を向け，簡単な短い文章のみを読み，長くて複雑なものはすべて無視します。

オンライン広告のターゲット層が他のことに夢中になっているのはわかりきっています。そのため，最初に働くのはシステム1だと思って間違いないでしょう。だからこそ行動デザイナーは，7歳児向けに広告を制作するとよいのです。

●●● シンプルに ●●●

では，どうすれば7歳児向けの広告が作れるでしょうか？　それはシンプルにすること，つまり，あまり多くを詰め込みすぎないことです。オンライン広告の目的は，クリックしてもらうことです。行動を起こしてもらうことは，そのあとです。

しかし，大きな組織で働いている場合はどうしたらよいでしょうか？　マネージャーたちはあらゆるものを広告に盛り込みたがるでしょう。「ブランド・マネージャー」は企業ロゴやキャッチコピーを入れたがるかもしれません。「法務部」が免責事項を入れろと言ってくることもあるでしょう。そうなると，広告をシンプルにするのは困難になってきます。そのような関係者たちを説得するのに，本書の内容が役立ってくれることを願うのみです（図100）。

👍 OK
シンプルですっきりしている。

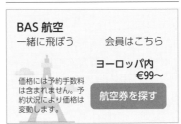

👎 NG
複雑でごちゃごちゃしている。

図100

●●● コストモデルも考慮する ●●●

　最後に，オンライン広告のデザインにも関連する3つのコストモデルについて説明します。

- CPM（cost per mille）：広告が一定の回数表示されるごとに，広告主は一定の料金を支払う。例：広告が千回表示されたら1ドル
- CPC（cost per click）：ディスプレイ広告（バナー）またはリンクが1回クリックされるごとに，広告主は一定の料金を支払う。例：広告またはリンクが1回クリックされたら5ドル
- CPA（cost per action）：特定の行動が1回取られるごとに，広告主は一定の料金を支払う。コンバージョンに基づくこのコストモデルはCPL（cost per lead）またはCPS（cost per sales）とも呼ばれる。例：ニュースレター購読が1件登録されたら10ドル

　広告のデザインに着手する前に，どのモデルが適用されるかよく考える必要があります。

　CPMであれば，ターゲット層ではない人が広告をクリックしたところで影響はほとんどありません。目標とする行動（たとえばニュースレターの登録）が起らない限り，広告がクリックされても追加の料金は発生しません。つまり，なるべく多くの人がクリックするような広告をデザインしなければなりません。

　CPCであれば，広告主は1クリックごとに支払いが発生するため，特定の

ターゲット層のみがクリックするようデザインするとよいでしょう。

　CPA であれば，ターゲット層以外の人がクリックしようがしまいが広告主には関係ありません。クリックした人が目標とする行動（ニュースレターの登録）を取らない限り，クリックされても料金は一切発生しません。しかし，その広告を掲載している媒体のプロモーターにとっては，誰がクリックするかは気になるところです。広告をクリックした人の多くがコンバージョンへと至れば，広告料による収入を増加させることができるからです。そのため，特定のターゲット層のみがクリックするような広告を制作するとよいでしょう。

　次の章からは，ディスプレイ広告，ソーシャルメディア広告，検索エンジン広告，Ｅメール広告について順に説明します。もちろん広告の種類は他にもありますが，最も一般的なチャネルを選びました。該当する箇所ではコストモデルについても触れています。

ディスプレイ広告

ここでいうディスプレイ広告とは，バナーのことです。多くの人がバナーを嫌っているにもかかわらず，バナーはそこかしこにあります。今でもオンラインコンテンツで稼ぐにはいい方法となっているので，それも仕方のないことでしょう。バナーをクリックすることでカスタマージャーニーの第一歩が始まり，そこから購入やダウンロード，ニュースレター購読へとつながっていきます。

ところが，多くのバナーは赤字だということをご存知ですか？ つまり，広告が生み出す売り上げよりも広告費のほうが高いのです。それではなぜ，ディスプレイ広告を出し続ける企業が多いのでしょうか？ それは，バナーによりブランドや商品の認知度が上がり，その結果，長期的には売上が増加するからです。サッカー場に並んだ広告板と同じです。

本章では，ブランド戦略には触れず，いかに多くの反応を得るかに重点を置きます。まずは「注意を引く」「アフォーダンス」から始めましょう。その後，プロンプト作成の戦略のうち，「好奇心」「破格のお得情報」「やさしい質問」の3つをバナーに適用する方法を説明します。最後に，「ジェンガ式」を使って端的で強力なバナーをデザインする方法を示します。

●●● 注意を引く ●●●

一番重要なのは，バナーはプロンプトであると理解することです。つまり，ターゲットグループを最初のクリックに導くためのものです。そのためには，なによりもまず訪問者の注意を引かなくてはなりません。

■ バナー・ブラインドネス

　しかも人間の脳は，オンライン体験を重ねるうちにバナーを無視するようになりました。ここでいうバナーとは，いかにもバナーという見た目のものを指します。この現象を「バナー・ブラインドネス」といいます。「ブラインドネス」というとなにか支障がありそうですが，実際のところこれは便利なスキルです。

　それでは，いったいどうしたら訪問者の注意を引くことができるでしょうか？　一番のおすすめは，わずかな動きを付けることです。静止しているものが動き出すと，人は注目せずにはいられません。注意を引くバナーを作成するためのヒントは他にもあるので，第Ⅱ部の「注意を引く」(31 頁) をご確認ください。

　バナー・ブラインドネスを回避するためのもうひとつの戦略は，バナーをウェブサイトのコンテンツの一部に見せかけることです（いわゆる「ネイティブ広告」）。その場合，バナーには広告であることがわかる表示をするとよいでしょう。

●●● ストーリー性のある動画を使う ●●●

　バナーに動画を使うのもよい方法です。なによりも，動きで注意を引くことができます。しかしターゲットグループの関心を引き続けるには，動画内でなにか意味のある出来事が起こらないといけません。雰囲気がいいだけで明確なメッセージのない動画は，ストーリー性のある動画に比べるとインパクトがありません。たとえば撥水加工されたTシャツなら，水をかけてその機能性を示しましょう。新車のプロモーションなら，トランクに荷物をたくさん積み込む動画もよいでしょう。

●●● ポップアップ広告 ●●●

　画面中央にポップアップとして表示されるバナーは，インタラプション・マーケティングのうちでも最も評判の悪いものです。当然のことながら注意を引くという意味では満点なので，注意を引くための戦略を使う必要はありません。しかし，プロンプト作成における戦略を適切に選ばないと，訪問者は瞬時に広告を閉じてしまうことでしょう。本章では，プロンプト作成の戦略につい

ても折に触れ説明しています。

●●● アフォーダンス ●●●

　第Ⅱ部の「アフォーダンス」（43頁）では，プロンプトには良いアフォーダンスが不可欠だと説明しました。訪問者の気を引けただけでもちょっとした奇跡ですが，その広告がクリック可能であり，しかもどこをクリックすればよいかがすぐにわかるようにしておかなくてはいけません。

　そのためには，バナーには明確なボタンを表示することが基本です。ボタンがあることで，クリック可能であるとシステム1が瞬時に判断します。古き良き「ここをクリック」ボタンは今でも効果抜群です（図101）。

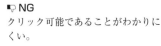
👍 OK
良いアフォーダンス。

👎 NG
クリック可能であることがわかりにくい。

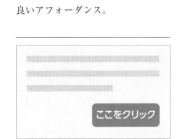

図101

　なお，必ずしもボタンである必要はありません。クリック可能であることが一目でわかるなら，再生ボタン，チェックボックス，矢印などでも十分にその役割を果たします。

●●● 好奇心 ●●●

　訪問者にクリックさせるには，好奇心をかき立てるという方法もあります。しかし，広告のコストモデルにより，どのようにデザインすべきかが変わってきます。そのため，コストモデル別のアドバイスと具体例を以下に示します。

■ CPM——好奇心をかき立てることに注力する

　CPMでは，広告が特定の回数表示されるごとに広告料が発生します。そのため，デザイナーとしては，誰がクリックしようと関係ありません。多くの人

にクリックしてもらうことが重要なのです。広告が表示された時点ですでに広告料が発生しているため、ターゲットグループに含まれない人がクリックしたって構いません。つまり、デザイナーは好奇心をかき立てることだけに注力すればよいのです。次に示す例では、具体的な内容を明かさないことで、好奇心を最大限に引き出しています（図102）。

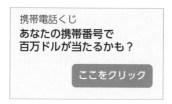 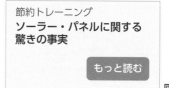

図102

■ CPC——好奇心をかき立てながらも選別する

CPCでは、広告主は1回のクリックごとに一定の料金を支払います。そのため、ターゲットグループのみがバナーをクリックするようにデザインしなくてはいけません。好奇心だけに注力していると、あっという間に大損します。次の例を見てください（図103）。

図103

このバナーでは、クリック数は増えるでしょうが、ほとんどの人は靴を買いたいとも思っていないでしょう。多くの人は、単に有名人の靴の好みを知りたいだけなのです。誰かがクリックするごとに広告料を支払わなくてはいけないのですから、これでは予算をドブに捨てるようなものです。

CPCでは、好奇心をかき立てながらも、クリックする人を選別するとよいでしょう。次の例を見てください（図104）。

図 104

好奇心が湧かない？　そうかもしれませんね。それでも，この広告に関心を持つ人は少なからずいるでしょう。しかも，有名人について知りたいだけの人たちに広告費を無駄にすることは絶対にありません。

■CPA——好奇心をかき立てながらも選別する

CPA では，目標とする行動が取られた時点で広告料が発生します。ということは，コンバージョンが起きたときだけ支払えばよいので誰がバナーをクリックしても問題ない，と思うかもしれませんね。ところがそうではありません。広告スペースの提供側もお人好しではありません。多くの人がクリックしているのにコンバージョンにつながらなければ，バナーを取り換えるか，コンバージョンごとの料金を引き上げるでしょう。

そのため，CPA でも CPC と同様の考え方になります。つまり，好奇心をかき立てながらも，ターゲットグループで選別するのです。求めるべきは，カスタマージャーニーを通じて行動を起こしそうな人たちにクリックしてもらうことです。

■言葉と視覚で好奇心をかき立てる

ここまでの例では，言葉で好奇心をかき立てるのがいかに容易かを示しましたが，視覚を使うのもいい方法です。たとえば，あるものの一部または全部を隠すことで容易にクリックへと誘うことができます。

図 105

●●● 破格のお得情報 ●●●

　人は，格段にお得な情報を提示されるとすぐに作業の手を止める，と第Ⅱ部で説明しました。そのため，「破格のお得情報」の戦略はバナーにはもってこいです。ここではコストモデルはそれほど問題になりません。格別なお得情報をクリックするのは，その情報に関心がある人だけだからです。この方法を使う際に気をつけるべきは，シンプルかつ具体的に，という点です。それによりシステム１はお得情報を瞬時に察知し，システム２を始動させます（図106）。

図106

　このようなバナーでオリジナル・デザイン賞を獲得することはできないでしょう。しかし，本書の目的は創造的なデザインを制作することではなく，人を動かすことです。そのため，シンプルな「破格のお得情報」は優れた戦略なのです。

■ CPC──強い CTA を使う

　１クリックごとに支払いが発生する環境で「破格のお得情報」の戦略を使う場合，CTA には強い言葉を使いましょう。クリック数は減るかも知れませんが，クリックした人の購買意欲は高くなるでしょう（表９）。

ソフトな CTA：クリック数は多いがトラフィックは少ない	強い CTA：クリック数は少ないがトラフィックは多い
特典をチェック プロモーション情報を見る もっと読む	会員になる 今すぐ注文 登録

表9

●●● やさしい質問 ●●●

　第Ⅱ部では，やさしい質問をすることで作業の手を止めさせることができるとも説明しました。バナー制作にはこの戦略も使えます。やさしい質問を考え，複数の回答ボタンを用意するだけでいいのです。

　それぞれのボタンは，異なるバージョンのランディングページへとリンクさせましょう。なぜなら訪問者は，自分がクリックした回答に即した反応を期待しているのですから（図107）。

👍 OK
バナーで選択した回答に対応した特別なランディングページ。

👎 NG
バナーで選択した回答とは無関係な一般的なランディングページ。

図107

バナーの種類によっては，ボタン別に異なる URL へリンクさせることができないものもあります。そのような場合でも，バナーでは異なるテキストを書いた異なるボタンを表示したうえで，ひとつの中立的なランディングページへとリンクさせることはできます。次の例を見てください（図 108）。

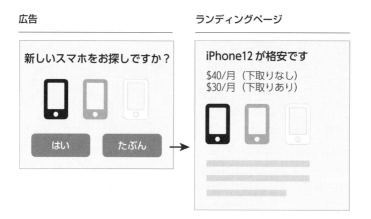

広告　　　　　　　　　　　　　　　ランディングページ

どちらのボタンをクリックしても，
同じランディングページへの遷移は
合理的に見える。

図 108

●●● ジェンガ式 ●●●

　文章は短ければ短いほど，無意識のうちに読んで理解するのが容易になります。ジェンガ式を用いてバナーから過剰な言葉を上手に省きましょう。シンプルな言葉のみを，できれば話し言葉で書きましょう。語数が少ないほど，訪問者は自動的に，さらには無意識のうちにテキストを読むことになります（第Ⅳ部「ジェンガ式」〈151 頁〉を参照）。次の例では，64 文字から 27 文字へと語数を減らしつつも，要点はきちんと伝えています。送信元の「マインドフルネス協会」の名を削ったのは，特に有名な団体ではないからです。また，電子書籍を受け取るにはニュースレター購読の手続きが必要であることは，ランディングページで示せばよいのです（図 109）。

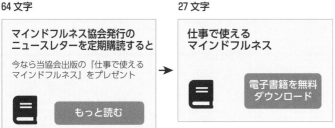

図 109

●●● 報われない仕事？ ●●●

　ディスプレイ広告のデザインは，報われない仕事のように感じるときもあるかもしれません。なにしろ，無数に存在する競合広告との戦いはどこまでも続きます。しかもバナー・ブラインドネスにより，訪問者のバナーを無視するスキルはどんどん上がっています。しかし幸いなことに，今ではディスプレイ広告で使えるデザインの原則という武器を手に入れました。これらを使いこなせば，他のデザイナーが作成したプロンプトに負けることはないでしょう。

ソーシャルメディア広告

ソーシャルメディアの平均使用時間は一日2時間です。フェイスブックやインスタグラム，リンクトインなどを通じてターゲット層にリーチしようとする広告主が多いのも納得できる話です。この章では，ワンランク上のソーシャルメディア広告を制作するにはどのデザイン原則を活用すればよいかを説明します。

　本章で扱うのは，定期的に商品紹介の投稿をするインフルエンサーの話ではありません。ソーシャルメディア広告とは，ターゲット層のタイムラインに表示されるスポンサー広告のことです。この広告形態の最大の利点は，特定のターゲット層を狙えることです。「ニューヨーク在住で旅行好きな30〜40歳の高学歴の女性」や「中西部在住でスポーツカーが好きな15〜25歳の技術職の男性」といった具合です。

　このようなターゲットの細分化をあらかじめ行っておけば，ソーシャルメディア広告の平均クリック率はディスプレイ広告よりもずっと高くなり，平均すると0.9パーセントがクリックされています。

●●● 注意を引いて手を止めさせる ●●●

　ソーシャルメディアのタイムラインをスクロールしていると，友人や同僚の投稿の間に多くの広告が挟み込まれています。ユーザーは好むと好まざるとに関わらず，広告を飛ばすためにスクロールしなければなりません。そしてこの動きは素早く何度も繰り返されます。よって，ソーシャルメディア広告の主な狙いはユーザーの注意を引くことであり，クリックさせてタイムラインから引き離すことなのです。

　最も注意を引きやすいのは「動き」です。一般的には，テキストのみの広告

よりも動画広告の方がずっと効果的です。ストーリー性のある動画は特に，ユーザーの手を止めさせる効果があります。例としてサムスンの広告を紹介します。この広告では，絵画がゆっくりとテレビ画面へと変化していきます。ユーザーはその驚くべき変化に目を向けずにはいられません（図110）。

図110

　特定のターゲット層の注意を引くための実践的なヒントを教えます。そのターゲット層に属する人のタイムラインをいくつか見てみるのです。それらのタイムラインにうまく馴染むコンテンツをデザインすることで，広告が無視されない確率は高まるでしょう。

バナー・ブラインドネスにご注意

　ソーシャルメディアのユーザーは娯楽を求めています。そのため，美しいものやかわいいもの，面白いものを表示すると効果的です。写真を使う場合は特に注意が必要です。使い古されたありきたりの画像では，システム１の死角に入ってしまいます。ソーシャルメディア広告においても，バナー・ブラインドネスと類似した現象が起きるのです。大きな企業ロゴやいかにも広告っぽい内容も使わないでください。

ディスプレイ広告と同様，「好奇心」「破格のお得情報」「やさしい質問」の戦略を用いることで，効果的なプロンプトとなるソーシャルメディア広告をデザインすることができます。それぞれの戦略についてみていきましょう。

●●● 好奇心 ●●●

好奇心をかき立てるのは，ソーシャルメディア広告をクリックしてもらうための良策です。ディスプレイ広告と同様，ここでもコストモデルに注意を払う必要があります。

■ CPM──好奇心をかき立てる

CPM では広告の表示回数に基づいて広告料が発生するので，広告主としてはなにも心配することはありません。目標はただひとつ，好奇心をかき立てる広告を作り，多くの人にクリックしてもらうことです。次の広告は，最終的には寄付を求めるものですが，好奇心をうまく使っています（図111）。

■ CPC・CPA──好奇心をかき立てながらも選別する

CPC や CPA の場合，寄付を求める広告であることを最初に示しておくとよいでしょう（図112）。つまり，寄付に興味がない人はクリックしないよう選別するのです。画像下の説明文で示すこともできますし，より具体的な CTA を使うこともできます。広告をクリックする人の数は減るとは思いますが，それ

図111

図112

こそが目的なのです。これが寄付のお願いであることを理解し、そのことで気分を害しない人だけがクリックすることになります。つまり、コンバージョンの確率を高めるのです。

　また、商品の価格をあえて見せないことで好奇心をかき立てることもできます（図113）。価格が気になるあまり、多くの人が広告をクリックするでしょう。このクリックで、訪問者はカスタマージャーニーの最初のベイビー・ステップを踏み出すことになります。そうなれば、その後の行動を促すのはより容易になります。

価格を表示しない
好奇心がかき立てられる。

価格を表示する
好奇心はそれほどかき立てられない。

図113

●●● 破格のお得情報 ●●●

　ソーシャルメディアの使用中でも、人は格別なお得情報には敏感に反応します。高額なものや素晴らしいもの、特別な商品などが破格の値段で売られていたり、大幅な値引きがされていたりすると、人はクリックします。テキストが長すぎると7歳児レベルのシステム1に自動的に無視されてしまうことは、「ディスプレイ広告」（217頁）ですでに述べました。そのため、ソーシャルメディア広告においても、短くて力のある言葉でお得情報を伝えましょう。

　広告でも、一般ユーザーと同様に投稿画像の下にテキストを表示することが

できるので，この方法を使うとよいでしょう。テキストが下にある広告のほうがクリックされやすいことがわかっています。また，画像内のテキストを下に持ってくることができるので，広告をすっきりさせることができます。次の2つの広告を比べてください（図114）。

画像内のテキストを少なくし，画像下のテキストで説明。

画像内のテキストが多く，画像下にはテキストがない。

図114

●●● やさしい質問 ●●●

ソーシャルメディア広告でも，「やさしい質問」の戦略を活用することができます。ただし，ディスプレイ広告のときとは少し勝手が違います。ソーシャルメディア上では今のところ，複数の回答ボタンを用意することができないからです。また多くの場合，ボタンに表示されるテキストを自分で作成することもできません。

しかし，ソーシャルメディア広告で「やさしい質問」の戦略を使えないわけではありません。複数のボタンがあるように見せかけることならできます（図115）。

図115

　本物のボタンではありませんから，どれをクリックしても同じランディング
ページに行きます。しかしここで重要なのは，質問に対する回答を訪問者に考
えさせることです。それにより訪問者をタイムラインから引き離すのです。こ
れでコンバージョンに一歩近づきます。

■ クリックのあとで

　ソーシャルメディアのアプリでは，広告主のランディングページがアプリ内
にロードされるようになっています。これにより，「戻る」ボタンをクリック
するだけで大好きなタイムラインに戻れるようにしているのです。

　このような場合に最も成功率が高いのは「ソフト・コンバージョン」です。
ソフト・コンバージョンでは，いきなり多くのデータ入力を要求したり，購入
などの大きなコミットメントを求めたりはしません（第Ⅲ部「ベイビー・ス
テップ」〈101頁〉を参照）。たとえば，Eメールアドレスだけを入力してもら
い，あとでフォローアップできるようにしておくのです。

　また，いわゆる「リード広告」を使うこともできます。これは，たとえば

フェイスブックなどのアプリ内で入力作業が完結する仕組みになっています。リード広告の長所は，入力が手早く済ませられることと，氏名やEメールアドレスといった情報があらかじめ表示されることです。一方，短所としては，入力フォームのデザインにほとんど手を入れることができず，行動デザイナーとしての腕が振るえない点が挙げられます（図116）。

図116

　ここでも，あまり多くは質問しないようにしましょう。質問の数が多いほど離脱する訪問者の数も増えます。特に電話番号には注意が必要です。

　電話番号は非常に個人的な情報だと感じる人も多く，それを伝えることは大きなコミットメントだと捉えられてしまいます。しかしある調査によると，電話番号とEメールアドレスの両方を入力する場合は，電話番号だけを入力する場合に比べ，コンバージョン率が高かったそうです（表10）[42]。おそらく，電話番号だけを入力する場合には，必ず電話がかかってくるような気がするのでしょう。

入力する内容	コンバージョン率	リード獲得単価
Eメールアドレスのみ	33.8 パーセント	$1.38
電話番号のみ	15.3 パーセント	$6.09
Eメールアドレスと電話番号	18.6 パーセント	$4.38

表10

Eメール広告

Eメール広告では，ターゲット層に直接リーチすることができます。送信先リストを自分で作成したにせよどこかから買い取ったにせよ，潜在顧客の受信箱にEメールを直接届けることができるのです。だからといって，その人がEメールを読むとは限りません。ましてや，クリックしてランディングページへ行き，コンバージョンに至る可能性はどれほどでしょうか。しかし幸運なことに，行動デザインによりその可能性を高めることができます。

受信者には次のことをしてもらう必要があります。

- Eメールを開封する
- Eメール内のリンクをクリックしてランディングページへ行く
- ランディングページ内で目標とする行動を取る

Eメールを開封してもらうには，目を引く件名をデザインしましょう。それにより，受信者のうち実際にメールを開封した人の割合を示す OR（open rate：開封率）が上昇します。受信者がメールを開封したら，次はリンクをクリックしてランディングページへと遷移してもらわなければなりません。それにより，受信者のうちリンクをクリックした人の割合を示す CTR（click through rate：クリック率）が上昇します。また，メールを開封した人のうちリンクをクリックした人の割合を示す CTOR（click to open rate：反応率）にも着目してください。

しかし，メールを開封してもらいリンクをクリックしてもらうのは最初の一

歩にすぎません。最終的な目標は，商品の購入，ニュースレターの購読，ホワイトペーパーのダウンロードなどのコンバージョンです。つまり，そのEメールキャンペーンにおける最終的なコンバージョンの割合（メール受信者数に対するコンバージョン数をパーセンテージで示したもの）です。

●●● 件名を視覚的に目立たせる ●●●

　何度でも言います。すべての行動は目を引くプロンプトから始まります。Eメール広告も同様です。ここに著者のひとりヨリスの受信箱のスクリーンショットを示します。多種多様なメールが並んでいます（図117）。

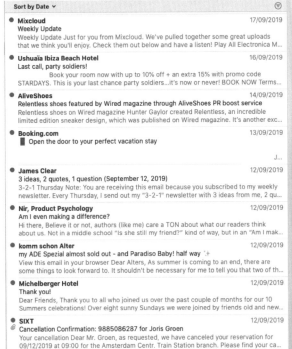

図117

　どの件名に目が行きましたか？　Booking.com からのメールですね。内容はほとんどありませんが，目を引くアイコンと空白部分があることで視覚的に目立っています。つまり，周囲のものとは違ったデザインにすることで，賢く簡

単に注意を引くことができるのです。（第Ⅱ部「注意を引く」〈31頁〉を参照）

●●● 件名で個人的に呼びかける ●●●

　件名に受信者の名前を表示することで，より目立たせることができます。次の例のように件名で個人的に呼びかけると，OR（開封率）が高まる傾向にあります（図118）。

👍 **開封率が高まる**

● Profishop
　バス様，あなた向けの特別な
　ご提案です

👎 **開封率は低い**

● Profishop
　あなた向けの特別なご提案
　です

図118

　心理学ではこの現象を「カクテルパーティー効果」と呼んでいます。パーティーで大勢の人が雑談している中で誰が何を話しているかを聴きとるのはほぼ不可能です。ところが，部屋の反対側から自分の名前を呼ぶ声がすると，雑音の中でも聞き分けることができます。このようなとき，システム１は周囲の音すべてを分析しているのですが，なにか重要なものを聞き取ったときのみシステム２に警告を発しているのです。自分の名前が聞こえたときも同じです。

●●● 送信者には個人名を ●●●

　送信者の名前は，件名と並んで常に表示されます。送信者名には，企業や団体などのブランド名ではなく，個人名を使うほうがより高い効果が望めます。しかし，知らない人の名前では警戒心を抱かれてしまします。そこで，知らない個人名と知っているブランド名を組み合わせると，ブランド名のみを使うときよりもOR（開封率）を上げることができるでしょう（図119）。

👍 **開封率が高まる**

● **エマ（オンライン・インフル
　エンス協会）**
　人を動かすための３つのテク
　ニックをご紹介

👎 **開封率は低い**

● **オンライン・インフルエンス協会**
　人を動かすための３つのテク
　ニックをご紹介

図119

●●● 破格のお得情報 ●●●

　受信者に開封してもらうには，「破格のお得情報」の戦略も使えます。しかし，この戦略が使えるのは，本当に特別なお得を提供できるときのみです。次の例を見てください。右側の件名では一般的すぎますが，左側の件名では破格なお得感が出ています（図120）。

👍 開封率が高まる	👎 開封率は低い
● BAS 航空 全フライトが80％オフ	● BAS 航空 全フライトがセール中

図120

　お得情報を伝えるときには，わかりにくい表現を使いがちです。次の2つの例を比較してください。右側の言い回しでは7歳児は理解できませんが，左側の文章ならすぐさまシステム2が起動するでしょう。破格のお得情報はシンプルな表現で伝えましょう（図121）。

👍 開封率が高まる	👎 開封率は低い
● Profishop 100ドルをあなたの銀行口座に送金	● Profishop 100ドルのキャッシュバックキャンペーンを実施中

図121

●●● 好奇心 ●●●

　提供できる破格なお得情報がない場合は，件名で「好奇心」の戦略を活用するとよいでしょう。「〜はこちら」などの言葉を使うことで，自動的に好奇心をかき立てることができます。

- 〜はこちら
- 〜する方法はこちら
- 〜の写真はこちら（「写真」という言葉も好奇心をかき立てます）

- 〜をしている人はこちら（誰がしているのか，受信者は気になることでしょう）
- 〜の理由はこちら

　次の右側の例では，システム1は「なるほど，そうしよう，どうもありがとう」と思うだけで，Eメールを開封する気にはならないでしょう。しかし左側の例では，「ちょっと待てよ，メールを見てみよう，なんて書いてあるだろう？」と気になります（図122）。

👍 開封率が高まる

- BAS 航空
  ベルリン行きフライトに向けたチェックリストはこちら

👎 開封率は低い

- BAS 航空
  旅行の準備を進めましょう！

図122

　件名では，質問を投げかけるよりも，「こちら」などの表現をするほうが好奇心を強く刺激することが，調査結果や経験からわかっています。質問は気を引くのに役立つかもしれませんが，Eメールを開封するほどではないようです（図123）。

👍 開封率が高まる

- ファッション・ショップ
  この夏最適の装いはこちら

👎 開封率は低い

- ファッション・ショップ
  夏に向けた準備はできていますか？

図123

●●● ツァイガルニク効果 ●●●

　ツァイガルニク効果が示すとおり，未完了のタスクは頭に残り続けます（第Ⅱ部「未完了タスク」〈67頁〉を参照）。Eメールの件名はこれを活用するのにうってつけです。レビューの投稿を依頼する件名を比べてみましょう（図124）。

開封率が高まる

- **トラベルモンキー**
  チェックアウト後の最後のステップ

開封率は低い

- **トラベルモンキー**
  レビューを投稿してください

図 124

右側の例では特別なことはなにもありません。しかし左側の例では未完了のタスクがあることを示しています。その結果，受信者がEメールを開封する可能性は高まります。

似たような例をもうひとつ挙げます。次の右側の例はいたって普通の件名です。しかし左側の件名では未完了のタスクがあることを示しています（図 125）。

開封率が高まる

- **BAS 航空**
  未読メッセージは 1 件です

開封率は低い

- **BAS 航空**
  あなたのための特典をご用意しました

図 125

奇異性効果

創造性に自信はありますか？　十分な認知度はありますか？　どちらもイエスなら，奇異性効果を使って開封率の高い件名をデザインすることができるでしょう。次の例を見てください（図 126）。

開封率が高まる

- **ブリティッシュ・エアウェイズ**
  なんてこった！

開封率は低い

- **Packyourbags.com**
  なんてこった！

図 126

「なってんこった！」（Holy Moly！）はブリティッシュ・エアウェイズが奇異性を狙って作成した件名です。注目を集めること間違いなしです。しかし注意が必要です。この方法は，受信者が送信元をよく知っているときにしか使えません。知らない人や信頼できない送信元からのEメールにこのような件名が

ついていたら，迷惑メールだと思われるでしょう。

●●● Eメールの本文 ●●●

　件名をうまく工夫することでEメールを開封してもらうことはできます。しかしそれだけでは十分ではありません。本文のリンクをクリックしてもらい，ランディングページへと導く必要があります。そのため，本文の内容も注意を引くものでなくてはなりません。

　Eメールが開封されたとしても，受信者の興味を完全に引き付けたわけではありません。訪問者を動かすためのプロセスは，ここでまたゼロから始まります。つまり，どのプロンプト作成の戦略を使おうか，もう一度よく考える必要があります。件名に使った戦略とは異なる場合もあるでしょう。しかし，例を挙げて説明する前に，Eメール本文に使うとよいフォーマットについて触れておきます。ここでは，単独のCTA，リスト，個人的なメッセージの3つのフォーマットについて解説します。

■ フォーマット1──単独のCTA

　このフォーマットは，Eメール開封後すぐにボタンやリンクをクリックしてほしいときに使えます。たとえば，気になる情報だらけのEメールソフトを即座に離れ，ランディングページへと遷移してもらいたいときに有効です。

　そのためには，システム1に直接的に働きかける必要があります。簡潔なテキスト，視覚的なインパクト，視野に入る位置に配置された明確なボタンを使いましょう。テキストは長ければ長いほど読まれなくなります。「ディスプレ

イ広告」（217頁）でバナーのデザインについて説明しましたが，ここでも同じことが言えます。次の例を見てください（図128）。

「好奇心」の戦略を用いた件名

「破格なお得情報」を用いた
簡潔なテキスト

インパクトのある画像。
動きがあるとさらによい

ソフトな CTA

図128

■ フォーマット2 ── リスト

リストを提示するのも良い方法です。冒頭にはスクロールを促すようなタイトルをつけ，リストの内容も明確にしましょう。受信者の好奇心を刺激するようなタイトルならさらに効果的です。

タイトルなしではうまくいかないでしょう。タイトルがないと，受信者はそのリストがなにを示しているのか頭を使って考えなくてはなりません。精神的労力は少ないほうがいいということは，すでに何度か説明してきました。リストに最適なタイトル例をいくつか示します。

- チェックリスト
- 人気商品
- 最新情報
- 10 月に最も読まれた記事
- 編集部のおすすめ

　次のステップは，リストの内容をブロックで分けることです。それぞれのブロックが1つのプロンプトになります。そのため，各ブロックにおいてプロンプト作成の戦略を用い，明確なCTAを配置しましょう。また，視覚的なリズムを作るようにデザインにし，わかりやすいEメールの構成にしましょう。たとえば，1つのブロックがどこで終わり次のブロックがどこで始まるかがひと目でわかるとよいでしょう。次の例を見てください（図129）。

図129

■ フォーマット3 ── 個人的なメッセージ

　最後に，個人的なメッセージについて説明します。このフォーマットは，個人的に受け取ったEメールと大変よく似ているため，友人や同僚から来たメールと同じような感覚で読み進めることができます。まずは挨拶から始め，短い

メッセージとリンクを表示しましょう。シンプルに簡潔に，ごく普通の内容にします。ごちゃごちゃと飾り立てる必要はありません。画像も色もボタンも不要です。送信者名には個人名を使うことをお忘れなく（図130）。

図130

●●●● シンプルに ●●●●

　Eメール本文で行動を促す方法についてはこのあと説明しますが，その前にひとつ念を押しておきます。とにかくシンプルにするよう心がけてください。Eメールをウェブサイトに仕立て上げてはいけません。コラムやメニュー表示などはEメールを複雑にするだけです。このようなものは使わないほうがよい，というのが私たちの考えです。悪い例は次のようなものです（図131）。

　さてこれで，Eメール本文で注意を引くための3つのフォーマットについて学び，Eメールはシンプルにすべきことも理解しましたね。ここからは，メール受信者をランディングページへ行きたくさせる3つの戦略（やさしい質問，破格のお得情報，好奇心）について説明していきます。

●●●● やさしい質問 ●●●●

　「やさしい質問」の戦略は，Eメール上で効果的なプロンプトを作成するに

図 131

はうってつけです（図132）。すでに述べたとおり，やさしい質問を投げかけられると，人はつい答えてしまうものです。面白くて答えやすい質問がEメールにあれば，受信者は回答をクリックしたくなるでしょう。これにより，ラン

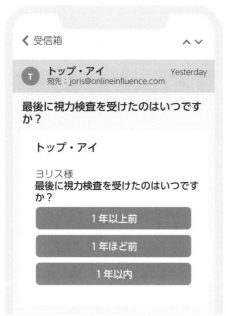

図 132

ディングページへ遷移してもらうという目標を達成できます。一旦受信箱を離れてしまえば，他のメールに気を取られることはなくなり，訪問者をコンバージョンへと導くことができるようになります。

　アドバイスをもうひとつ。ランディングページは訪問者の回答に即したものにしましょう。つまり，ランディングページの内容は，やさしい質問に対する回答の続きにする必要があります。

●●● 破格のお得情報 ●●●

　「破格のお得情報」の戦略もまた，Eメールの本文には最適です（図133）。なぜなら，Eメールを開封するのは意識的な行動であり，その時点ですでにシステム2が多少なりとも作動しているからです。つまり，たとえば「字数は少なく」というルールを守る必要はもうありません。しかし，「お得の中身は簡潔に述べるほどよい」というルールはここでも当てはまります。

　お得の中身を示す画像も忘れないようにしましょう。未来への期待をふくらませるようなイラストを使うのもおすすめです（第Ⅲ部「未来への期待」〈79

図133

頁〉を参照）。使用する画像はシンプルで強力なものに限ります。情報を寄せ
集めて複雑にしてはいけません。

●●● 好奇心 ●●●

　Ｅメール本文では「好奇心」の戦略も使えます（図134）。件名で好奇心を刺
激したうえで，本文でもすべてを見せることはせず，さらに好奇心をかきたて
ましょう。つまり，ランディングページに行ってはじめて，目標とする行動へ
と導く試みが本格的に始まるのです。エアビーアンドビーの例では，ユーザー
にレビューを書いてもらうよう，好奇心の戦略をうまく使っています。

図134

●●● Ｅメール上の CTA ●●●

　どのようなＥメールでも CTA は非常に重要です。人を動かす CTA をデザ
インするには２つのポイントがあります。小さなコミットメントとホブソン＋
１です。

■ 小さなコミットメント

どのような広告であれ，受信者には小さなコミットメントを促すのが最良です。Eメール上のCTAでも同様です。ボタンに表示するテキストを比較してみましょう（表11）。

大きなコミットメント：クリック数は少ない	小さなコミットメント：クリック数が増える
今すぐ注文	もっと見る
今すぐ購入	在庫を確認
登録する	仮登録
会員になる	特典を見てみる
参加する	プロモーションをチェック

表11

■ ホブソン＋1

第V部「ホブソン＋1」（192頁）で述べたとおり，2つ目のCTAを追加することで驚くほど効果が上がる場合もあります（図135）。CTAを2つ用意す

2番目のCTAがあることでクリック数が増える

図135

ることで，ユーザーの選択肢を「Aをするか何もしないか」から「Aをするか Bをするか何もしないか」に変えるのです。

●●● GIF アニメーション ●●●

GIF アニメーションについて知っている読者も多いことと思います。少ない情報量で作成できる短いアニメーションのことです。このような「動く画像」をEメールで使うこともできます。A／Bテストの結果，GIF アニメーションを使用することでコンバージョンが大幅に改善するケースもあるとわかりました。その理由をフォッグの行動モデルに従って見てみましょう。

■ プロンプト

動きには注意を引く効果があることは何度も説明したとおりです。訪問者はすでにEメールを開封しているのだから十分に注意は引いているはずだ，だからそれ以上注意を引く必要はない，と思うかもしれませんね。ところがデスクトップ上では，最後に受信したメールは自動的に表示されることが多いものです。つまり，受信者が注意を向けていないのにメールが開封されている場合もあります。そのような場合，動きで注意を引くのはよい方法です。また，他のことで忙しく100パーセントの注意を向けていないときにメールを開封することもあるでしょう。そのような場合でも，Eメールの先頭に動く画像があれば，本文を読み進めてもらえる可能性が高まります。

■ アビリティ

GIF アニメーションを使うことでコンバージョンが改善する理由は，アビリティからも説明できます。動きを使うことで，商品の特徴などをより明快に説明することができるからです。たとえば，ノートパソコンの画面を反対側にも折りたためることを説明するには，静止画を何枚も使うより GIF アニメーションを見せるほうがずっと簡単です。

■ モチベーション

最後に，アニメーションを使うことで広告のクオリティを上げることができます。広告に多くの努力が払われたことが明白であれば，受信者による知覚価値も上がります。受信者は素晴らしいアニメーションに感心し，その商品やサービスを使ってみようというモチベーションも上がるでしょう。

ひとつ注意があります。すべての予算をアニメーションにつぎ込まないでく

ださい。素晴らしい GIF アニメーションを制作したにもかかわらずコンバージョンが不調に終わった E メールキャンペーンはいくつもあります。なぜなら，本章で述べてきたアドバイスが考慮されていなかったからです。わかりにくいコピー，ごちゃごちゃしたデザイン，ありきたりの件名では，GIF アニメーションで得られるはずの効果も打ち消されてしまいます。

検索エンジン広告

グーグルなどの検索エンジンに表示される広告を，オンラインのマーケティングキャンペーンの中心に据える企業やブランドが増加しています。検索結果の最上部に表示される広告をより多くの人にクリックしてもらうために，本書で述べてきた原則の活用方法を学びましょう。

　一見すると，検索エンジン広告はディスプレイ広告にも似ています。しかし，行動デザイナーの観点から見ると，大きな違いに気づきます。ディスプレイ広告はソーシャルメディア広告と同様，インタラプション・マーケティングの一種です。つまり，なにか他のことをしている人の邪魔をするのです。ところが検索エンジン広告は，なにか明確に知りたいことがある人が目にするものです。広告の発信者としては，誰の邪魔もしていないことになります。

　新しいノートパソコンの購入を検討しているデイヴィッドの例を見てみましょう。おそらく次のような検索クエリを入力することでしょう（図136）。

図136

最近では，質問をそのまま文章で入力するケースもよく見かけます（図137）。

図137

　すると，検索結果の上部にいくつかの広告が表示されます。そのうちの1つは自社の広告で，あとは競合他社の広告です。ここでの目標は他社を凌ぐことです。そのためには注意を引き，モチベーションを上げる必要があります。こ

の2つについてそれぞれ説明しましょう。

●●● トップダウンで注意を引く ●●●

　検索エンジン広告で注意を引く方法は，他の広告とは少し異なります。ユーザーの頭に特定の検索クエリがある場合，それをそのまま文字にしたものが最も目に留まります。これを「トップダウンで注意を引く」と呼んでいます。ここでデイヴィッドの検索結果を見てみましょう（図138）。

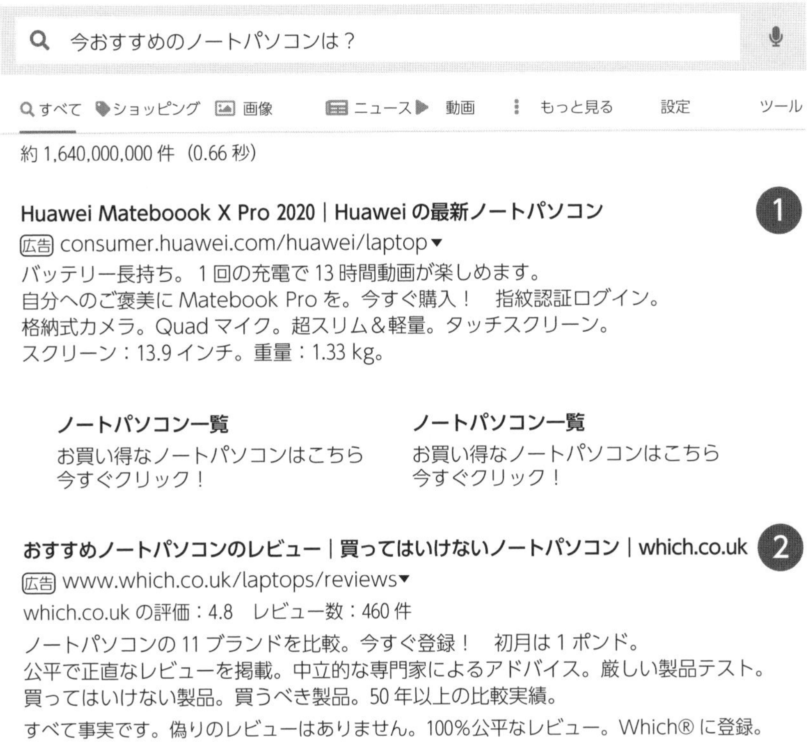

Q　今おすすめのノートパソコンは？　　　　　　　　　　　　🎤

Ｑすべて　🛍ショッピング　🖼画像　　📰ニュース▶　動画　⋮　もっと見る　　設定　　ツール

約 1,640,000,000 件　(0.66 秒)

Huawei Mateboook X Pro 2020 | Huawei の最新ノートパソコン　①
広告 consumer.huawei.com/huawei/laptop▼
バッテリー長持ち。1 回の充電で 13 時間動画が楽しめます。
自分へのご褒美に Matebook Pro を。今すぐ購入！　指紋認証ログイン。
格納式カメラ。Quad マイク。超スリム＆軽量。タッチスクリーン。
スクリーン：13.9 インチ。重量：1.33 kg。

　　ノートパソコン一覧　　　　　　　　　ノートパソコン一覧
　　お買い得なノートパソコンはこちら　　お買い得なノートパソコンはこちら
　　今すぐクリック！　　　　　　　　　　今すぐクリック！

おすすめノートパソコンのレビュー | 買ってはいけないノートパソコン | which.co.uk　②
広告 www.which.co.uk/laptops/reviews▼
which.co.uk の評価：4.8　レビュー数：460 件
ノートパソコンの 11 ブランドを比較。今すぐ登録！　初月は 1 ポンド。
公平で正直なレビューを掲載。中立的な専門家によるアドバイス。厳しい製品テスト。
買ってはいけない製品。買うべき製品。50 年以上の比較実績。
すべて事実です。偽りのレビューはありません。100％公平なレビュー。Which® に登録。

① 広告コピーが検索ワードに合っていない。訪問者はまだ迷っている段階で，商品比較を望んでいることは明らかであり，「今すぐ購入」という CTA ではコミットメントが大きすぎる。

② 中立的な比較を提供していることを示す広告コピーは，検索ワードと一致している。Which.co.uk は有名な独立機関。

図 138

当然のことながら，一番上の広告には大きな利点があります。一番手というだけで最初に読まれる可能性がぐっと高まります。しかし，順番ですべてが決まるわけではありません。検索クエリで使われた言葉を含む広告は，そうでない広告よりも目につきやすくなります。先ほどの例では，Huawei の広告もWhich.co.jp の広告も，デイヴィッドの要求に比較的よく応えています。しかし完全に一致させたいなら，質問文をそのまま使う必要があります。次の例は，デイヴィッドの質問にある言葉をそのまま含んでいます（図 139）。

おすすめのノートパソコンは？ | 中立的な比較サイト | おすすめトップ 10 はこちら
[広告] www.laptopmonster.com ▾
おすすめのノートパソコン。最高のコスパ。中立的な比較サイト。
今すぐチェック。

図 139

ここでのアドバイスはシンプルです。訪問者の質問を広告に盛り込みましょう。自分の質問がそっくりそのまま表示されているのを目にすれば，「これこそ自分が求めているものだ」と感じるでしょう。そのような状態を目指してください。

また，ショップの評価を四つ星や五つ星で示すのも効果的です[43]。星評価は目を引きますし，信頼を高めることにもつながります。その結果，クリック率を 10 パーセントまで上げることができます。

●●● モチベーションを高める原則 ●●●

ターゲットグループの検索意図と完全に一致する広告を作成できているなら，モチベーションを高める原則を使ってさらに効果を上げることができます。ただし，これらの原則は，広告のメインメッセージには使用しないでください。先述のとおり，システム 1 が最も敏感に反応するのは，自分の頭にある特定の質問に対する答えなのです。つまり，広告の冒頭では検索意図を示す言葉を使い，モチベーションを高める原則はその後に使う，というのが基本ルールです。その逆はいけません（図 140）。

👍 OK

先に検索意図を表示し，その後にモチベーションを高める原則を使用する。この例では社会的証明を利用している。

新しいノートパソコン…… | どこで探す？
[広告] www.laptopscompared.com/ ▼
45,499 人のビジネスパーソンが当サイトでノートパソコンの比較をしました。あなたも比べてみましょう。

👎 NG

先にモチベーションを高める原則を使い，その後に検索意図を表示している。

**45,499 人のビジネスパーソンが当サイトでノートパソコンの比較をしました |
あなたも比べてみましょう。**
[広告] www.laptopscompared.com/ ▼
新しいノートパソコン：どこで探す？

図 140

　さらに 3 つの具体例を掲載します。それぞれ，「希少性」「未来への期待」および「理由」と「損失回避」の組み合わせを使っています（図 141）。

モチベーションを高める原則 1 ：希少性

新しいノートパソコン…… | どこで探す？
広告 www.laptopscompared.com/
決断はお早めに。特価セールは 2 月中のみ。当サイトで比較。

モチベーションを高める原則 2 ：未来への期待

新しいノートパソコン…… | どこで探す？
広告 www.laptopscompared.com/
自分にぴったりのノートパソコンを開きましょう。あなたも比べてください。

モチベーションを高める原則 3 ：理由，損失回避

新しいノートパソコン…… | どこで探す？
広告 www.laptopscompared.com/
購入前によく調べることで買い物の失敗は避けられます。あなたも比べてください。

図 141

●●● ジェンガ式 ●●●

　最後に，ジェンガ式の活用もおすすめします（第Ⅳ部「ジェンガ式」〈151頁〉を参照）。検索エンジン広告には字数制限があります。この制限は変動的ですが，本書を執筆中の時点では，タイトルはスペースを含め 30 字以内にする必要があります。これは非常に限られた字数ですが，ジェンガ式を使えば，ほぼいつでも字数を減らすことができます。まずは頭に浮かんだ言葉をすべて書き出しましょう。それから不要な言葉をすべて削っていきます。文字制限ぎりぎりにする必要はありません。テキストが短いほど読まれる可能性は高まります。

ランディングページ

広告やＥメールで訪問者を引きつけることに成功したら，ランディングページへと遷移します。人を動かす道のりが本当に始まるのはここからです。ランディングページへ来た訪問者は，そこから先に進むのか，その前にやっていた作業に戻るのか，決断を下します。

　ランディングページにおけるコンバージョン率は，セクターや業界にもよりますが，平均で約４パーセントです。面白いデータではありますが，それ以上でもそれ以下でもありません。「成果」の良し悪しは，訪問者がランディングページに来るまでにかかったコストを勘案しないと測れません。たとえば，コンバージョン率が0.4パーセントだったとしても，広告費が十分に少なければ収益性は高いといえるでしょう。よって，このようなベンチマークには執着しすぎないでください。

　ただ，４パーセントという数字で，ほとんどの訪問者はこちらが望む行動を取らないということをおわかりいただければと思います。コンバージョンに至らないことを，どうか恐れないでください。

●●● 完璧なテンプレートなど存在しない ●●●

　オンラインで検索すると，「理想のランディングページ」のテンプレートが数多く見つかります。しかし私たちの経験からすると，そのようなテンプレートなど存在しません。多くのサブページを持つ大掛かりなランディングページが最適な場合もあれば，短く簡潔なランディングページが効果を上げる場合もあります。効果的なランディングページは千差万別なのです。

　最適なランディングページの規模やレイアウトは，製品の特性や求める行動

の種類により変わります。

　ひとつの目安となるのが，訪問者の心変わりがどれほど許されているか，という点です。

　有料のオンライン研修など支払いが生じるコンテンツの場合，その場でアクセスして便益を受けることができるため，通常であれば返金は不可能です。このようなケースでは，訪問者は事前にすべての情報を得たいと思うでしょう。研修の内容，使用する教材，講師，他の受講生，受講要件……訪問者に受講登録してもらいたければ，これらすべての情報をランディングページで提供する必要があります。

　一方，アプリの無料トライアルをインストールしてもらうなど，軽微な行動を訪問者に求める場合は，ランディングページに多くの情報を載せる必要はなく，1カ月の無料トライアルに登録してもらうことだけに注力する必要があります。たとえば，営業販売の予約を取りつける場合には，オンライン販売のページほど多くの情報を提供する必要はありません。なぜなら，営業販売の予約をしただけでは，訪問者にはその商品を購入する義務は発生しないからです。

　つまり，訪問者に要求する時間的・金銭的コミットメントのバランスを吟味し，ランディングページをどこまで包括的な内容にするか調整しましょう。

●●● ソフトランディング ●●●

　ランディングページを効果的にするもうひとつの要素は「ソフトランディング」です。仕事先を訪問する場合と比較してみましょう。

　仕事相手のオフィスで会議をすることになりました。先方のオフィスは現代風の立派な建物の中です。受付を過ぎると，コンクリートの床に白壁の廊下が続き，所々に抽象画が飾ってあります。ところが先方のオフィスに到着すると，ガラリと印象が変わりました。赤みがかった木製の床，昔ながらの英国風花柄の壁紙，天井からはアンティークのシャンデリアが下がっています。ここで，なにかがおかしいと感じ始めます。本当にこの場所でいいのだろうか？システム1がアラームを鳴らします。気を付けろ，なにかうさんくさいぞ，と自動警報装置が作動します。

　オンライン上でも，広告とランディングページのデザインがあまりに違い過ぎると同じようなことが起り得ます。広告からランディングページへの遷移に

一貫性を感じないと，訪問者はちょっとしたストレスを感じます。そのような「ハードランディング」（図142）に訪問者は不快感を覚えます。その結果，あれほど苦労してランディングページへと誘導した訪問者は，前にいたページへと引き返してしまうでしょう。そのような事態は避けたいものです。

広告　　　　　　　　　　　　　　ハードランディングのランディングページ

図142

　これを避けるにはソフトランディング（図143）が必要です。つまり，広告からランディングページへの遷移に一貫性を持たせるのです。たとえば同じ画像を使用したり，色のパターンやフォントをそろえるなど，視覚効果やテキストを使って広告とランディングページがつながっていることを示しましょう。同じようなテキストを使用するのも効果的です。クリックした後に広告と同じような要素が目に入れば，正しいボタンをクリックしたのだと確信できます。

図143

●●● クッキー（Cookie）通知もソフトに ●●●

　最高のソフトランディングをデザインした後にも，さらなる危険が待ち受け
ています。個人情報保護を目的とする法規制により，クッキー通知は複雑化す
る一方です。どれだけソフトなランディングページをデザインしたところで，
そこにたどり着く前にストレスが発生してしまします。可能であれば，クッ
キー通知はページを埋めつくさないほどの大きさにし，デザインも広告のイ
メージと合うものにしましょう。

●●● メインビジュアルを考える ●●●

　訪問者が最初に目にするイメージは，ランディングページにおいて非常に重
要です。専門用語では「メインビジュアル」や「ヒーローイメージ」などと呼
ばれています。ランディングページに多くの画像や動画を配置するのもよいで

すが，それよりも重要なのは，訪問者が最初に目にするイメージです。第一印象により，訪問者がランディングページに留まるか元のページに戻るかが決まるということを覚えておいてください。

●●● 新製品の場合──わかりやすさを心がける ●●●

まだあまり知られていない新製品を扱うのであれば，製品の概要がわかるようなメインビジュアルをデザインするとアビリティが向上します。たとえば新しいアプリを紹介したければ，アプリの使い方や特徴がわかるスマホ画面のスクリーンショットを表示するとよいでしょう。ログイン画面など，どのアプリにも共通するものは表示しなくて構いません。

●●● 知られた製品の場合──モチベーションを高める ●●●

訪問者が用途や使い方を知っていると思われる製品であれば，モチベーションを高めるようなメインビジュアルにしてもよいでしょう。訪問者の共感を誘うようなイメージを使うのもよい方法です。たとえば家族で過ごす休日を提案する場合，楽しげにくつろぐ家族の写真を最初に見せるのはどうでしょうか。また，研修コースに登録してもらいたければ，修了証を受け取っているイメージや，習得したスキルをビジネスシーンで活用している場面を見せることができます。

どちらのタイプのメインビジュアルを使えばよいかわからない場合は，アビリティを向上させることを優先させてください。提案されている商品がなんなのかわからなければ，顧客になることはありません。「知らぬが仏」とは言いますが，コンバージョンに関しては当てはまりません。

●●● エレベーターピッチ ●●●

想像してください。エレベーターで裕福な投資家と乗り合わせました。2階から11階へ移動する間の5秒間，自分のビジネスプランについて説明する機会がやってきたのです。もちろん，ベストを尽くすことでしょう。簡潔で説得力のあるプレゼンテーションをすれば，その投資家の名刺を手に入れることができるかもしれません。オンラインの世界でも同様です。5秒間で自分のページを印象付け，訪問者の注意を引かなくてはなりません。

エレベーターピッチ

図144

●●● 簡潔に ●●●

　オンライン上のエレベーターピッチは短く，できれば大きく見やすいフォントを使いましょう。これにより訪問者がテキストを読む可能性が高まります。なぜなら，小さなフォントの長い文章はスクロールして読み飛ばされることが多いからです。テキストは2文までとし，3行以内に収めましょう（図145）。

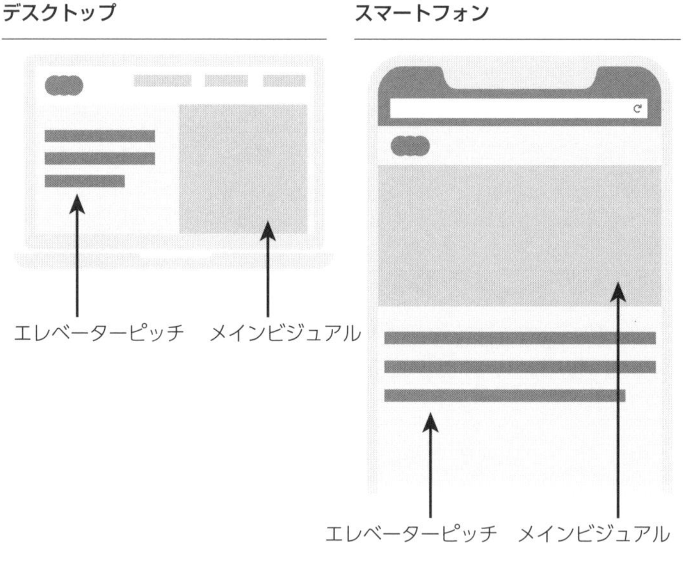

デスクトップ　　　　　　　　　　　　　スマートフォン

エレベーターピッチ　メインビジュアル

エレベーターピッチ　メインビジュアル

図145

●●● 何ができるかを示す ●●

　エレベーターピッチで最低限伝えるべき内容は，そのページで何ができる
か，です。そのページでのオファーは何か，それがすべてです。行数に余裕が
あれば，オファーの特徴や独自性について触れてもいいでしょう。

●●● テキストと CTA を連携させる ●●●

　多くの場合，エレベーターピッチのすぐ下には CTA となるボタンが配置さ
れています。このボタンとそこに書かれたテキストの素晴らしい点は，そのサ
イトでなにができるかをひと目でわからせてくれることです。つまり，エレ
ベーターピッチで説明する必要がないのです。エレベーターピッチと CTA の
デザインを連携させましょう。次の例を見てください（図 146，図 147）。

👍 わかりやすい
このページで何ができて何ができない
か，訪問者の利点は何か，わかりやすい。

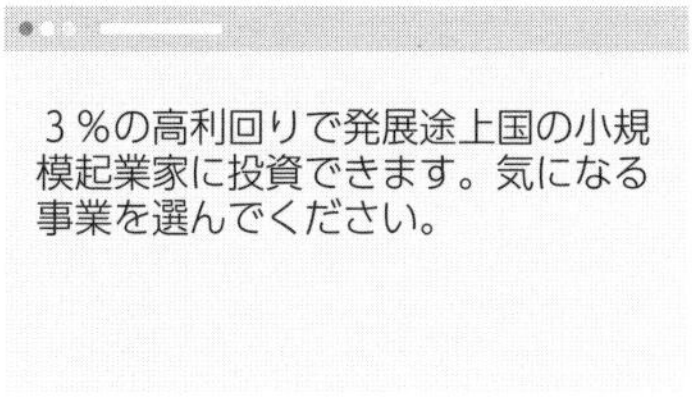

👎 わかりにくい
お金を貸すのか借りるのか，このサイト
で何かできることがあるのか，わかりに
くい。この書き方では，発展途上国の起
業家が書いているブログの可能性もある。

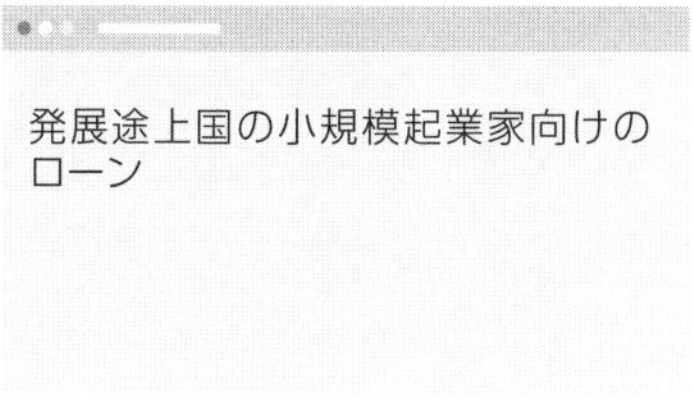

３％の高利回りで発展途上国の小規
模起業家に投資できます。気になる
事業を選んでください。

発展途上国の小規模起業家向けの
ローン

👍👍 さらに良い
「プロジェクトを選ぶ」ボタンにより，
プロジェクトが選択できることが明確
になっており，エレベーターピッチで
説明する必要がない。

３％の高利回りで発展途上国の小規
模起業家に投資できます。

プロジェクトを選ぶ

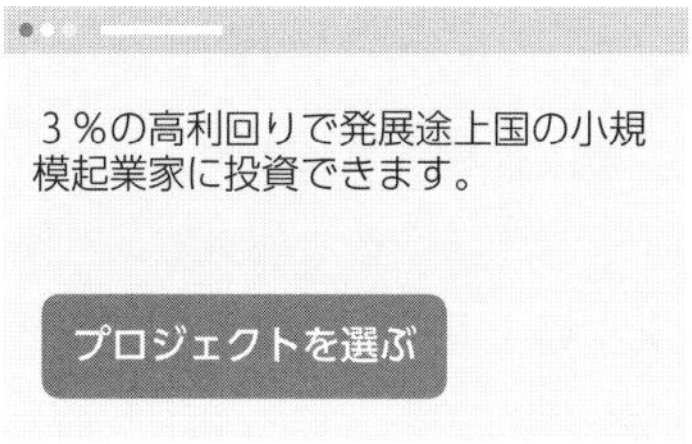

図 146

👍 わかりやすい

Ｅラーニングに関するサイトであり，プロジェクトを請け負っていることがわかる。

👎 わかりにくい

どのような意味にも取れる。

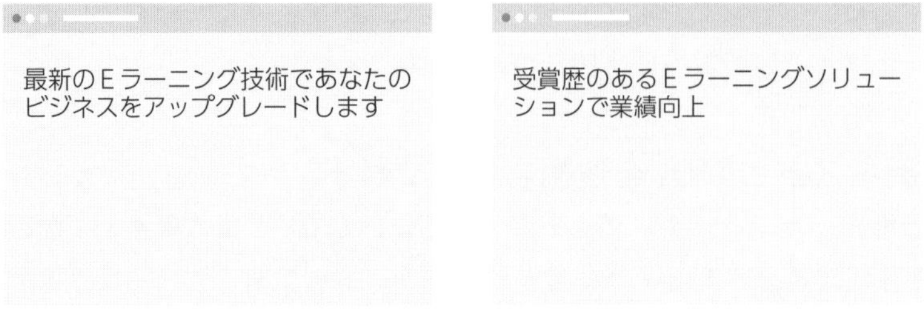

最新のＥラーニング技術であなたのビジネスをアップグレードします

受賞歴のあるＥラーニングソリューションで業績向上

図147

インタラプション・マーケティングで使用するテキストとは異なり（「オンライン広告」〈213頁〉を参照），エレベーターピッチのテキストはシステム2を対象としているため，7歳児を相手にする必要はありません。それでも，簡潔なテキストを心がけてください。そうしないと，5秒間では理解してもらえないリスクが高まります。

5秒テスト

> この5秒ルールに従ったエレベーターピッチが作成できているか，手っ取り早く確認する方法があります。通りがかりの人を捕まえてデザインを5秒間見てもらうのです。メインビジュアルに加え，テキストとCTAがわかるようになっていれば，簡単なスケッチ（ワイヤーフレーム）で構いません。5秒間見たあとで，そのページでできることをその人が理解していれば，そのエレベーターピッチは適切な長さとわかりやすさを兼ね備えているといえます。

●●● 特徴か利点か ●●●

ここで，オンライン・マーケターはあるジレンマに悩まされます。伝えるべきは商品の特徴か，それとも利点か。この問いに対する明確な答えはありません。商品やサービスの性質，訪問者の認知度などにより変わってきます。2つのエレベーターピッチを比べてください（図148）。

利点	特徴
Xは，役割・責任・目的の異なる人々の意見を取りまとめ，共通のゴールへと向かわせます。一緒にプロジェクトを成功させましょう。	Yは，チーム内コミュニケーションのためのプラットフォームです。すべてを一元管理しており，検索も容易でどこにいても使えます。

図 148

　左側のエレベーターピッチは，商品Xの利点を示しています。しかし，Xは一体なんでしょうか？　ワークショップ，ツール，人，どれも当てはまりそうです。そのため，右側のエレベーターピッチのほうがいいように見えます。商品Yはソフトウェア・アプリケーションであり，検索機能とあらゆるデバイスで使える機能の2つを備えていることがわかります。

■ 状況次第

　実はこの2つのエレベーターピッチは実在します。左側はベースキャンプ（Basecamp），右側はスラック（Slack）のウェブサイトです。2社はオンライン上の協業をサポートするツールを提供する競合であり，つまり似たような商品を売り込んでいるのです。訪問者が自社製品を知っているという確信があれば，商品の利点や最終的な有効性を伝えることで説得力を持たせることができます。まさにベースキャンプがやったとおりです。しかし，自社がどのような製品を扱っているのか訪問者に知られていない場合は，いくら利点や有効性を訴えても説得力はありません。そのため，当時まだ有名ではなかったスラックは，ソフトウェア・ツールを提供していることを明確に伝えるエレベーターピッチを選んだのでしょう。つまり，エレベーターピッチにふさわしい内容は，その商品がどれほど訪問者に知られているかに左右されます。

■ 商品の良さを伝える

　ときには，商品の利点があたりまえすぎて，伝えても意味のない場合があります。そんな時は，他の商品にはない良さを伝えることに注力してください。自動車がいい例です。自動車の利点を並べたところで，どの車にも当てはまるのですから意味がありません。ところが，大容量の燃料タンクを備え燃料補給なしで600マイル走れる車であれば，それを伝えることには大きな意味があり

ます。つまり，エレベーターピッチを作成する際は，「特徴」「利点」「他の商品にはない良さ」のどれに重点を置くのか，慎重な検討が常に求められます。

●●● 「3」の力を使いこなす ●●●

「3」には魔法の力があります。行動科学者のカート・カールソンとスザンヌ・シューが行った実験によると，利点を3つ示された場合，2つ，4つ，5つ，6つの場合よりも説得力があると感じることがわかりました[44]。なぜでしょうか？　利点が2つでは大したことなさそうですし，4つ以上では自慢げにみえます。それに，いくつも利点を並べ立てられるよりも，主な利点を3つに絞り込んでおいてもらうほうが，訪問者にとっては嬉しいものです（図149）。

👍 OK
3つの利点。

✔ 歯を白く

✔ 歯茎を強く

✔ 息をさわやかに

👎 NG
2つまたは4つの利点。

✔ 歯を白く

✔ 歯茎を強く

✔ 虫歯を防ぐ

✔ 息をさわやかに

図149

なお，これは利点の要約になります。このようなリストは，エレベーターピッチのすぐ下のような，ランディングページの冒頭部分に表示するとよいでしょう。どの利点が重要なのか判断がつかないときは，オンライン投票やアンケートなどで顧客に訊いてみてもよいでしょう。

それ以外の利点については，たとえばテキストの本文やお客様の声などとして，ランディングページの他の場所に表示しましょう。

●●● 信頼を得る ●●●

訪問者が商品の概要を理解したら，次のステップに進みます。それは，訪問者の信頼を得ることです。知名度の高くない企業であれば，訪問者は自動的に，信頼に足るかを見極めるための情報を探し始めるでしょう。そのため，ランディングページの上部には，信頼が高まるような情報を示します。ウェブサ

イトでは社会的証明と権威が非常に有効です。

■ 社会的証明──レビュー

他の顧客からのレビューなしに訪問者を動かすことは困難になってきています。そのため，ページ上部にはレビューのまとめを表示しましょう。10点満点中の8点以上，または5点満点中の4点以上の評価のものがよいでしょう。また，レビューの総数も表示し，すべてのレビューへのアクセスも確保します。そうすることで，都合のいいように選ばれたレビューだけを表示していると思われずにすみます。

訪問者に自分はひとりじゃないと思わせる方法は，レビュー以外にもいくつかあります。レビュー数が少なかったりレビューを集めることができない場合には，次のような表示をするとよいでしょう。

- 本日20件の購入がありました
- 1856人の生徒が本プログラムで学位を取得しました
- 現在20名がこの商品を閲覧しています
- 今週は239人のプロがデモ版に登録しました

さらに多くのヒントが必要な場合は，第Ⅲ部の「社会的証明」（89頁）を参照してください。

■ 権威──ロゴやラベル

訪問者からの信頼を得るには，信用のある組織のロゴやラベルをランディングページ上部に表示するとよいでしょう。まだ世に知られていない商品の場合は特に有効です。いくつか例を挙げます。

- 消費者協会による試験で最高評価を獲得
- 全米Eラーニング協会の会員
- チャリティー事業を評価するBBBまたはNCVOのラベル
- 商品紹介が掲載された新聞社のロゴ
- テレビ放映された場面（番組で紹介されたりテレビCMキャンペーンをしている場合）
- 保有資格

・受賞またはノミネーション歴

これ以外にも，権威をもう少しだけ高める方法はあります。たとえば，整ったオフィスの画像を載せたり，経験豊富なプロ集団である社員を紹介することができます。また，支援を行っているチャリティー活動を紹介するのもよいでしょう。

さらにヒントが必要な場合は，第Ⅲ部の「権威」（97頁）をご参照ください。

> ⚠ 権威を示すロゴやラベル，テキストなどはクリック可能にしないでください。目標とする行動とは関係のない理由で，訪問者がランディングページを離れてしまうかもしれません。

■ 美しいデザイン＝権威

センスのよさが自慢のデザイナーにはここで朗報です。プロが手掛けた整った美しいデザインには権威を高める効果があります。訪問者からの信頼も高まり，コンバージョンの改善にもつながります。フォッグが行った調査によると，調査対象者の半数近くが，美しいデザインはウェブサイトの信ぴょう性を高めると回答しました[45]。

しかし過信はいけません。ボタンは目を楽しませるためだけでなく，わかりやすいものでなくてはいけません（第Ⅱ部「アフォーダンス」〈43頁〉を参照）。なによりも見た目の美しさは，未来への期待を高め，商品の説明をわかりやすくすることで，訪問者の行動を促す効果があるのです（第Ⅲ部「未来への期待」〈79頁〉を参照）。

●●● 視覚で人を動かす ●●●

メインビジュアルについては先述のとおりですが，視覚的なコミュニケーションはランディングページのそれ以外の場所でも重要になってきます。オンライン行動デザイナーであれば，豊富な画像や動画を集めたライブラリへのアクセスがあることでしょう。そうでない場合も，写真撮影のための予算や，これは最終手段としてですが，質の高い写真のストックくらいはあるのではない

でしょうか。ランディングページに使用する視覚材料を選ぶ際に考慮すべき戦略は，未来への期待の創出，基本的欲求への訴求，説明の提供の3つです。

■ 未来への期待の創出

画像や動画を使用する際の最初の戦略は，行動の結果として得られる将来的な報酬を視覚化することです。それにより「未来への期待」が創られます（第Ⅲ部「未来への期待」〈79頁〉を参照）。たとえば，訪問者が受取ることになる実際の商品を見せることもできますし，包みを開ける瞬間，商品を使用しているところ，さらには最終的な効果などを見せることもできます。すぐに得られる報酬や近い将来に得られる報酬は人間の無意識に強く働きかけますが，少し遠い未来の報酬でも同様の期待を創り出すことができます。いくつか例を挙げます（表12）。

商品	近い将来の報酬：より早く得られる	あとで得られる報酬：より価値が高い
デザイン用ソフトウェア	ソフトウェアの画面を紹介するスクリーンショットや動画	最終的な成果：素晴らしいデザイン，満足した表情の顧客
オンライン講座	使用する教材の一部の試し読み	誇らしげに修了証を掲げる受講者
コンサルティング・サービス	コンサルティング中のイメージ。たとえば，クライアント先で問題解決手法について説明するコンサルタント	利益の改善やよりよい協力体制。たとえば，右肩上がりのグラフやチームで楽しげに働く従業員
飛行機によるパック旅行	Eメールで送信されることになる航空券のプレビュー	快適な機内の様子，目的地の素晴らしい風景，帰宅後にリラックスしている様子，思い出のつまったアルバムなど

表12

■ 基本的欲求の視覚化

画像や動画の使用に関する2番目の戦略は，訪問者の基本的欲求を視覚化することです。そのためには，商品がもたらすプラスの心理的影響を示すことです（第Ⅲ部「基本的欲求への訴求」〈85頁〉を参照）。次の例をご覧ください（表13）。

商品	基本的欲求	視覚化
冬用コート	快適さ，防寒	商品のコートを着た人が，冬景色の中で寒さをものともせず笑顔を見せている様子
高価な冬用コート	承認・称賛を受けること	商品のコートを着た人が，多くの友人に囲まれている様子
保険	安心，リスクの回避	安心しきった様子の家族

表13

■ 説明の提供

　画像や動画を使用する際の3番目の戦略は，その製品やサービスについて説明するイラストやインフォグラフィックを使用することです。千の言葉を尽くすよりも1枚の写真を見せるほうがよく伝わる，とはよくある話で，オンラインの世界でも同じです。そして，訪問者の理解が進むほどコンバージョンの可能性も高まります（表14）。

商品	説明すべきこと	視覚化
マッチングアプリ	アプリの使い方	主な使い方を示すスクリーンショット
モデム	モデムのインストールの仕方	インストールの仕方を示す一連のイラスト
不動産評価	評価の進め方	進め方を示す写真（顧客による電話予約，鑑定士の訪問，評価報告書の受け渡し）

表14

■ 戦略をうまく組み合わせる

　視覚を使って人を動かすには，異なるタイプの視覚材料を組み合わせましょう。ひとつは心をくすぐるため，もうひとつは商品説明のため，といった具合です。必要な視覚材料をすべて載せるにはスペースが足りない，などと心配する必要はありません。ランディングページは長くなっても大丈夫です。さらには，ランディングページから少しだけ離れることも可能です。これについては本章で後述します。

●●● 動画は賢く使う ●●●

　動画を使うことで，商品や使用方法をうまく紹介することができます。その結果コンバージョンを大幅に改善することも可能ですが，それにはいくつか条件があります。使用する動画が条件を満たさないと，逆効果になってしまうこともしばしばです。その条件とは，予測可能であること，単刀直入であること，バックグラウンド動画に注意すること，再生ボタンを使用すること，の4点です。

■ 予測可能であること

　第一に，その動画がなにを映しているのか事前に明確にしておくことです。オンライン上には多くの動画があふれ，動画を見るには時間がかかることを訪問者は知っています。そのため，動画の再生には及び腰になりがちです。再生して10秒後に予想した内容ではなかったと気づく，というような経験は誰もしたくありません。しかし再生前に動画の内容が明確になっていれば，躊躇する気持ちを取り除くことができます。これを実現するための具体例を示します。

- ワークショップの様子をご覧ください
- 弊社の粉体塗装に関する5つの特徴について，エドワードが説明します
- 家具の組み立て方

■ 単刀直入であること

　また，動画が始まると同時にメッセージを伝え始めましょう。多くの動画では，サスペンスドラマのような音楽とアニメーション効果付きのロゴが登場する派手なイントロが5〜10秒ほど続いてから本題に入ります。テレビの前で腰を落ち着けて鑑賞しようというならそれでもいいかもしれませんが，オンラインでは単なる時間の無駄です。ロゴならページ左上に表示されているはずです。また，オンラインではすぐに本題に入ることが好まれます。単刀直入を心がけてください。

■ バックグラウンド動画に注意すること

　バックグラウンド動画の使用には慎重さが求められます。バックグラウンド動画によってページに高級感を与えることはできますが，ランディングページ

のテキストを読む邪魔にならない程度の控えめな動画でないとうまくいきません。せわしない動画では，訪問者の集中力を不必要に削いでしまうでしょう。その結果，コンバージョンの可能性も低下してしまいます。

■ 再生ボタンを使うこと

最後に，訪問者が動画の再生方法で悩むようなことがあってはいけません。つまり，十分なアフォーダンスを持たせるために再生ボタンは必須なのです。

●●● メニュー表示よりもバックボタンを ●●●

自社の製品やサービスについて語るべきことが多すぎて，すべてを伝えようとするとランディングページが長大になってしまう場合もあると思います。そんなとき，メニューや，おそらくサブメニューまでも使い，複数ページを組み合わせたウェブサイトを作りたくなることでしょう。この方法の欠点は，インタラクションを複雑にしてしまうことです（図150）。

さらに，メニューがあると訪問者はそれをいじりたくなってしまいます。フォッグの行動モデルに従えば，メニュー表示はナビゲーションを促す強力なプロンプトなのです。しかし大抵の場合，それはこちらが求める行動ではありません。

ランディングページのコンテンツは，コンバージョンに向けた次のステップに訪問者が進むよう，慎重に作り込まれているはずです。望ましいのは，こちらが狙ったとおりの順で訪問者が進んでくれることです。狙いどおりに訪問者に動いてもらうために複雑さを排除したいなら，ウェブサイトを構築するよりも詳細ページを使うことをおすすめします。詳細ページで発生するインタラクションはひとつだけ，つまり，「閉じる」ボタンや「戻る」ボタンをクリックして元のランディングページに戻ることだけです。この方法なら，訪問者はちょっと寄り道をするものの，常にランディングページへと戻ってきます（図151）。

詳細ページを開いて詳しく見たり，また元に戻ったりするのは，メニューやサブメニューを使うよりも少ない精神的努力ですみます。さらに，詳細ページを使うことで訪問者のルートに対する主導権を維持することができ，目標とする行動に向けたコントロールを強化することができます。

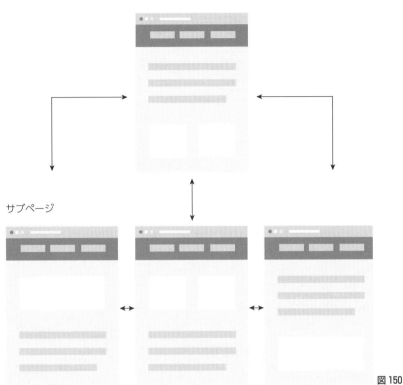

ランディングページ

サブページ

図150

> ⚠ 詳細ページに配置された「戻る」ボタンは，目標とする行動に導くた
> めのプロントとなります。そのため，画面に固定される「スティッ
> キーボタン」を使いましょう。そうすることで，訪問者がスクロール
> してもボタンは常に視野に留まり，いつでもランディングページへ戻
> ることができます。

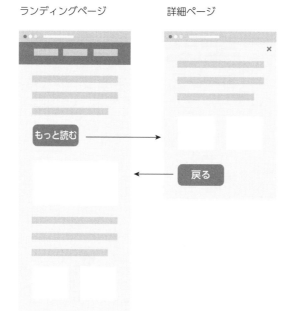

ランディングページ　　　　　　詳細ページ

もっと読む

戻る

「戻る」ボタンのある詳細ページはシンプルであり，訪問者の
ルートに対する主導権を維持することができる。　　　　　　　図151

●●● わかりやすいページ構成にする ●●●

　十分な情報を提供して訪問者の行動を促すために，複数の情報ブロックが必
要となるランディングページもあります。訪問者の注意をつなぎとめるには，
リズムとわかりやすい見出しを使いましょう。

■ リズム

　各ブロックを短くまとめ，見出しを全体的に見渡せるようにしましょう。そ
れによりページにリズムを与えることができます（具体的なヒントは第Ⅳ部
「ページ構成」〈167頁〉を参照）。

■ 見出し

　ランディングページでは，見出しは「読み続けるためのプロンプト」であ
り，訪問者がスクロールし続けることを促します。ということは，見出しは注
意を引くものでなくてはなりません。大きなフォントを使うのもひとつの方法

です。また，1つ前のブロックを読み終える頃を見計らって次のブロックの見出しが少し動くようにしておくこともできます。

　また，疑問形を使うと内容が頭に入りやすくなります。ブロック内のテキストは，見出しの疑問に答える形にします。いくつか例を挙げます。

- インストールの方法は？
- 登録条件は？
- いつからアクセス可能に？

　疑問形を使う場合は，一貫して疑問形を使い続けましょう。それにより訪問者は効率的に情報を取り込むことができます。さらに効果的な見出しを使いたいときは，「好奇心」の戦略や「破格のお得情報」の戦略を用いることができます（第II部のそれぞれの章〈52頁，59頁〉を参照）。

破格のお得情報
- 眼鏡のレンズ曇りとはもうおさらば
- 1月1日までのご注文で修理道具一式を無料プレゼント

好奇心
- 本校の学生の声はこちら
- これをしてはいけない3つの理由

●●● 希少性 ●●●

　希少性を伝えることで，「後で」ではなく「今すぐ」行動を起こす理由を訪問者に与えることができます。希少性がカギとなるキャンペーンであれば，ランディングページの上部でそれを伝えましょう。たとえば次のようなものです。

- 早割チケットは残り72枚のみ
- プロモーション終了まであと2日
- 残り47席

この方法には1つ条件があります。訪問者に製品やサービスに関する十分な知識があり、すでに購入する気があるときでないと使えません。そうでないときに「希少性」の原則を性急に使うと訪問者を苛立たせ、不満の原因となります。よって、新商品の場合や、商品の内容が訪問者にまだ伝わっていない段階では、まずは信頼を築くところから始め、次に製品・サービスを欲しいと思ってもらうようにしましょう。そのうえで希少性を、事実に基づいて控えめに伝えるようにします（図152）。

希少性	中立的（希少性なし）	
在庫を確認	製品を見る	図152

●●●● CTA ●●●

　ランディングページにたどり着いた訪問者に最初にやってもらいたいのは、そこにあるテキストを読み、選り抜かれた動画や画像に目を通してもらうことです。その次に取ってほしい小さな行動は、たとえば、個人情報の入力、商品のカスタマイズ、パッケージの選択などです。これらの行動を促すプロンプトとしてCTAをデザインしましょう。

　人によっては、すべてのテキストや画像に最後まで目を通さずとも、行動を起こす気になる場合もあります。そのため、CTAはページ最下部だけでなく、複数個所に配置するとよいでしょう。あるいは、CTAを「スティッキー」にすることで、スクロールしても常に表示されるようにできます。しかしこの方法には、バナー・ブラインドネスと同様、慣れにより無視されてしまうというリスクが伴います。時々CTAを軽く動かすことで、求められている行動を訪問者に思い出させることができます。

■ファーストビューに収めるべきか

　コンバージョンの基本的なルールとして、CTAは視野に入る範囲内に配置すること、というものがあります。つまり、表示領域内やファーストビューに収めろということです。しかし幸いなことに、必ずしもそうではないことがA／Bテストで判明しています。実際のところ、性急にクリックを要求しないこ

とで却ってコンバージョンが改善する場合もあります。また，スマートフォン
の小さな画面でCTAをファーストビューに入れようと思えば，エレベーター
ピッチや商品の利点の紹介，メインビジュアルなどと一緒に詰め込むことにな
ります。これは困難なだけでなく，見た目のよいシンプルなデザインを損なう
ことにもなります。

　一方で，CTAの配置場所はランディングページの下すぎてもいけません。
なぜならCTAに表示されたテキストは，そのページで取れる行動を示すとい
う情報提供の役割も担っているからです（表15）。

ボタンのテキスト	提供している情報
設定する	設定により製品をカスタマイズできること がひと目で明確にわかる
注文する	商品をオンラインで注文できることがひと 目でわかる。これが明確でないことも往々 にしてある。

表15

■ ベイビー・ステップ

　CTAのテキストをハードにするかソフトにするか迷ったら，ソフトにする
ほうが上手くいく可能性が高いでしょう。ソフトなCTAが求めるのは，大き
なコミットメントではなく小さなステップです。次の例を比較してみましょう
（表16）。

ハードなCTA	ソフトなCTA
投資する	希望投資額を決める
今すぐ登録	登録内容を設定する
注文する	レジへ進む

表16

　では，ハードなCTAはどのような場合に使うとよいのでしょう？　たとえ
ば，低価格のタイムセールを実施中なら，「今すぐ注文」「今すぐ登録」などの
テキストが有効になります。なぜなら，そのような文言により希少感を高める

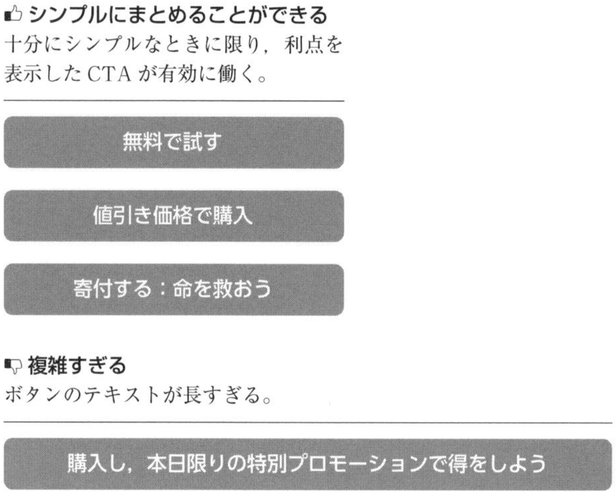

👍 **シンプルにまとめることができる**
十分にシンプルなときに限り，利点を
表示した CTA が有効に働く。

無料で試す

値引き価格で購入

寄付する：命を救おう

👎 **複雑すぎる**
ボタンのテキストが長すぎる。

購入し，本日限りの特別プロモーションで得をしよう

図 153

ことができるからです。

　十分なトラフィックのあるランディングページであれば，いくつかの CTA
を試してみてください。どの CTA が最も有効か，すぐに判明するでしょう。

■ 利点を加える

　CTA に利点を表示することで，より多くのクリックが見込めます。しかし，
シンプルにまとめることができる場合に限ります（図153）。

　テキストが長い 2 番目の例は，読みにくいだけではなく，ボタンが横長にな
りすぎてボタンには見えなくなっています。つまりアフォーダンスも悪くなっ
ているのです（第Ⅱ部「アフォーダンス」〈43 頁〉を参照）

商品詳細ページ

> 1つのウェブサイトで2つ以上の商品を扱っているなら，それぞれの商品につき個別の商品詳細ページを作成しましょう。それにより，訪問者が購入を決めるために必要な情報を余すところなく伝えることができます。つまり商品詳細ページは，オンライン上で人を動かすための非常に重要な役割を担っているのです。

　商品詳細ページは，あらゆる意味でランディングページと似ています。そのため，前章で説明した原則や実践例の多くは商品詳細ページにも適用できます。しかし，商品詳細ページに特化した具体的なヒントや実践方法もいくつかあります。本章ではそのような方法について，オンライン注文が可能な物理的な製品を念頭に説明します。しかし，そのうちの多くはデジタル商品にも適用可能です。

●●● 商品詳細ページは「宇宙の中心」●●●

　オンライン購入では商品を実際に手に取ることができず，販売員やアドバイザーなどと直接話すこともできないため，消費者にとっては労力の必要な作業ともいえます。訪問者は多くの場合，商品詳細ページに記載されている情報に100パーセント頼らざるを得ません。

　調査によると，想定される疑問に対する回答がすべて掲載されている商品詳細ページは，コンバージョンが高い傾向にあります。訪問者がどのような疑問を持つかは，カスタマーサービスに寄せられる顧客（または潜在顧客）からの質問を分析したり，調査を実施することでわかります（第Ⅵ部の「コンバージョン調査」〈314頁〉を参照）。

多くの疑問は，製品そのものについてではなく注文方法についてです。

- 商品の入手方法
- 配送方法のオプション
- 追加料金の有無
- 不在時に他の指定場所へ配送してくれるか
- 商品は配送人が組み立ててくれるのか，自分で組み立てるのか

　配送方法に関する情報を1つの共通ページでしか説明していないオンライン
ショップも多くありますが，これは誤りです。検索エンジンや比較サイト，広
告などから商品詳細ページへと直接遷移して来た訪問者だっているのですか
ら。また，オンラインの買い物客は通常，複数のウェブショップのブラウザを
開いています。訪問者が商品の配送方法や時期について知りたいと思ったとき
には，その情報がすぐにわかるようにしておかなくてはなりません。そうでな
いと，訪問者は欲しい情報を探し始め，多くの時間が奪われてしまいます。つ
まり，不必要な精神的努力を求めることになってしまうのです。その結果アビ
リティは低下し，コンバージョンの可能性も下がります。

　商品詳細ページには，その商品に関する情報をすべて掲載してください。同
じ情報の繰り返しに感じるかもしれませんが，訪問者にとってはすべての情報
が一箇所にそろっているほうがわかりやすく，使い勝手もいいものです。他
ショップの商品との比較中なら特に，です。

　つまり，商品詳細ページは「宇宙の中心」だと思ってください。いかなる場
合も，次の情報は掲載する必要があります。

- 商品の写真
- 商品の説明
- レビュー
- 購入方法・手順
- 最終支払い価格
- ショップ情報

ひとつずつ詳しく見ていきましょう。

●●● 商品の写真 ●●●

　商品の写真は非常に重要です。写真があることで，訪問者はその商品を実際に手に持ち，使用している場面を鮮明に思い描くことができます。それにより未来への期待も生まれます（第Ⅲ部「未来への期待」〈79頁〉を参照）。

　大きくて実物がよくわかる写真のほうがコンバージョンの可能性が高まることは，多くの実験によりわかっています。ごく小さい写真しか載せていないウェブサイトでは販売数が伸びません。複数の写真を使うとさらによいでしょう。商品をあらゆる角度から撮影し，重要な細部は拡大できるようにすることで，訪問者はイメージしやすくなります。

　よく売れるウェブショップでは，複数の写真をサムネイル（縮小画像）にして並べ，簡単にクリックできるようになっていますが，これはとてもよい方法です。写真を拡大して細部にズームインすることで，訪問者は商品を実際に手に取っているような感覚を持てます。ジョアン・ペックとスザンヌ・シューが行った消費者調査により，物理的に商品に触れるときのほうが，その商品に対する評価や予想価格が上がることがわかっています[46]。

　商品に対する期待をさらに高めたければ，商品を開封する場面や商品を使っている場面の写真を載せましょう。ただし，写真に使用する人物は，訪問者が共感を持てるような属性を持っていないと逆効果です。たとえばターゲット層が50代以上であれば，若者の写真を使うのはやめましょう。

　また，写真は目の高さから撮ったものを使いましょう。動画も同じです。それにより訪問者は，商品を手にして使っているところをより現実感を持ってイメージできます。具体的なイメージが湧くほど，未来への期待も高まります。

■ チアリーダー効果

　興味深い事実があります。写真に写っている人を評価するとき，その人がひとりだけで写っている写真よりも，魅力的な人たちのグループに囲まれた写真で見たときのほうが，「より美しい」と感じるのです。グループに付随する「美しい」という属性を，無意識のうちにグループ内の個人にも当てはめてしまうのです。心理学ではこれを「チアリーダー効果」と呼んでいます[47]。

図 154

　チアリーダー効果を使うことで，商品の知覚価値を高めることができます（第Ⅲ部「知覚価値」〈121 頁〉を参照）。たとえば，訪問者が好みそうな商品と並べて自分の商品を写すことができます。一般的なフライパンでも，最新のフライパンセットの一部として見せられたほうが魅力が増します。また，チャージケーブルも，新品のアイフォンと並べたときのほうがずっとよいものに見えます（図 155）。

👍 **チアリーダー効果**
チャージケーブルは高価なスマートフォンと並べたほうが価値が高く感じる。

👎 **単独で表示**
価値が低く感じる。

図 155

●●● 商品の説明 ●●●

想定される疑問に対する回答を事前に提示しておけば，訪問者は疑問を持たずにすみます。商品の説明では次の点を意識してください。

■ この商品はどのように顧客の役に立つか

このスポーツ飲料は，運動中のエネルギー補給および運動後の筋肉回復に役立ちます。

■ この商品はどのように機能するか

この化粧クリームに含まれるアルジルリンにより顔の筋肉がリラックスし，シワを予防します。

■ この商品の特徴はなにか

当社で最安値のシティーサイクルです。

また，商品の主な特徴をリスト化するのもよいでしょう。特にガジェットや栄養サプリメントなど，実用品や技術製品の商品詳細ページではこのような箇条書きが有効です。しかし，高級品やデザイナー品の場合は，特徴をまとめたリストや表を使うと「高級感」を損なってしまいます。その場合は，センスのいいテキストを使うほうが効果的でしょう。

最後に，重要な情報は要約して表示するとよいでしょう。それほど重要でない情報（詳細なスペックなど）はクリックで表示されるようにし，商品詳細ページをすっきりと見やすくしましょう（第Ⅵ部「ランディングページ」〈255頁〉を参照）。

●●● レビュー ●●●

近年では，信頼できるレビューのない商品をオンラインで販売するのは非常に困難です。レビューを効果的に表示するためのヒントは，第Ⅲ部の「社会的証明」（89頁）を参照してください。

社会的証明の効果を発揮するには何件のレビューが必要か，という質問をよく受けます。しかし私たちの考えでは，「標準的な下限値」というものは存在しません。表示すべきレビューの最低件数は商品により異なります。たとえば，高価な商品であるほど，より確かな確証が欲しくなるものでしょう。総じ

て言うと，レビューは多ければ多いほどよく，さらには，訪問者と共通点の多い人からのレビューが多いほどよい，ということになります。

　商品のレビューが10件に満たない場合は，ショップに対するレビューが十分な社会的証明となることもあります。

●●● 購入方法・手順 ●●●

　コンバージョンを狙うなら，配送に関する情報は，少なくとも商品そのものの情報と同じくらい重要です。そのため，訪問者が注文手続きに入る前に，購入方法に関する情報を伝えましょう。

　たとえば，恋人へのプレゼントを注文する場合，当日より前に受け取りたいし，恋人が家にいないときに届けてほしいと思うものです。しかし実際には，このような情報が商品詳細ページに記載されていないサイトをよく見かけます。これではコンバージョンのチャンスを逃してしまいます。

　さらに，商品詳細ページをデザイン・分析する際には，支払い方法，時間，配送方法の3つを念頭に置いてください。ひとつずつ詳しく見ていきます。

■ 支払い方法

　なるべく早い段階で支払方法を示しましょう（注文手続きページでは遅すぎます）。たとえば，次の質問に対する回答を記載しましょう。

- どのような支払方法が使えるか
- クレジットカード払いは手数料がかかるのか
- 分割払いはできるか
- 代金引換払いはできるか

■ 時間

時間的要素を明確にしましょう。次の質問に答えてください。

- 商品はいつ受け取れるか
- 請求書を受け取るのはいつか
- アクセス可能になるのはいつか（デジタル商品の場合）
- キャンセルはいつまで可能か

- 支払い期限はいつか

■ 配送方法

どのように配送されるかを説明しましょう。次のような質問が考えられます。

- 荷物は郵便受けに入る大きさか
- 荷物はドアを通る大きさか
- 配達時に家にいる必要はあるか
- 配達時に家にいなかったらどうなるか
- 3階の自宅まで運んでくれるか

これらの質問に答えられない場合，それだけで訪問者は途中で離脱してしまうかもしれません。答えを見つけるのに時間がかかればかかるほど，訪問者が心変わりをする可能性は高まります。そのため，このような情報は見つけやすい場所に掲載し，消費者目線で書かれたわかりやすい見出しをつけましょう。例を3つ示します（表17）。

提供側の目線（わかりにくい）	消費者の目線（わかりやすい）
配送条件	商品はいつ届きますか？
注文手順	注文手続きはどのように進みますか？
配送情報	包みは郵便受けに入る大きさですか？

表17

●●● 最終支払い価格 ●●●

製品やサービスの価格は明確にしましょう。一番最後の購入段階になって初めて，最終的な支払い価格がわかるサイトもあります。

なぜそのようなことが起るのでしょうか？　おそらく，カスタマージャーニーの終盤になって追加料金を上乗せするサイトが多いのでしょう。しかしそれは賢い方法ではない，というのが私たちの考えです。最初から完全な透明性を確保することで，訪問者の時間を大幅に節約することができます。さらに，

訪問者がサイトの透明性を高く評価することで，アビリティもモチベーションも同時に高めることができます。つまり，商品詳細ページでは常に，配送料，手数料，予約手数料などすべての料金を含めた最終的な支払い価格を表示すべきなのです。

●●● 送料無料 ●●●

配送料が好きな人はいません。実際，配送に追加料金を支払うくらいなら商品そのものに多くの金額を支払うほうがいいと思うものです。だからこそ，もし可能であれば，いつだって送料無料にするとよいでしょう。配送にかかる料金は商品価格に含めることができるのです（図156）。

👍 OK	👎 NG	
45.– 送料無料	商品価格	40.–
	配送料	5.–
	合計金額	**45.–** 図156

ただし，注意が必要です。独自の商品を扱っているならこの方法は非常に有効ですが，他のネットショップでも購入できる商品の場合は，商品価格をつり上げていると受け取られかねません。その場合は，配送料を別で表示するほうが得策かもしれません。

●●● 価格の感じ方 ●●●

オンラインであれオフラインであれ，売り手は常に価格を低く感じさせようと最大限努力しています。ある価格を見たときに起こる感情（安いか高いか）は，価格の表示方法に多少なりとも影響を受けている，ということは知っておいてください[48]。オンライン行動デザイナーとしては，価格の感じ方に関する以下の目安を覚えておくとよいでしょう。

- 価格を表示する際は，ピクセル数を可能な限り小さくする
- 訪問者が受け取るものを視覚的に強調する

例を交えて説明していきます。

■ 通貨記号は省略する

多くの大手ネットショップの商品詳細ページでは，通貨記号が省かれていることにお気づきでしょうか。これらのサイトは，通貨記号の省略によりコンバージョンが高まると知っているのです。ただし，表示されている数値が価格であることが明確になるようにしてください（図157）。

👍 OK	👎 NG
45.-	**$45.-**

図 157

注意　複数の通貨を扱っているサイトでは，混乱を避けるために通貨記号を表示するほうがいいでしょう。

■ 大きなフォントは使用しない

価格を表示するときは巨大なフォントを使わないようにします。小さなフォントほど，無意識のうちに低価格に感じるものです。ただし，驚くほどの安値をつけているときは例外です。その場合は大声で価格を告げるとよいでしょう。

■ 小数点以下は表示しない

桁数が多いほど高価格に感じてしまいます。よって，小数点以下が必要ない場合は表示しないようにしましょう（図158）。

👍 OK	👎 NG
45.-	**45.00**
45	

図 158

■ 実用品には端数のある価格を

端数のない数値（例：4.50）よりも端数のある数値（例：4.59）のほうが正直さを感じるとの調査結果があります。ただしこの効果は，バッテリーや機器など日常的な実用品に限ります。

■ 高級品には端数のない数値を

高級品の場合，小数点以下の数は「合理的で無駄がない」とみなされ，商品のイメージとはそぐわなくなってしまいます。そのため，高級品には端数のない数値（例：120）を使用するとよいでしょう。

■ 値引き前の価格を示す

本書ではすでにアンカリングについて説明しました（第Ⅴ部「アンカリング」〈196頁〉を参照）。高い価格を見たすぐあとにそれより低い価格を見ると，安く感じます。値引き前の最高価格を表示する典型的なやり方を使うことで，アンカリングの効果を得ることができます（図159）。

👍 OK

~~400.-~~　349.-

👎 NG

今だけ　349.-

図 159

この方法には，商品の知覚価値が上がるという利点もあります。なにしろ，システム1にとっては「高いものほど品物が良い」のですから（第Ⅲ部「知覚価値」〈121頁〉を参照）。

■ 割引情報を繰り返す

また，割引に関する情報を繰り返すのもよい方法です。それにより，訪問者が支払うべき金額よりも得する金額に対して，より多くのピクセルが費やされることになるからです（図160）。

👍 OK
割引を強調。

~~400.-~~　349.-

（51.- 値引き）

👎 NG
価格を強調しすぎ。

今だけ　349.-

図 160

■ 価格を高く感じさせたい場合は

たとえば，割引前の価格や無料提供する品の価格は高く感じさせたいものです。そのようなときは，ここまで説明してきたことの逆をすればよいのです（図161）。

👍 OK	👎 NG
$ 900.- ドル 相当のスーツケースを 無料で差し上げます。	900.- 相当のスーツケー スを無料で差し上げます。

図 161

●●● ショップ情報 ●●●

　オンラインショップで買い物をする人の中には，検索エンジンや比較サイト，広告などから商品詳細ページへと遷移してきた人も多くいます。つまり，ショップのトップページを経ていないのです。有名でないショップであれば，訪問者はどこかの時点でこう思うことでしょう。ところでこいつはいったい誰だ，と。そうなったとき，訪問者がショップのトップページを見に行く，つまり商品を買うためのページから離れることは，避けたいものです。

　ということは，商品詳細ページでもなんらかのショップ情報を掲載すべきなのです。詳しい説明はいりません。要約で十分です。次に示すような，訪問者が抱くであろう重要な疑問に答えるようにしましょう（表18）。

疑問	例	人を動かす力
どんな企業か？	あらゆるプリンタに対応するインクカートリッジを提供しています。	訪問者のニーズにかなう適切な企業であることを明確にし，信頼を高める。
企業のミッションは？	我々のミッションは，可能な限り迅速に顧客のニーズに対応し，顧客の業務継続をサポートすることです。	顧客に提供している価値を示すことで，顧客に寄り添った企業であるとの印象を与える。
対象顧客は？	米国内の企業や個人に商品を提供しています。	社会的証明を示す（顧客に有名企業の名があれば権威を示すこともできる）。
事業の継続年数は？	1971 年創業。	事業の継続期間が長いほど権威が高まる。
拠点はどこか？	アッセンおよびベーフェルウェイクの自社倉庫から配送します。	物理的な場所を示すことで信頼が高まる。

表 18

　「ショップ情報」のページが別にある場合でも，人を動かす力のあるこれらの情報は，商品詳細ページで提供すべきです。

　さて，これで商品詳細ページに記載すべき情報が明確になりました。次は，

人を動かす力をさらに高めるためにどうすべきかを説明します。レイアウト，ライブチャット／チャットボットの活用，希少性，CTAについて，順に見ていきましょう。

●●● レイアウト ●●●

商品詳細ページは，訪問者が情報を見つけやすいレイアウトにしましょう。そのためには，慣れたデザインとリズムが重要です。

■ 慣れたデザイン

商品詳細ページは，アマゾンやウォルマートなど大手ウェブショップのレイアウトと似たデザインにしましょう。多くの人はこれらのショップで頻繁に買い物をするので，その動作に慣れています。大手ショップとかけ離れたデザインでは，物事を不必要に難しくするだけです。通常は，画面左上に商品写真，価格，配送方法が並び，その横に注文ボタンが配置されています。また，レビューの掲載方法も確認してみましょう。

■ リズム

ランディングページや商品詳細ページではリズムをつけましょう。たとえば，商品情報はわかりやすく構成し，各ブロックに見出しをつけて全体が見渡せるようにします。

ブロックが長くなりすぎるなら，詳細な情報はクリックで表示されるようにしましょう。つまり，ランディングページと同様，さらなる詳細情報を示したページを商品詳細ページに付帯させるのです。

●●● ライブチャット／チャットボット ●●●

本書で扱う「人を動かす方法」は，人間の介在を必要としない自動的なものを想定しています。しかしここでは，チャットやチャットボットについて触れたいと思います。訪問者の疑問を解消する方法として，専門家がチャットを通じて質問に答えるというやり方があります。この方法はユーザーフレンドリーであり，ライブチャットを選択肢として用意しているウェブショップはコンバージョン率が高くなる傾向にあります。ただし，チャットを使って成功するには2つの条件があります。

■ 迅速に回答する

人がウェブショップで買い物するのは，たいてい業務時間外です。そのため，夜間や週末も対応できるようにしておく必要があります。

■ 質問に回答できる担当者を配置する

担当者は商品も購入方法も十分に理解している必要があります。

担当者の配置が採算に合わないようなら，チャットボットの活用を検討してもよいでしょう。機械学習ソフトウェアの発達は目覚ましく，よくある質問に答えられるよう学ばせることもできます。チャットボットで答えられない場合は，人間の回答者につなぐようにします。

●●● 希少性 ●●●

商品詳細ページでは，希少性は非常に有効に働きます。第Ⅲ部の「希少性」（108頁）で説明したとおり，希少性には物量的希少性と時間的希少性の2つがあり，別々に使うこともできれば同時に使うこともできます。

■ 物量的希少性

商品の在庫が少ない場合は，それを示すとよいでしょう。

残り5個

どの程度の在庫数なら切迫感を持たせられるかは，商品により異なります。レストランの予約なら，「残り10席」では希少性は感じないでしょうが，セール中のヘッドフォンが「残り10個」なら，急がなくてはと思うことでしょう。

つまり物量的希少性は，在庫の減少スピードに対する訪問者の予測と大きく関係しています。そのような予測を明確に示すことで，訪問者へのサポートをさらに強化することもできます。

数日以内に売り切れる見込みです。

「在庫」という文字を見ただけでシステム1が反応することはご存知でしたか？　そのため，在庫が十分にあるときでも，その商品は「在庫品」であるこ

とを示しましょう。それにより，商品は有限で，事前通知なしに売り切れうると暗示できます。その結果，訪問者に切迫感を持たせることができます。

■ 時間的希少性

タイムセールを実施するなら，そのことを商品詳細ページで表示しましょう。たとえすべての商品がタイムセールになる場合でもです。次の例をご覧ください。

本日中のご注文で 5 ドル分のクーポンを差し上げます。

また，翌日配達を確約するための時間制限を伝えることで，訪問者のモチベーションをさらに高めることができます。次の例をご覧ください。

23:59 までのご注文で翌日中に配達いたします。

■ CTA の近くに

商品詳細ページには多くの情報が盛り込まれています。そのため，希少性を伝える情報は CTA の近くに表示することをおすすめします。それにより，希少性が最後のひと押しとなり購入決定につながるかもしれません。

●●● CTA ●●●

「ランディングページ」（255 頁）で示した CTA に関する説明は，商品詳細ページにも適用できます。しかし，商品詳細ページで最も重要となる 3 つの指針，ソフトな CTA，ホブソン＋ 1，ショートカットの活用について，ここで詳しく述べます。

■ ソフトな CTA

訪問者に求めるコミットメントは，大きいよりも小さいほうが実現しやすいことはすでに述べました（第Ⅲ部「ベイビー・ステップ」〈101 頁〉を参照）。CTA にも同じことが言えます。そのため，「ソフト」な CTA をデザインするとよいでしょう。「購入する」の代わりに使える CTA を 3 つご紹介します。

- カートへ

- カートに入れる
- レジに進む

ただし，時間的・物量的に希少な商品を提供する際は，切迫感を強調するようなハードな CTA を使用するとよいでしょう。

- 今すぐ注文
- 今すぐダウンロード
- 今すぐ登録

■ ホブソン＋1

それでもまだ訪問者の心は決まらないかもしれません。ここで訪問者に立ち去ってほしくはありません。訪問者の離脱を防ぐには，メインとなる CTA（「カートへ」）に加え，もうひとつの選択肢を用意しなければなりません。ただし，あまり目立たないようにしましょう。代替となり得る選択肢の例を3つ示します。

- お気に入りに登録
- 欲しいものリストに追加
- 友達とシェアする

■ ショートカット

オンラインショップでは買い物カートの使用が標準となっています。しかし直接購入と比べると，1つ余分なステップが間に挟まれることになります。商品を1つだけその場で購入したい訪問者にとっては，直接購入できるルートがあると助かります。このようなショートカットにより，訪問者の購買行動をサポートすることができます。例を3つご紹介します。

- 会計へ進む
- 今すぐ支払い
- ワンクリックで注文

注文手続き

さて、いよいよカスタマージャーニーで最後の、そしておそらく最も困難な段階へとやってきました。注文手続きです。ここでいう注文手続きとは、訪問者が商品やサービスの入手を決心したあとに通らなくてはならない画面のことです。つまり、訪問者がサイト上での取り引きを最終決定する場なのです。

　ほとんどのウェブサイトには注文の手続きをするページがあります。ネットショップの注文ページでは、訪問者の住所、支払い方法、配達方法などを尋ねます。ニュースレターの配信登録ページでは、氏名、メールアドレス、関心のある分野を記入してもらい、合意文書に関するボックスにチェックマークを入れてもらうことになります。リード・ジェネレーション（見込み顧客の獲得）に向けたプロモーションの登録ページであれば、訪問者の連絡先情報を入力してもらうことが主な目的になります。

　このような注文手続きが「オンライン上で人を動かす」こととどのような関係があるのか、不思議に思う人もいることでしょう。訪問者はすでに行動を起こすことを決めているのだから、あとは情報を入力するだけのことだ、と思っていませんか？　残念ながら、ことはそれほど単純ではありません。訪問者のフローを調査したところ、驚くほど多くの人が注文手続きの段階で離脱していたのです。2012～2019年に行われた41件の調査の結果では、おおむね70パーセント以上の訪問者が離脱していました[49]。

●●● 離脱の理由 ●●●

　このような高い離脱率の大部分は、フォッグ行動モデルを使って説明できま

す。注文手続きは，労力がかかる割にはつまらない作業であることがほとんどです。注文の時点で訪問者のモチベーションがそれほど高くなければ，物事が困難になってきた段階で興味を失ってしまうでしょう。また，注文手続き中に，仕事や家事で忙しくしている訪問者も多いものです。そのため，時間が十分に取れなかったり，他のことに気を取られたりして，早々に離脱してしまうこともあります。

　離脱してしまうもうひとつの理由は，注文するつもりではないのに注文段階まで進む訪問者がいる，ということです。これらの人は，思わぬ追加料金や長い配送期間など，なにか落とし穴がないかと確認しているうちに注文画面まで進んでしまったのです。

●●● 2つの課題 ●●●

　そのため，注文ページをデザインする際に行動デザイナーに課せられる課題は次の2つです。

- 注文手続きを簡単かつ効率的にする
- 訪問者のモチベーションを継続的に高める

本章ではその方法を説明していきます。

●●● 入力事項はなるべく少なく ●●●

　フォッグ行動モデルに従えば，注文手続きが簡単であるほどコンバージョンが増加する，ということになります。つまり，訪問者が入力すべきデータを最小限に抑えるとよいのです。オフラインの販売でも同じような法則が当てはまります。相手が購買意欲を見せたら，なるべく早く取り引きを完了させるのです。

　本当に必要なデータはなにか，よく考えましょう。たとえば，生年月日，パスポート番号，電話番号などは，コンバージョンを阻害する大きな要因になります。そのため，取り引きの完了に（その時点で）必要なければ，これらの情報は入力させないようにします（図162，図163）。

📝 NG
取り引き完了後に入力すればいい情報を，先に入力させてしまう。

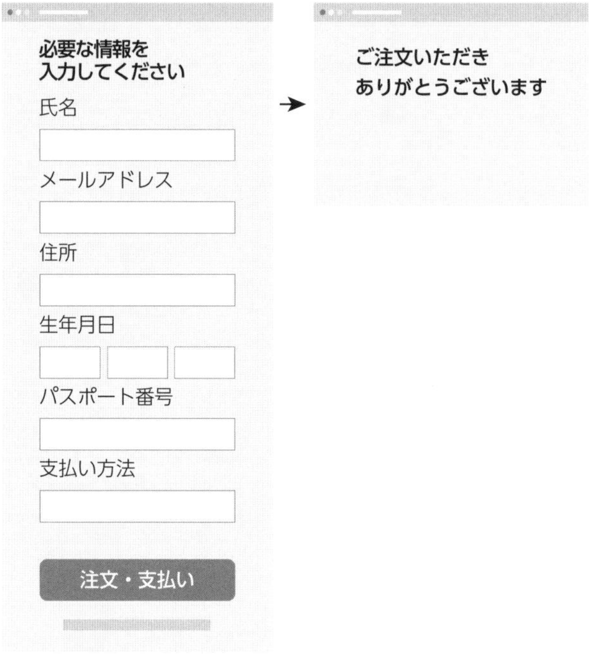

必要な情報を
入力してください

氏名

メールアドレス

住所

生年月日

パスポート番号

支払い方法

注文・支払い

ご注文いただき
ありがとうございます

図162

　追加の商品をすすめるアップセルも，訪問者が離脱する原因になります。訪問者は，あと一歩で購入するところだったにもかかわらず，すすめられた商品の検討を始め，その結果，自分の選択に疑問を持ち始めます。それを防ぐには，アップセルはもっと後，可能であれば取引完了の確認ができるまで待ちましょう。

　賢明なネットショップなら，支払い後，追加の商品をワンクリックで購入できるようにデザインされていることでしょう。また，関心のある分野やパスポート番号などは，ニュースレターの購読手続きや航空券の予約が完了した後に入力するようになっているはずです。

●●● 個人的でない情報から入力してもらう ●●●

　第Ⅲ部の「ベイビー・ステップ」（101頁）で説明したとおり，最初に求めるコミットメントは小さいほうがうまくいきます。小さなコミットメントとはつ

👍 OK

入力するデータを可能な限り少なくし，迅速に取り引きが完了できるようにする。取引完了後に入力すればいいデータはどれか，法的に事前に入力しなくてはいけないデータはどれか，確認しておく。

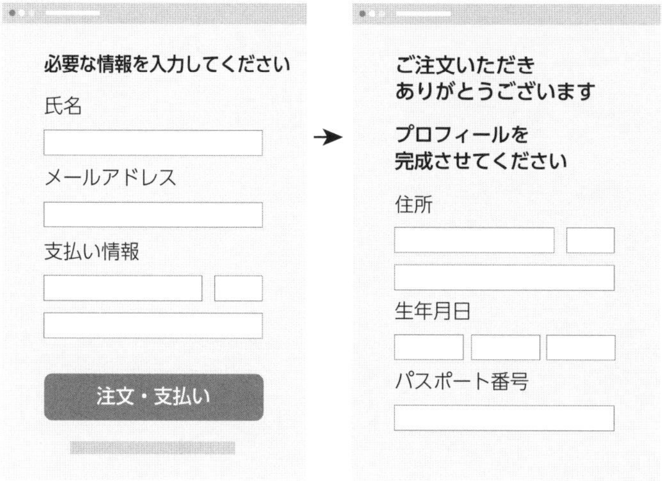

図163

まり，個人的ではない情報や，それほど頭を使わなくてもわかる情報です。配送方法はその一例です。住所情報など，より重要なコミットメントは最後まで取っておきましょう（図164）。

　住所の入力がどうしても必要な場合には，個人的ではない情報のあとに入力してもらうようにします。電話番号や住所よりも，Eメールアドレスを入力する方が抵抗が少ないようです。電話番号や住所の入力は，個人情報をさらけ出しているように感じるものです。それよりも，郵便番号を入力するほうがずっと安心できます（図165）。

●●● 入力フォームを複数のステップに分ける ●●●

　長い入力フォームでは訪問者も逃げ出してしまいます。入力フォームをいくつかのステップに分けることでコンバージョンを高めることができます。最初のステップは簡単なものにし，ステップの数は3〜5に絞るとよいでしょう。ステップが10もあるとかえって足をすくませてしまします（図166，図167）。

個人的でない情報を先に入力。

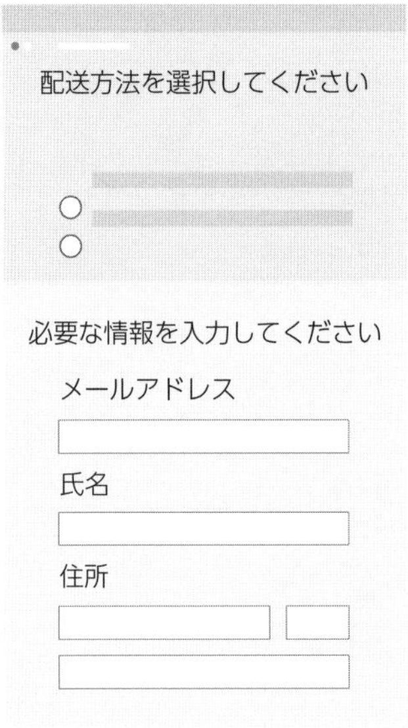

個人的な情報から入力。

配送方法を選択してください

○
○

必要な情報を入力してください

メールアドレス

氏名

住所

必要な情報を入力してください

メールアドレス

氏名

住所

配送方法を選択してください

○
○

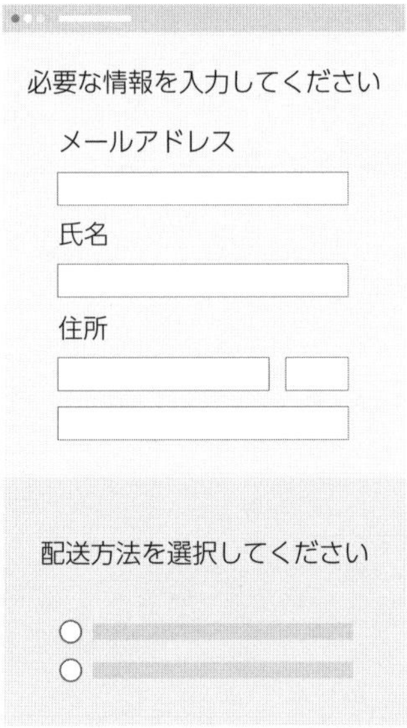

図164

👍 OK
個人的でない情報を先に入力。

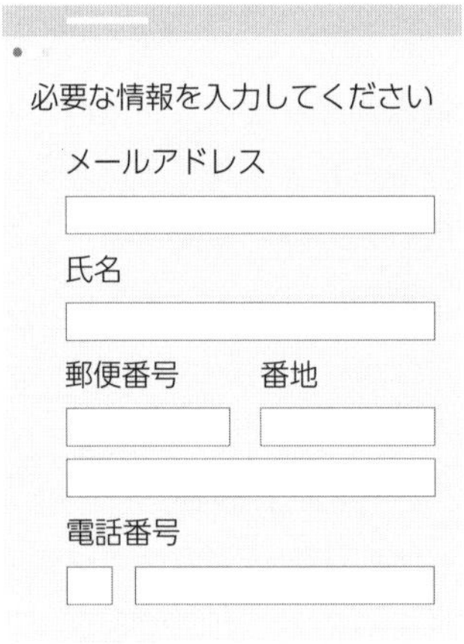

👎 NG
最も個人的な情報から入力。

必要な情報を入力してください

メールアドレス

氏名

郵便番号　　　番地

電話番号

必要な情報を入力してください

電話番号

郵便番号　　　番地

氏名

メールアドレス

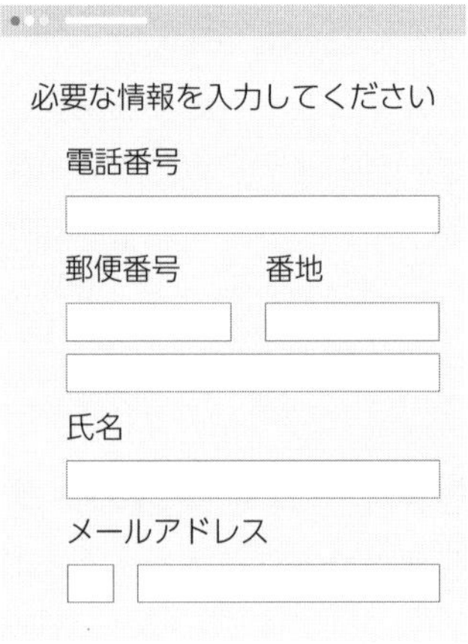

図165

👍 OK

長い入力フォームは複数のステップに分ける。ステップの進捗具合が見てわかる
ようにする。

図 166

👎 NG

長い入力フォーム。

図 167

●●● プログレスバー ●●●

自分がプロセス全体のどこにいるかを知りたいと思う訪問者は多いものです。進捗を目で確認できるプログレスバーはユーザーフレンドリーであり，その結果，コンバージョンの改善も見込めます。

■ ゼロから始めない

訪問者をなにもない所からスタートさせないでください。すでに道半ばまで進んでいると感じることでモチベーションも上がります。どんな場合でも，ステップ2や50パーセントから始めましょう。このような「プレゼント」によりモチベーションが上がることを，心理学では「エンダウド・プログレス効果」と呼んでいます（301頁のコラム参照）。

たとえば，ザランド（ファッション系オンラインショップ）のサイトでは，ログインするとすぐにプログレスバーが表示され，行程はすでに始まっていることを示しています（図168）。

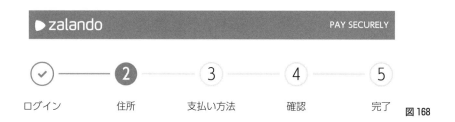

図168

■ 目立たないデザインに

訪問者の注意は常に，行動を促すプロンプトに向いていなくてはなりません。つまり，多くの場合は入力フィールドであり，プログレスバーには補助的な役割しかありません。よって，プログレスバーはあまり目立たないデザインにし，手の込んだ芸術作品を作り上げないようにしましょう。特にスマートフォンの画面では，シンプルな棒状のもので十分です（図169）。

■ 下位ステップ

3〜5つのステップに分けてもまだ入力フォームが長くなってしまうときは，ひとつのステップをさらに下位のステップに分けることができます。下位

ステップをプログレスバーに表示する必要はありません。次の例では，2番目のステップが2つの下位ステップに分かれていますが，プログレスバーには反映されないようになっています（図170）。

👍 OK
プログレスバーを目立たせず，入力フォームに注意がいくようになっている。

👎 NG
手の込んだプログレスバーに目がいき，入力フォームから注意がそれる。

図169

👍 OK
下位ステップを使い，プログレスバーが長すぎたり複雑になるのを避ける。

図170

エンダウド・プログレス効果——進捗のプレゼント

　マーケティング研究者のジョセフ・ヌネスとザビエル・ドレーズは，訪問者に幾分かの進捗を与える（例：ステップ2から始める）ことの効果を調べました。調査はガソリンスタンドで行われました。給油するとポイントカードにスタンプが1個押され，スタンプを8個集めると無料の洗車サービスが受けられるようになっていました。

　用意されたポイントカードは2種類でした。ひとつは8個の空白のマスがあり，もうひとつは10個のマスがありますが事前にスタンプが2つ押されているものです。結果はどうだったでしょうか？　最後までスタンプをためて洗車サービスを受けたのは，スタンプ2個のプレゼントがあった顧客の34パーセント，プレゼントがなかった顧客の19パーセントでした。つまり，人はすでに道半ばだと感じるとモチベーションが高まるのです。これを「エンダウド・プログレス効果」と呼びます。

👍 OK
進捗のプレゼント。

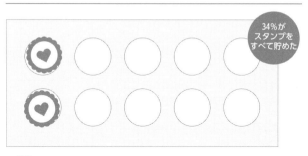

34%が
スタンプを
すべて貯めた

👎 NG
ゼロから始める。

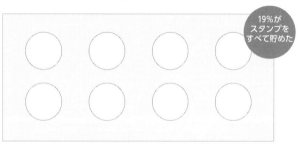

19%が
スタンプを
すべて貯めた

図 171

300　第Ⅵ部　行動心理学を活用する

●●● 小さなフォームを使う ●●●

入力欄が5つ以下なら，ランディングページ上に直接入力フォームを配置してもよいでしょう。すべての入力欄と送信ボタンがひと目で確認できる小さな入力フォームは，とても簡単に感じます。また，ボタンだけで入力欄がない場合と比べても，労力予測が小さくなります（第Ⅳ部「労力予測」〈181頁〉を参照）（図172）。

小さなフォームは，特にリード・ジェネレーションに有効です。必要な情報は連絡先のみで，その場でなにかを購入するわけでもありません。逆に，入力すべき情報が多いオンラインショッピングではこの方法は使えません。ショッピングサイトでは，カートに入れた商品を確認でき，必要に応じて設定を変更できるよう作り込まれた注文ページのほうが信頼が高まります。

●●● 設定は簡単に ●●●

注文ページの中には，商品やサービスに関していくつかの選択をしなくてはいけないものもあります。たとえばスニーカーのデザイン，収納棚の組み合わせ，ウェブマガジンの構成などを設定するときです。そんなとき，注文手続きは設定から始め，個人情報の入力は後回しにしましょう。個人情報を入力するよりも，なにかをデザインしたり作り上げることのほうがずっと楽しく安全なものです。コミットメントも小さくてすみます。

設定作業は簡単にできるようにしてください。たとえば，次に示す3つの戦略を使ってみましょう（第Ⅳ部の該当章をそれぞれ参照〈135頁，145頁〉）。

■ デフォルトを設定する
最も可能性の高い選択肢を選んでおきましょう。

■ 選択肢を減らす
訪問者に選択のストレスを与えないようにしましょう。それぞれの段階で選択肢が5つ以内に収まっていれば大丈夫です。それより多くの選択肢がある場合は，クリックしたら表示されるようにしましょう（図173）。

■ 選択のためのヒントを示す
各ステップに説明をつけましょう。画面を見やすくするため，説明はクリックしたら表示されるようにします（図174）。

👍 OK

ランディングページ上の小さな
フォーム。

👎 NG

ランディングページではボタンのみを配置し，別ウィンドウで小さなフォー
ムを表示する。

図172

👍 OK

可能性の低い選択肢はクリックしたら表示されるようにする。

👎 NG

一度に表示する選択肢が多すぎる。

選択してください

すべての選択を表示する

図 173

👍 OK

選択が必要なステップには，意思決定をサポートするヒントを提示する。

図 174

●●●● 邪魔を排除する ●●●

取り引きを素早く完了させたいなら，注文手続きページには邪魔なものを配置しないようにしましょう（第Ⅳ部「邪魔を排除する」〈155頁〉を参照）。その方法は3つです。

■ プロンプトのせめぎ合いを排除する

サイト内の他のページへとつながるリンクは，訪問者の注意をそらすことになるので削除しましょう。たとえば，注文ページでニュースレター購読を呼びかけるのはやめましょう。アップセルを目的としたバーゲン情報などもコンバージョンの低下をもたらします。

■ メニューを排除する

大手オンラインショップの注文ページではメニューが表示されないようになっています。訪問者はロゴをクリックしてトップページに戻るしかありません。これは，望まない行動を困難にするための典型的な手法です。

■ 不要なコンテンツを排除する

注文手続きのサポートにならないコンテンツはゴールを遠ざけるだけです。自社紹介や，支援先のチャリティー団体，最新の受賞歴などを長々と披露するのはやめましょう（図175）。

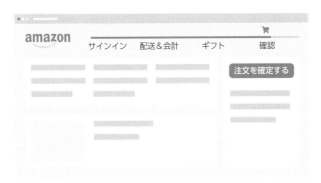

アマゾンの注文ページにあるプロンプトはただひとつ，「注文を確定する」ボタンのみ。プログレスバーやロゴさえもクリックできないようになっている。

図175

●●● すべての情報が確認できる注文内容確認欄を作る ●●●

　注文手続きを通して訪問者はさまざまな選択をし，情報を入力します。購入の最終決定が近付くにつれ，システム2が活発になってきます。つまり，頭が冴えだし，不安が頭をもたげる可能性もあります。その結果，それまで思いつかなかった疑問が湧いてくるかもしれません。

　たとえば，商品に関する疑問です。

- この商品はうちの郵便受けに入るだろうか？
- サブスクリプション登録は月単位で解約できるのだろうか？

自分が選んだ選択肢に不安を感じることもあります。

- 正しいサイズを選んだだろうか？
- サービス開始日は正しく選んだだろうか？

入力した情報を確認したくなることもあります。

- 名前をタイプミスしていないだろうか？
- 電話番号は正しく入力しただろうか？

　これらの疑問を解消するために注文ページを立ち去られるのは，望ましいことではありません。そんなときは，注文内容を確認できるボックスが役に立ちます。注文内容確認欄には，訪問者が選択してきた内容をすべて含めます。それにより，システム2は入力した内容をいつでも確認できるのです。

　注文内容確認欄は，常に表示され，小さく折りたたむことができ，商品情報へのリンクがあるとよいでしょう。ただし，商品詳細ページへは遷移させず，常に注文ページ内に留めるようにしましょう。商品情報はポップアップ画面や詳細画面で表示し，注文ページに戻るボタンを配置しましょう（図176）。

図176

●●● すべての選択肢を変更可能に ●●●

　訪問者は注文手続きを進めるうちに，なにか誤った選択をしていないかと急に不安に感じるかもしれません。正しいサイズを選んだだろうか？　配送先住所は？　ギフト用に設定しただろうか？　注文ページ内ではこれらのデータを容易に変更できるようにし，最初からすべて入力し直さなくてすむようにしましょう。

　たとえば，注文内容確認欄の各情報の横に，変更のためのリンクをつけておくことができます。また，入力情報を変更したくなったら容易に前の画面に戻れるようにするのもいいでしょう。入力済のデータはサイト上やアプリ上で必

ず記憶するようにし，訪問者に同じ作業を繰り返させないようにしてください。

●●● 未来への期待を高める ●●●

注文手続きを担うのはシステム 2 ですが，その間にシステム 1 が働いていないわけではありません。そのため，注文ページにおいても，その製品・サービスを購入したら起こる未来の楽しみを期待させるとよいでしょう。将来的な報酬を見せることで，訪問者は注文手続きに懸命に取り組んでくれます（第Ⅲ部「未来への期待」〈79 頁〉を参照）。

その方法として，たとえば，商品の魅力的な写真を見せることができます。ただし，注文内容確認欄に掲載できるサムネイルは小さすぎて，「wanting（欲しい）」によりドーパミン量を上げるには不十分な場合が多いので注意が必要です。

また，テキストを使って未来への期待を高めることもできます。テキストが読まれる可能性を高めるため，短く簡潔にまとめましょう。たとえば次のようなものです。

手続き直後に得られる報酬
- 手続き完了後 1 分ですべての教材にアクセス可能です。
- チケットは手続き完了直後に E メールで送信します。
- 明日の朝には弊社の配達員がご自宅にお届けします。

製品・サービスを受け取った後に得られる報酬
- この自転車はメンテナンス不要です。
- 画像のクオリティの高さに驚くでしょう。
- 本書を読めば，多くの時間を節約できるようになります。

●●● 可逆性を示す ●●●

意思決定における不安をなくす最良の方法は，まだ戻れるという安心感です。そのため，可逆性がある場合は，そのことをボタンの近くに明示しましょう（図 177）。

👍 OK
注文ボタンの近くで可逆性を伝える。

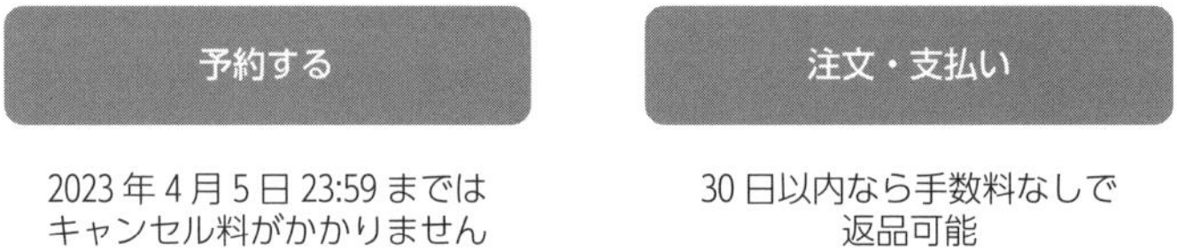
予約する
2023年4月5日23:59までは
キャンセル料がかかりません
注文・支払い
30日以内なら手数料なしで
返品可能

図 177

次のステップを明確にする

注文ボタンには，次になにが起こるかを表示しましょう。これにより訪問者は状況を把握できていると感じ，ストレスや不安が軽減されます（図178）。

👍 OK
次のステップを明記する。

👎 NG
「次へ」などのボタンでは，次に何が起こるかわからず不安にさせる。

次へ：支払い情報の入力 ›
次へ ›

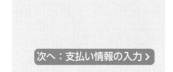

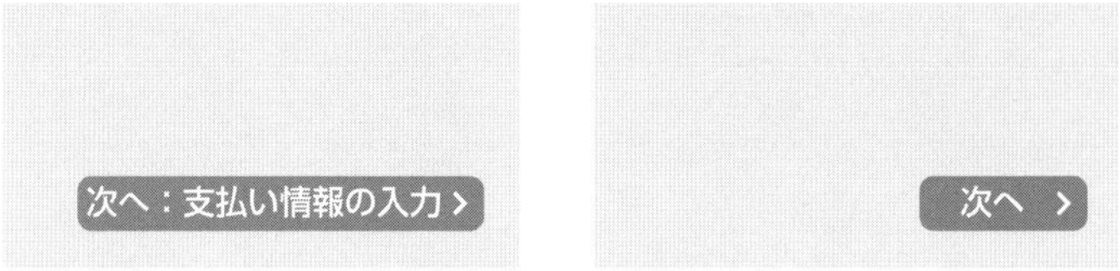

図 178

ところで，「NG」の例よりも「OK」の例のほうがボタンのテキストが長くなっていますね。これまでさんざん「テキストは短く」と言ってきたはずなのに，なぜでしょうか？

これまで「テキストは短く」と述べてきたのは，システム1を相手にした場合のことです。しかし注文手続きでは訪問者は集中力を高めています。つまり，システム2がフル回転で働いている状態です。このようなときは，簡潔さよりも予測可能であることのほうが重要になってきます（もちろん，予測可能性を保ったうえでテキストを短くできるなら，それに越したことはありません）。

疑念を取り払う

注文手続き中，訪問者は突然の不安に襲われるかもしれません。しかし，そ

のような不安が払拭された瞬間にコンバージョンの可能性は高まります。そのためにはたとえば，不安を解消するテキストを表示して疑念を取り払うとよいでしょう（表19）。

訪問者の疑念	不安を取り除くテキスト
返品は面倒ではないだろうか？	返品は簡単。理由は問いません。
契約は一年ごとの縛りがあるのだろうか？	いつでもすぐに解約できます。
この先ずっと面倒な営業電話がかかってこないだろうか？	こちらからお電話するのは一度きり，予約を取るときだけです。

表19

　このようなちょっとしたコピーを，注文内容確認欄の中や注文ボタンの近くに表示することができます。

●●● 登録を必須にしない ●●●

　アマゾンのような大手オンラインショップでは，商品購入前にユーザー登録が必要です。大手のウェブサイトを研究することをおすすめしてはいますが，この点については真似しないほうがよいでしょう。アカウント作成など大した手間ではないと思うかもしれません。サイト側にとっては利点もあります。しかし心理的には，「登録する」と「登録しない」では顧客体験に大きな差があります。たとえば，ユーザーテストでは次のような意見がありました。

　　「ここへはモノを買うためにきたのであって，長期的な関係を作るためにきたのではない」

　ウェブデザインの権威ジャリッド・スプールは，「登録」ボタンを「次へ」ボタンに替え，登録しなくても注文できるようにしただけで，３億ドルを追加で販売したと言われています。他にも，登録なしで注文できるようにすることで販売を増加させた事例はいくつもあります。

●●● クーポン番号入力欄はクリックで表示させる ●●●

　クーポンを持たない人がクーポン番号入力欄を目にしたら，他の人たちは同じ商品を自分より安く購入していると思うでしょう。これでは商品の知覚価値を下げることになります。さらに，インターネット上のどこかにあるクーポンを探しにいくためのプロンプトにもなってしまい，その時点で注文ページを離れることになってしまいます。つまり，フォッグ行動モデルに従えば，クーポン番号入力欄はプロンプトの観点からもモチベーションの観点からも有害だといえます。

　当然ながら，クーポンを持っている幸運な訪問者のために入力欄を作っておく必要はあります。しかし，入力欄はあまり目立たせず，クリックして開かないと入力できないようにしましょう。クーポン番号入力欄が見つけにくくなることを心配する必要はありません。クーポンを持っている人は入力欄を探すモチベーションが十分に高いはずですし，1回余分にクリックするぐらいなんとも思わないでしょう（図179）。

●●● 注文手続き中も希少性を伝える ●●●

　ロバート・チャルディーニも述べているとおり，意思決定を促すには希少性はとても効果的に働きます。チャルディーニによると，購買手続きの終盤にこそ，最後の一歩を踏み出すモチベーションを高めるために希少性を伝えるとよいそうです。商品詳細ページですでに希少性を伝えていても，注文手続きでもう一度伝えることをためらわないでください。

　注文手続き中に希少性を伝えるには，注文までの時間制限を表示するのもよい方法です。たとえば，サイト側が商品を「確保」しておく残り時間を知らせるのです（図180）。

　ただし，このような希少性の伝え方にいら立ちを覚える訪問者もいます。カウントダウン表示する場合は特に注意が必要です。この手法が自社のブランドに適しているかよく考えてください。ブランドに合い，うまくいくようであれば問題はありません。

👍 OK
クーポン番号入力欄はクリックで開
くようにする。

👎 NG
非常に目に付きやすいクーポン番号
入力欄。クーポン番号を入力しなく
てはいけない気になる。

図179

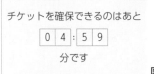

図180

●●● 最後のクリックのあとに起こることを伝える ●●●

　必要な情報はすべて入力し，注文ページの一番最後にたどり着いたときに
も，まだ不安が襲ってきます。注文ボタンを押したら一体どうなるのだろう
か？　そのため，注文ボタンをクリックしたあとになにが起こるか，ボタンの
下に説明をつけておくとよいでしょう（図181）。

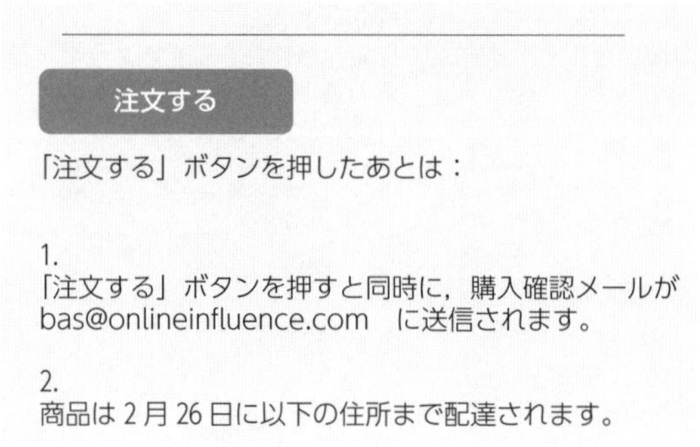

> **注文する**
>
> 「注文する」ボタンを押したあとは：
>
> 1.
> 「注文する」ボタンを押すと同時に、購入確認メールが
> bas@onlineinfluence.com に送信されます。
>
> 2.
> 商品は 2 月 26 日に以下の住所まで配達されます。

図 181

●●● サンクスページを使って次の行動を開始させる ●●●

サンクスページや確認ページは，注文手続きを終えた訪問者が目を通すページです。良いサービスを提供したいなら，少なくとも次のことは実行しましょう。

- 顧客に感謝を伝える
- 次に起こることを伝える
- 顧客にしてほしいこと，してほしくないことを伝える

良い行動デザイナーにとっては，サンクスページや確認ページは素晴らしい終着点であると同時に，新しい出発点でもあります。次の行動を促すプロンプトを配置するには最適な場所なのです。なにしろ，行動を起こすことに前向きな気分でいる訪問者の注意を最大限に引きつけているのですから。ここで，引き続き訪問者に取ってほしい行動を考えてみましょう。

- 追加の商品を購入する
- プロフィールを完成させる
- ニュースレター購読に登録する
- 友達にシェアする
- アカウントを作成する

これらのプロンプトをすべて配置したくなるかもしれませんが，どうかご注意ください。競合するプロンプトは，確実に目を引くたったひとつのプロンプトに比べて成功率が低くなります（第Ⅱ部「プロンプトのせめぎあい」〈38頁〉参照）。

●●● 買い物カートに戻って来てもらうためのプロンプト ●●●

　あらゆる原則や戦略をどれだけ駆使しても，訪問者の大部分は支払いまで進むことなく買い物カートを離れます。そんなとき，もし訪問者のEメールアドレス情報があれば，カートに戻ってきてもらうためのプロンプトとして「カートに未購入の商品があります」というメールを送ることができます。

　このようなEメールには大きな利点が2つあります。コストがかからないことと，すでにモチベーションがある人にリーチできることです。このようなEメールを送ることで訪問者は容易に注文ページに戻ることができ，目標とする行動を取り始めるかもしれません。

図182

コンバージョン調査

本書では，ウェブサイトのデザインに心理学を適用するにはどうすればよい
かを述べてきました。本書に掲載されているデザインの原則は，基本的にす
べての人間に備わっている心理学的な特性をベースとしています。すべての
人間ということは，あなたの顧客もです。しかし，オンラインショップや
セールスファネル，カスタマージャーニーのデザインを完璧なものにしたい
なら，自社の製品・サービス・顧客に特化したやり方を見つける必要もあり
ます。

　たとえば，自社のウェブサイトに来る訪問者のモチベーションとアビリティ
はどの程度でしょうか？　この点について具体的に調べた科学的調査を見つけ
るのは困難でしょう。しかし，独自の調査を行うことで，自社サイトに関する
具体的な情報を得ることができます。
　私たちが担当したクライアント企業の多くは，事前に調査報告書を提示して
くれました。報告書には興味深い情報が満載ですが，私たちの使命，つまり
「コンバージョンの改善」にはあまり役立ちませんでした。多くの報告書は
ウェブサイトの質について調べており，次のような疑問に答えていることがほ
とんどです。

- 訪問者の満足度はどの程度か
- 訪問者が探している情報を見つけるのはどの程度容易か
- 訪問者がそのウェブサイトやアプリを友人に勧める可能性はどの程度か

　これらの情報は，行動デザイナーにとってはあまり有益ではありません。

「情報の見つけやすさ」が6.3点だという事実は，目標とする行動を起こしてもらうための具体的な方法を教えてはくれません。

　必要なのは，目標とする行動に直結する定性分析なのです。このような定性分析は3つに分類することができます。

　　バリア……………なぜ訪問者は目標とする行動を取らないのか
　　ブースター………どうすれば目標とする行動を取るよう訪問者を促すことができるか
　　必要な情報………どのような情報があれば訪問者は目標とする行動を取るようになるか

　それぞれ詳しく見ていきましょう。

図183

●●● バリア ●●●

　サイト側が目標とする行動を，訪問者が取らない理由を知りたければ，独自の調査をするしかありません。調査の最終目的は，訪問者がその行動を取らない理由をすべて洗い出して一覧化することです。訪問者はなぜためらうのか？なぜ違うショップを選ぶのか？　不安材料となり得るものはなにか？

　本書で取り上げた原則は良い手掛かりとなるでしょう。訪問者が目標とする行動を取らない理由として多いのは次のようなものです。

- 選択肢が多すぎる
- 選択肢が似通っている
- テキストが多すぎる
- 信頼できない（知られていない商品の場合）
- ウェブサイトの構造が他のサイトと違いすぎる

　これらのバリアを確認するには，定性調査を行うことができます。つまり実際に，これらの要素が目標とする行動の妨げとなっているかを確認するのです。さらに重要なのは，定性調査により，自社製品・サービスに独自に当てはまるバリアを見つけ出すことができることです。自分たちでは思いつかないようなバリアを発見することもあるでしょう。私たちが実際に経験した例をいくつかご紹介します（表20）。

目標とする行動	自分たちでは思いつかなかったバリアの例
オンラインショップ での購入	「不在時に荷物を隣人に預けられるのは絶対に避けたいが，そのためにはどうすればよいかわからない」
新しいキッチンに関する相談の予約	「相談相手が専門家ではなく営業担当者になるのではないか心配」
サウナ付きホテルの予約	「水着でサウナに入れなかったらどうしようか心配」

表20

　これらのバリアは，インタビューやアンケートの自由回答を使って潜在顧客や既存顧客に尋ねることができます。また，ポップアップ画面を使ってサイト訪問者に直接尋ねることもできます。
　訪問者に尋ねる質問として，次のようなものが考えられます。

- 商品を購入しない理由を教えてください。
- このページを離れる理由を教えてください。
- 商品の購入をやめた理由を教えてください。
- 予約を取らない理由を教えてください。

既存顧客に対しては，次のような質問が考えられます。

- 商品の購入をやめようと思ったことがあれば，その理由を教えてください。
- 他の人が商品を購入しない理由が思い当たれば教えてください。

潜在顧客に対しては，調査会社などを通じて次のような質問をすることができるでしょう。

- この行動を取らない理由を教えてください。
- この商品を選ばない理由を教えてください。

●●● 憂いの詰まった壺か，黄金入りの壺か ●●●

訪問者が行動を取らない理由を並べたリストを作るのは，気が滅入るものです。行動を妨げるバリアが次から次へとずらりと並んでいる場合には特に。しかし，このリストは黄金入りの壺だと思ってください。バリアを1つずつ取り除いていくことで，巨額の利益が得られるのです。他社が（まだ）見つけていないバリアを見つけたなら，それはすべて自社の競争力につながります。

●●● ブースター ●●●

ブースターを使うことで，目標とする行動を取るよう訪問者を促すことができます。訪問者をその気にさせる真の要因はなにか？　この商品を選んだ決定要因はなにか？　本書ではすでに，ブースターの例をいくつか提示しています。

- 期待を高める写真を見せる
- ポジティブなフィードバックを与える
- 訪問者と共通点のある顧客のレビューを表示する
- キャンセルは無料に，手続きも容易にする

ここでも，追加の調査をすることで，自社製品・サービスに特化したブースターを見つけることができます。また例を挙げます（表21）。

目標とする行動	自分たちでは思いつかなかった ブースターの例
オンラインショップでの購入	「他社サイトで購入することも可能でしたが，このサイトが一番正直に情報を提供していたので，ここで購入することにしました」
新しいキッチンに関する相談の予約	「夜9時以降も予約枠がある唯一のサイト」
サウナ付きホテルの予約	「実際に宿泊する部屋の写真が見やすく表示されていた」

表21

　ブースターのアイデアを得るには，満足している既存顧客に尋ねるとよいでしょう。目標とする行動を既に取っており，その行動を取った理由を喜んで教えてくれると思います。既存顧客に尋ねる質問として，次のような例があります。

- この製品を選んだ理由を教えてください。
- あなたを決心させた要因はなんですか。
- 弊社を選んだのはなぜですか。

■ 社会的証明
　ブースターについて既存顧客に尋ねる作業には，もうひとつ大きな利点があります。既存顧客が自社製品を選んだ理由を「お客様の声」としてウェブサイトに掲載することができるからです（もちろん許可を得たうえで）。これにより社会的証明を即座に作ることができます。

●●● 必要な情報 ●●●
　定性分析が必要な項目の最後は，訪問者が必要としている情報です。訪問者は行動を取る前にどのようなことを知りたいのでしょうか。実践に関する第Ⅵ部ではすでに，オンラインで人を動かすにはどのような情報が必要かを説明してきました。つまり，次の質問に答えるような情報です。

- 最終的な支払い金額はいくらか

- 配達プロセスはどうなっているか
- 「注文する」ボタンを押したあとになにが起こるか
- 注文後にキャンセルするにはどうすればよいか

コンバージョンを高めるには，これらに加え，その製品・サービスに特有の情報を提供する必要があります。もう一度 3 つの例を提示します（表 22）。

目標とする行動	自分たちでは思いつかなかった必要な情報の例
オンラインショップでの購入	「電源コードの長さ」
新しいキッチンに関する相談の予約	「相談前にしておくとよい準備はなにか」
サウナ付きホテルの予約	「午前 0 時以降にチェックインできるか」

表 22

バリアやブースターと同様，どのような情報が必要か自由回答で尋ねることができます。質問相手により質問内容は異なります。

調査対象者
- 行動を起こす前にどのような情報が必要ですか？

ユーザビリティ・テストの参加者
- 最初に探すのはどのような情報ですか？

訪問者
- このページに足りていない情報はなんですか？

既存顧客
- 購入前に知っておきたかった情報はありますか？
- 情報不足が原因で購入しなかったケースがありましたか？

●●● 検索機能を分析する ●●●

　ウェブサイトに検索機能がついているなら，それを活用して訪問者が必要と
している情報を見つけることができます。訪問者が検索窓に入力する言葉を分
析すればよいのです。もし同じ言葉が何度も検索されているようなら，サイト
にその情報が欠けているか，見つけるのが難しいということでしょう。

ウェブサイト分析

定性的調査に加え，自社サイトの利用状況について定量データを分析すると
さらによいでしょう。グーグルアナリティクスや他のウェブアナリティク
ス・ソフトウェアを使うことができます。

　ウェブサイト分析はそれ自体でひとつの専門領域であり，優れた関連書籍も
多く出版されています。行動デザイナーとしての主な目的は，訪問者が多く離
脱する箇所はどこで，どのような訪問者が離脱しているのかを明らかにするこ
とです。

●●● 各ステップの離脱率をチャート化する ●●●

　そのための最良の方法は，カスタマージャーニーの各ステップにおいて，離
脱する人とクリックする人はそれぞれ何パーセントか，チャートに落とし込む
ことです。これによりボトルネックを素早く発見できます。ここで，離脱率の
分析を用いてウェブサイトを改善する方法を具体的に見ていきましょう。

　Eメールで始まり，ランディングページ，注文ページへと進むカスタマー
ジャーニーについて考えます。ランディングページから注文ページへのクリッ
ク率が75パーセントあるにもかかわらず，そこからコンバージョンへと至る
割合がたったの1パーセントの場合，考えられる可能性は2つあります。

　まず思いつくのは，ランディングページには問題ないが，注文ページになに
か問題があるという可能性でしょう。これは十分に考えられます。おそらく，
クーポン番号入力欄が目立ちすぎていたり，予想外の追加コストが最終段階に
なって突然判明したりするなど，注文段階におけるコンバージョン阻害要因が
あるのでしょう。

しかし，もうひとつの可能性も大いに考えられます。ランディングページで製品やサービスに関する情報が十分に得られない場合です。訪問者は注文ページに進めば知りたい情報が得られるだろうと思いクリックしますが，注文ページでその情報が見つからなかったらその時点で離脱します。つまり，ランディングページの段階で問題が発生していたのです。

つまり，定量的データだけでは明確な答えは導き出せません。これは非常に重要です。だからこそ優れたコンバージョンの専門家は常に，定量調査と定性調査を組み合わせて分析しているのです。

●●● 顧客のセグメント化 ●●●

離脱した訪問者をセグメント化して分析するとよいでしょう。たとえば，どのデバイスを使ってアクセスしているのか（デスクトップ，タブレット，スマートフォン），どのようにウェブサイトへ遷移してきたのか（広告キャンペーン，トップページへ直接）などです。

たとえば，デスクトップよりもスマートフォンを使用している訪問者のほうがクリック率が圧倒的に低いなら，スマートフォン向けサイトになんらかの問題があるのだろうとわかります。また，広告キャンペーンを通してサイトへ来た訪問者だけ明らかにコンバージョン率が低いなら，実際はサイト上で実現できないことをキャンペーンでうたっているのかもしれません。

●●● ベンチマークを見る ●●●

データ分析の際は業界内の平均値も確認してください。たとえば，業界の標準的なコンバージョン率が5パーセントだとしましょう。自社サイトのコンバージョン率が10パーセントなら，それを15パーセントに上げるのはかなり困難です。しかし自社のコンバージョン率が1パーセントなら，デザインの見直しは十分に価値があるでしょう。

●●● 競合を分析する ●●●

最後のアドバイスは，自社サイトだけに固執しないことです。競合他社にも目を向け，サイトのデザインを分析してください。そこから着想を得られるだけでなく，想定される訪問者がそこで何を目にするのかを知ることもできます。

テストによる最適化

本書では多くのデザイン原則が紹介されています。これらの原則を使うことで，サイト側が目標とする行動を取る訪問者の数が増えることでしょう。

　既存のウェブサイトを最適化したいなら，本書で紹介した原則を用いて段階的に改善していくことができます。一般的な方法としてA／Bテストが挙げられます。ソフトウェアを使って訪問者をAとBの2つのグループに無作為に分け，グループAは既存のサイトへ，グループBは手を加えたサイトへと遷移します。これにより，Bで使われた原則がそのサイトで有効に働くかを見極めることができます。次の例を見てください（図184）。

- パターンA（既存）：社会的証明なし
- パターンB（テスト）：社会的証明あり

パターンA
社会的証明のない既存のデザイン。

パターンB
社会的証明を用いた改善案。

図184

●●● テストの成果 ●●●

　世界中で行われているＡ／Ｂテストのうち，良い結果が得られるのはわずか10〜20パーセントです。しかし，私たちの経験では，本書の原則や考え方を正しく適用すればこの割合を40〜50パーセントに上げることができます。

　テストの結果，ＡとＢで差が出ないときは，デザインの変更がコンバージョン率になんの影響ももたらさなかったか，効果が小さすぎてテストでは測定できなかったということでしょう。そんなとき，パターンＡよりもパターンＢのほうがユーザーフレンドリーだと確信が持てるなら（フォッグ流に言えば，アビリティを向上させるなら），デザインの変更をおすすめします。

　もし，パターンＢの目的がモチベーションの向上（権威や社会的証明など）であり，テストの結果コンバージョンに変化がないようであれば，パターンＡを使い続けるほうがいいでしょう。どんなときでもシンプルなほうが良い結果をもたらすと，私たちは経験で学んでいます。また，余分なものを載せないことで，成果につながるアイデアを思いついたときにテストする余地も残るというものです。

●●● 十分なコンバージョンが必要 ●●●

　ウェブサイト上で実施するＡ／Ｂテストについて説明したマニュアルは数多くあります。テストを適切に実行し，統計的に有意な結果を得るには，条件があります。それは，テストする環境で十分なコンバージョン数が必要だということです。確実なテスト結果を得るには，月千件のコンバージョンが必要だと専門家は言っています。つまり，ひと月で千個の販売，千件の登録，その他なんであれ千回の最終コンバージョンが必要なのです。

　とはいえ，コンバージョン数が月千件に満たない場合でも，ＡとＢのコンバージョンの差を大まかに捕らえることはできます。また，本書に書かれた原則を用いて大当たりする可能性だってあります。ですので，千件という大きな数字に恐れをなさず，テストに着手してみてください。

●●● 最終コンバージョンに基づき評価する ●●●

　最終的なコンバージョンではなく，中間地点でのコンバージョンを基にＡ／

Bテストを行っている例をよく見かけます。たとえば，ランディングページから注文ページへとクリックした訪問者数で評価している場合です。次の例を見てください。

- パターンA：注文ページへと進むクリック率は50パーセント
- パターンB：注文ページへと進むクリック率は55パーセント

これだけを見ると，Bのほうがよいデザインに感じ，すべての訪問者に対してAではなくBのデザインを使用すべきだと思うかもしれません。しかし，分析の結果，次のような事実が判明したらどうでしょうか。

- パターンA：注文手続きを終え支払いまで完了させたのは10パーセント
- パターンB：注文手続きを終え支払いまで完了させたのは9パーセント

最終的にはAのほうが少し良い結果となります。なぜなら，最終コンバージョンに着目すると，以下のような数値になるからです。

- パターンA：コンバージョン率は5.00パーセント（50パーセント中の10パーセント）
- パターンB：コンバージョン率は4.95パーセント（55パーセント中の9パーセント）

このようなテスト結果は比較的よく見られます。Bのほうが悪い結果となった原因として考えられるのは，訪問者がランディングページで重要な情報を見落としたまま早々に注文ページへと遷移してしまい，注文ページではその情報が見つけられないという状態です。それにより余分な手間と時間が発生し，その間に離脱する訪問者が出たのでしょう。

●●● 仮説を立てる ●●●

本書で紹介している原則は，科学的な仮説を立てるときにも非常に役立ちま

す。そして，その仮説が正しいかどうかを確かめるためにＡ／Ｂテストを使う
のです。なぜそうなるのか理由付けがないまま場当たり的にテストをするより
は，仮説に基づいてテストするほうがずっと効果的です。

　本書の原則に基づく仮説として，次のようなものが考えられます。

　　　研究によると，潜在顧客は選択のストレスに直面すると離脱する可能性
　　が高まる。このページで選択肢の数を減らせばクリック数が増加し，結果
　　的にコンバージョン数も増加するだろう。

別の例として次のようなものも考えられます。

　　　自社ブランドは認知度が低いため信頼を得るのが重要である。推薦文３
　　件と著名な顧客のロゴを掲載することで社会的証明を示せば，訪問者が
　　リードへと変わる可能性も高まるだろう。

●●●● 新規サイトの作成 ●●●●

　ここまでは，既存のウェブサイトを段階的に最適化する方法について述べま
した。しかし，ウェブサイトを新しくデザインする際にもＡ／Ｂテストを活用
できます。つまり，複数のパターンを準備したうえで同時に稼働させるのです。
１〜２週間後には最適なパターンを見極められるので，それを最終バー
ジョンとすることができます。

　ところでこれは，デザイン会議のたびにＡ／Ｂテストをすることを勧めてい
るのではありません。Ａ／Ｂテストには時間もコストもかかります。本書で紹
介した原則や独自の調査をうまく活かせば，テストをせずともデザインを決め
ることができます。

●●●● 新規サイト向けのＡ／Ｂテスト ●●●●

　理論に基づき検討した結果，複数の案が浮かび，しかも互いに相いれない場
合は，新規サイト向けにＡ／Ｂテストをしてもよいでしょう。次の３つの場合
について考えてみます。

1．デザイン上のトレードオフ

2．異なるプロンプト戦略

3．ランディングページの第一印象

■ トレードオフを検証する

デザインの原則が相いれず両立しないときは「トレードオフ」が生じます。そのような場合，どちらの案が自社サイトにとって最適か予測するのは現在の科学では不可能です。

最も重大なトレードオフは，モチベーションの向上とアビリティの低下を同時にもたらす原則です。いくつか例を挙げます（表23）。

コンバージョンの増加	コンバージョンの低下
推薦文，時間のカウント表示，開封時をイメージした写真など，モチベーションを向上させるコンテンツを追加する。	ページが複雑で長くなるため，訪問者の脳に多くの負担がかかりすべてを理解するのに時間がかかる。つまりアビリティが低下する。
クイズに答える，製品をカスタマイズするなど，訪問者に努力をしてもらうことで知覚価値が上がり，モチベーションが向上する。	追加の努力を求めることでアビリティが低下する。
より多くの製品を提案することで，訪問者は自分にぴったりのものを見つけることができる。	選択肢が多いほど選択するストレスが増し，思考停止状態になることもある。
製品の価格を上げることで知覚価値を高め，それを保有するモチベーションを高める。	製品価格を上げることで購入するアビリティが低下する。

表23

自社サイトでどのようなトレードオフがあるか分析し，最大の利益を生むのはどのデザインか，テストを通じて見極めましょう。

■ プロンプトの戦略を検証する

他のことをしている訪問者の気を引きたいなら，プロンプトに関する戦略を活用できます（第Ⅱ部「好奇心」「破格のお得情報」「やさしい質問」「未完了タスク」〈52，59，62，67頁〉を参照）。

しかし，これらの戦略をすべて同時に使うことはできませんし，どの戦略が最も多くの訪問者を引きつけるかは，やってみないとわかりません。テストにより異なる戦略を比較することで，その場で最も有効に働くプロンプトを見極

めることができます。たとえば，好奇心よりも破格のお得情報のほうが明らかに訪問者を引きつけるようなら，キャンペーンでは破格のお得情報の戦略を使うべきでしょう。その後さらにA／Bテストを行うことで，その戦略に一層の磨きをかけることができます。なお，使用する戦略が決まったあとも，一定期間が過ぎたら再度他の戦略と比較してテストするとよいでしょう。それにより，その戦略が今でも最適かを確認することができます。

■ 第一印象を検証する

　第一印象を作るチャンスは一度だけです。多くの場合はページの上部で決まります。つまり，ファーストビュー（スクロールなしで目に入る範囲）内に限定されます。ここで使える原則は多くありますが，そのような狭い範囲にすべては収まらないため，選択が必要になります。

　A／Bテストはその選択を助けてくれます。たとえば，権威（顧客のロゴ）と社会的証明（推薦文）のどちらが有効か比較することができます。どちらも信頼を高める効果がありますが，スペースの制約によりどちらかしか使えないこともあります。

　第一印象はエレベーターピッチにも左右されます。利点を示すべきか特徴を示すべきか，損失回避を強調すべきか利点を強調すべきか，テストを通じて見極めることができます（表24，表25）。

利点	特徴
あなたにぴったりのパートナーを見つけることができます。	ビッグファイブ性格特性モデルを使ったマッチングアプリはこだけ。

表24

損失回避（ネガティブ）	利点（ポジティブ）
もう会議に遅刻することはありません。	今日からは待ち合わせに必ず間に合います。

表25

　さらに，メインビジュアルもA／Bテストに適しています。異なる戦略をテストで比較してみましょう。製品の詳しい説明を示すのがいいのか，将来的な報酬を見せるのがいいのか，基本的欲求へ訴求するのがいいのか，テストで見極めることができます。

行動デザインのロードマップ

簡単で覚えやすいルールを求めるウェブデザイナーは多くいることでしょう。たとえば，ボタンは常に赤色にしてファーストビュー内に配置すること，といった具合です。しかし現実はそれほど単純ではありません。このようなルールにただ従うだけでは，的外れな結果を生むことにもなりかねません。オンライン行動にはもっときめ細やかな視点が欠かせないということを，本書で学んでいただけたのではないでしょうか。読者の皆さんには，デザインする際に，フォッグ行動モデルを活用するための正しい心構えを持ち，プロンプト，モチベーション，アビリティについて体系的に考えられるようになることを期待しています。

　先述の赤いボタンのルールをフォッグの観点から見ると，目立つという点では良いデザインのような気がします。しかし，それが常に最良の選択肢だとはいえないのは明らかです。訪問者に次に求める行動が，テキストを読んでスクロールしてもらうことだとしたら，ファーストビュー内に赤いボタンを配置するのは性急であり，阻害要因にしかなりません。また，赤色が目立つのは，ページ内であまり赤が使われていないときに限られます。

　そこで，本書で触れた理論や実践的アドバイスを体系的に活用できるよう，行動デザインのロードマップを作成しました（表26）。各ステップの2列目にある質問に答えていけば，きめ細やかな視点を持ってウェブサイトを検証できるようになります。それによりあなたの事業も大きく飛躍することでしょう。

表26　行動デザインのロードマップ

ステップ	質問	参照章
1．目標とする行動を決定する		
	目標とする行動はなにか？	行動デザインとは（2頁）
2．バリア，ブースター，必要な情報を調べる		
	目標とする行動を訪問者が取らない理由は？ それを解消する方法は？ その行動を取るにはどのような情報が必要か？	コンバージョン調査（314頁）
3．（必要に応じて）自社サイト・ページに遷移してもらう		
	他のことをしている訪問者の注意を引くには，どのようなプロンプトが必要か？ そのためにはどのプロンプト戦略を活用するのが最適か？	プロンプトの定義（26頁）
	a）好奇心を刺激することができるか？	好奇心（52頁）
	b）特別に大きな利点を少ない文字数で示すことができるか？	破格のお得情報（59頁）
	c）やさしい質問をすることができるか？	やさしい質問（62頁）
	d）目標とする行動を未完了のタスクとして見せることができるか？	未完了タスク（67頁）
4．最初のベイビー・ステップをデザインする		
	カスタマージャーニーの最初の一歩となる小さなコミットメントとして考えられるものは？	ベイビー・ステップ（101頁）
	その最初の行動を促すプロンプトは？	プロンプトの定義（26頁）
	それに使えるCTAは？	ベイビー・ステップ（101頁）
5．目標とする行動にたどり着くためのすべてのベイビー・ステップを洗い出す		
	行動を小さなステップに分割できるか？ 分割された小さな行動と，それを促すプロンプトはなにか？	プロンプトの定義（26頁）
6．プロンプトを強化する		
（可能な場合）競合するプロンプトを排除する	競合するプロンプトはあるか？ 競合するプロンプトを削除できるか？ 最大限の注意を引くプロンプトを作成するにはどうすればよいか？	プロンプトのせめぎあい（38頁）

最大限の注意を引く	プロンプトに動きを加えることはできるか？ 色や形などを使って，プロンプトを背景から目立たせることはできるか？ 強い感情表現を使うことはできるか？ 人や動物のイメージを使うことはできるか？	注意を引く（31頁）
アフォーダンスを確認する	クリックできる場所はわかりやすいか？　スクロールできることがひと目でわかるか？	アフォーダンス（43頁）
ソフトなCTAを使う	ボタンのテキストは，それほど大きなコミットメントでないように見せることができるか？	ベイビー・ステップ（101頁）
求める行動を言葉で示す	プロンプトに指示や命令をする言葉を使えるか？	求める行動を言葉で示す（49頁）
（必要に応じて）フォローアップ用のプロンプトについて，作業の手を止めさせる力を強化する	プロンプトの戦略を活用できるか？（ステップ3を参照）	

<table>
<tr><td colspan="3">7．モチベーションを分析する</td></tr>
<tr><td>訪問者に通ってほしいステップをすべて検証し，モチベーションの向上が必要な場面を洗い出す（行動が困難になるステップなど）</td><td>訪問者にとっての利点は明確に伝わっているか？
利点が明確に伝わっていない場合：その利点を単純明快に示すことができるか？
各ステップにおける訪問者のモチベーションはどの程度か？
困難だが容易にすることができないステップはどれか？　その場面でモチベーションを向上させることはできるか？</td><td>モチベーションの定義（72頁）</td></tr>
<tr><td colspan="3">8．モチベーションを向上させる原則を使う</td></tr>
<tr><td>訪問者の期待をふくらませる</td><td>目標とする行動を取った結果，将来的に訪問者に訪れるだろう幸福の瞬間を示すことはできるか？
このような将来的な「報酬」を現実感のある視覚表現で示し，期待をふくらませることはできるか？</td><td>未来への期待（79頁）</td></tr>
<tr><td>基本的欲求に訴求する</td><td>訪問者のモチベーションはどのような基本的欲求に基づいているか？
その基本的欲求に訴求するイメージを使用することはできるか？</td><td>基本的欲求への訴求（85頁）</td></tr>
<tr><td>特に初期において，信頼を得るために社会的証明を示す</td><td>訪問者と共通点の多い人たちがその行動を取っていることを，どのように示すことができるか？
社会的証明の信頼性を高めるにはどうすればよいか？</td><td>社会的証明（89頁）</td></tr>
</table>

権威を示す（信頼を得るためにも必要）	権威を示すにはどうすればよいか？ 保有資格などを提示することはできるか？ 著述したブログや書籍を記載することはできるか？ 自社製品が満たしている品質基準を示すことはできるか？ 経歴の長さを示すことはできるか？ 借り物の権威を示すことはできるか？ 著名な顧客の名を出すことはできるか？ オフィスのある美しいビルの写真を載せられるか？ ポジティブなレビューを示すことはできるか？ その分野の権威によるレビューを示すことはできるか？	権威（97頁）
小さなコミットメントを求める	大きくて困難な行動を小さなステップに分割することはできるか？ 訪問者が既に取った行動に目を向けさせ，その行動と一貫性のある行動を促すことはできるか？ ステップの数が多すぎて訪問者をしり込みさせていないか？	ベイビー・ステップ（101頁）
希少性を伝える	時間的希少性をどのように伝えることができるか？ 物量的希少性をどのように伝えることができるか？ 訪問者が行動をためらっていると，どのような悪いことが起るか？ 希少性を作り出すことはできるか？	希少性（108頁）
ポジティブな雰囲気を作り出す	各ステップ後にどのようなポジティブなフィードバックを与えられるか？	ポジティブなフィードバック（113頁）
損失の可能性を強調する	ここで行動を取らないと，訪問者はどのような損をするか？ 損失に焦点を当てたテキストをどのように使えるか？	損失回避（117頁）
知覚価値を高める	訪問者に多少の努力をしてもらい，知覚価値を高めることはできるか？ 製品やサービスにどのような努力がどれほどつぎ込まれているかを示すことができるか？	知覚価値（121頁）
理由を示す	目標とする行動を取るべき理由はなにか？	理由（125頁）
9．目標とする行動を可能な限り容易にする		
目標とする行動を検証し，簡易化する方法を分析する	精神的労力を軽減できるか？ 身体的労力を軽減できるか？ 価格を下げることはできるか？　分割払いにすることはできるか？　安価に感じさせることはできるか？ 訪問者の時間を節約することはできるか？ 目標とする行動を，訪問者が慣れ親しんだ行動と同じように感じさせることはできるか？ 社会的な不安感を抱かせない行動にすることはできるか？	

10. 精神的労力を最小化する原則を使う		
テキストを可能な限り短くする	文章の意味や人を動かす力を保ったまま，文字数を減らすことはできるか？	ジェンガ式 (151 頁)
最愛のものを手放す	目標とする行動から気をそらすものはないか？　それを排除することはできるか？	邪魔を排除する (155 頁)
データは可能な限り事前入力しておく	訪問者のために事前に入力しておくことのできるデータはどれか？ こちらの提案を入力しておくことのできるフィールドはどれか？	デフォルト，自動入力，オートコンプリート (145 頁)
ページ構成をわかりやすくする	階層，リズム，列，並置は適切に使われているか？	ページ構成 (167 頁)
訪問者に考えさせたり計算させたりしない	業界用語，悩ませる内容，計算を避けることはできるか？	頭を使わせないで (174 頁)
いつでも明快なフィードバックを与える	行動の結果がいつでも明確になっているか？ ネガティブなフィードバックを，感謝の気持ちを込めてポジティブに伝えることができるか？	フィードバックを与える (159 頁)
可逆的であることを各ステップで示す	選択や決定をやり直すことはできるか？ 可逆性がある場合，それを事前に明確に伝えているか？	可逆性を示す (164 頁)
訪問者がよく知っているデザインパターンを使う	訪問者が使い慣れているデザインパターンを使っているか？	慣れ (178 頁)
労力予測を最小化する	労力予測を小さくすることはできるか？ その場合，労力予測が「小さい」ことをどのように伝えることができるか？	労力予測 (181 頁)
望ましくない行動を困難にする	訪問者に取ってほしくない行動はなにか？ その行動を困難にするにはどうすればよいか？	望ましくない行動を困難に (184 頁)
11. 選択を容易にする		
選択が必要な場面をすべて分析する	複数の選択肢から選ばなくてはいけない場面はどこか？	
選択肢の数を減らす	選択肢自体を減らすことはできるか？ 選択肢の一部を表示し，残りはクリックで表示されるようにすることはできるか？ まずはカテゴリーから選べるようにすることはできるか？	選択肢を減らす (135 頁)
困難な選択が必要な場面ではサポートを提供する	困難な選択に対してどのような情報を提供できるか？ クイックフィルターを使うことはできるか？ 質問に基づいておすすめを提示するウィザードを使うことはできるか？	意思決定をサポートする (140 頁)

デフォルトを設定する	訪問者が最も選びそうな選択肢はどれか？ また，訪問者に選んでほしい選択肢はどれか？ その選択肢を事前に選んでおくことはできるか？	デフォルト，自動入力，オートコンプリート （145 頁）
12. 訪問者の選択をサポートする		
カスタマージャーニーにおいて，訪問者の選択をサポートしたい場面を分析する	選択に影響を与えたい場面はどこか？ サイト側にとっても訪問者にとっても最も望ましい選択肢はどれか？ その選択に影響を与えることは倫理的に問題ないか？	
訪問者の選択をサポートするための原則を検討する		
選択肢が1つしかない場面では，2つ目の選択肢を加える	目標とする行動に対応する選択肢に，どのような2つ目の選択肢を加えることができるか？ 2番目の選択肢を最初の選択肢より視覚的に目立たせないようにするにはどうすればよいか？	ホブソン＋1 （192 頁）
アンカリングを活用する	比較対象となる数値を直前や周辺に表示することで，自分が示す数値を高く感じさせたり低く感じさせたりすることはできるか？	アンカリング （196 頁）
選んでほしい項目は選択肢の真ん中に表示する	選んでほしい項目が選択肢の両端に位置していないか？ 選んでほしい項目が真ん中になるよう，極端な選択肢を追加することはできるか？	極端回避 （200 頁）
おとりを使う	「普通の男」を魅力的に見せるため，「不細工な兄弟」を選択肢に追加することはできるか？	おとり（203 頁）
ナッジを使う	1つか2つの選んでほしい選択肢へと導くよう，訪問者を軽くあと押しすることはできるか？	ナッジ（207 頁）

●●● 免責事項 ●●●

　本書は，プロンプト・モチベーション・アビリティを改善させるすべての原則を網羅しているわけではありません。私たちの実践に基づき，多くの成功事例を生み出した原則を精選しました。一般的に有効だと語られる原則でも，効果のないことが証明されたと私たちが考えるものについては，本書では扱っていません。

●●● 最後に ●●●

　人間の行動を科学的かつ体系的に理解するために本書が少しでも役立ってくれること，それが私たちの願いです。まず，行動とはプロンプト・モチベーション・アビリティの組み合わせで決まるのだと理解し，デザインやコンテンツを用いて体系的に行動に影響を与えるにはどうすればよいか，常に考えてください。それから，自社のウェブサイトやターゲット層に対して最も効果的な方法を，継続的なテストを通じて見極めてください。要するに，適当に選んだ方法を試してみたり他のサイトを真似るのではなく，心理学に根ざした適切な行動デザインを選択するようにしてください。

　ご意見・ご質問があれば，onlineinfluence.com へアクセスしてください。さらに詳しい内容や便利なキャンバス，オンライン研修や問い合わせ先に関する情報を掲載しています。人を動かす原則を実践してよい事例が得られたときには，example@onlineinfluence.com までお知らせいただくか，次の QR コードを読み取ってください。

　お便りをお待ちしています。必ず個別に返信いたします。
　オンラインでの成功を心からお祈りいたします。それでは，また！

バス・ボウタース，ヨリス・フルン

謝辞

　応用心理学という素晴らしい学問に貢献してきたすべての人たちに感謝を捧げます。とりわけ，この分野の権威である次の方々に感謝します。彼らの功績の上に立ち本書を仕上げることができたのは，私たちにとって非常に光栄なことです。

ロバート・チャルディーニ
グレゴリー・ナイダート
Ｂ・Ｊ・フォッグ
ダニエル・カーネマン
ダン・アリエリー
ドナルド・ノーマン
ヤコブ・ニールセン

　また，次の方々の支援と貢献が私たちを支える大きな力となりました。心から感謝します。

ナタリー・ボウラー‒ゲーリンク
　関連分野について詳細に調査し，本書をオランダ語から英語へと翻訳してくれました。

ヤープ・ヤンセン・スティーンバーグ，スティン・クリング
　プロ意識をもって献身的に助言してくれました。
ヴィーケ・オーストーク，エルケ・フェルフォーセン
　助言やアイデアをくれ，快く指導してくれました。
オラフ・イゲス
　本プロジェクトに全幅の信頼を寄せ，支援してくれました。

ヴィクター・ヴァン・ルーン
　いつもそばにいてくれてありがとう。
マルト
　サポートとフィードバックに感謝。
ベンヤミン
　父さんを見守ってくれてありがとう。

場面別チェックリスト

　第Ⅵ部「行動心理学を活用する」で解説したヒントをより便利に使えるよう，チェックリストにまとめました。本書で触れた専門用語はすべて含まれています。このチェックリストを最大限活かすには，先に本文に目を通すことをおすすめします。

　チェックリストは，以下の場面別に作成しています。

・オンライン広告全般
・ディスプレイ広告
・ソーシャルメディア広告
・Ｅメール広告
・ランディングページ
・商品詳細ページ
・注文手続き

▶チェックリスト：オンライン広告全般

□コストモデルは明確か？

□コストモデルに適したプロンプト戦略を使っているか？

　□CPM：好奇心

　□CPM：やさしい質問

　□すべてのコストモデル（CPM，CPC，CPA）：破格のお得情報

□文章の意味や人を動かす力を損なうことなく文字数を減らすことができないか？

□システム1でもそのテキストの意味が理解できるか？

□明確なCTAが1つだけあるか？

□クリックやスワイプができるとわかる十分なアフォーダンスがあるか？

▶チェックリスト：ティスプレイ広告

☐バナーは十分に注意を引くデザインか？

☐バナーで動きを使うことはできるか？

　☐その場合，動き出したり近づく動きを使うことで最大限の注意を引いているか？

☐クリックやスワイプができるとわかる十分なアフォーダンスがあるか？

☐以下のプロンプト戦略を使って訪問者の作業の手を止めさせることができているか？

好奇心

　☐ CPC の場合，対象となる訪問者のみを選別できているか？

やさしい質問

　☐ CPC の場合，対象となる訪問者のみを選別できているか？

破格のお得情報

　☐ CPC の場合，強い CTA を使っているか？

　☐ CPM・CPA の場合，ソフトな CTA を使っているか？

　☐最も効果的な CTA を見つけるため，異なる CTA を比較するテストをしているか？

☐使用しているプロンプト戦略を補強するための視覚材料を使っているか？

☐動画を使用する場合：ストーリー性のある動画になっているか？

☐文字数を減らすことはできるか？

☐不必要に難しい言葉を使っていないか？

☐広告とランディングページに統一性があるか？

▶チェックリスト：ソーシャルメディア広告

□以下のプロンプト戦略を使って訪問者の作業の手を止めさせることができているか？

好奇心

　□ CPC の場合，対象となる訪問者のみを選別できているか？

　□好奇心を刺激するために価格を表示しないことはできるか？

やさしい質問

　□ CPC の場合，対象となる訪問者のみを選別できているか？

破格のお得情報

　□特別に低い価格や高い割引率を提示できているか？

　□ CPC の場合，強い CTA を使っているか？

□広告中の文章は長すぎないか？

□いかにも広告っぽい見た目になっていないか？

□ターゲット層が興味を持ちそうな広告になっているか？

□行動を促すテキストが書かれているか？

□リード広告の場合：入力する個人情報は最小限になっているか？

▶チェックリスト：Eメール広告

件名
☐以下のプロンプト戦略を件名で使っているか？
　☐好奇心
　☐破格のお得情報
　☐未完了タスク
☐他の件名よりも視覚的に目立たせることができているか？
☐件名に受信者の名前を入れることはできるか？
☐感情表現や奇異性効果などを使って注意を引く件名にすることはできるか？
☐人を動かす力を損なうことなく文字数を減らすことはできるか？
☐より短い言葉で伝えることはできるか？
☐送信者名は個人名になっているか？

Eメール本文
☐次の二つのフォーマットのどちらかを使用しているか？
　☐シンプルな内容＋単独の明確なCTA
　☐複数のトピックを含むリスト＋各トピックに対応する明確なCTA
☐複数トピックのリストの場合：リスト全体に目を通したくなるようなタイトルがついているか？
☐リストの場合，視覚的なリズムを使い，1つのブロックがどこで終わり次のブロックがどこから始まるかわかりやすくなっているか？
☐プロンプトの戦略を使っているか？
　☐好奇心
　☐破格のお得情報
　☐やさしい質問
　☐未完了タスク
☐テキストをさらに短くすることはできるか？
☐ソフトなCTAを使っているか？
☐使用しているプロンプトの戦略を補強するための視覚材料を使っているか？

▶チェックリスト：ランディングページ

☐ ソフトランディングになっているか？

☐ 明確なエレベーターピッチはあるか？

    ☐ 認知度の高い商品の場合：他社商品とは異なる特徴を述べているか？

    ☐ 新商品や認知度の低い商品の場合：その商品がどのようなものか明確に伝えているか？

    ☐ その商品を知らない人でも5秒間で理解できる内容か？

☐ 商品の特徴や買うべき理由のうち，最も伝えたいもの3つを列挙しているか？

☐ 社会的証明を使って信頼を高めているか？

☐ 認知度の低い商品の場合，借り物の権威を使って信頼を高めているか？

☐ 美しいデザインにより権威を高めることができているか？

☐ ページは1列で表示されているか？

☐ 視覚的なリズムを使い，1つのブロックがどこで終わり次のブロックがどこから始まるか明確になっているか？

☐ まだスクロールできることが明確にわかるか？

☐ プロンプト戦略を使うなどして，各ブロックのタイトルは読みたくなるものになっているか？

☐ 人を動かす力を損なうことなく，ページを短くすることはできるか？

☐ 詳細はクリックで表示されるようになっているか？

☐ 詳細を読んだあとは，クリックひとつで元の場所に戻れるようになっているか？

☐ 明確なCTAがあるか？

☐ CTAは適切なタイミングで現れるか？

☐ スティッキーなCTAを使うことで，訪問者がいつでもクリックできるようになっているか？

    ☐ 3ブロック以上あるページでスティッキーなCTAを使用しない場合は，CTAが何度か繰り返し表示されるようになっているか？

☐ ソフトなCTAを使っているか？

□ CTAのテキストに利点を表示することはできるか（「値引き価格で購入」など）？

□ ボタンに表示するテキストは長すぎないか？

□ 将来的な報酬をイメージさせる画像やテキストを使い，未来への期待を高めているか？

□ 商品の長期的な効果をイメージさせる画像やテキストを使い，基本的欲求に訴求しているか？

□ その商品やサービスがどのように機能するかを視覚的に伝えているか？

□ 動画を使用する場合：動画の内容や再生時間は事前に明確に伝えているか？単刀直入に本題へと入っているか（内容のないイントロを長々と見せていないか）？

□ PC版でもモバイル版でもこれらの質問に「はい」と答えられるか？

▶チェックリスト：商品詳細ページ

□ランディングページの要件を満たしているか（ランディングページのチェックリスト〈344頁〉を参照）？

□購入手続きに関する疑問に答えているか？

　□商品の配達日時やサービスの提供開始日時は明確か？

　□商品の配達方法やサービスの提供方法は明確か？

　□商品やサービスを注文するために訪問者がすべきことは明確か？

□最終支払い価格は明確か？

□追加料金は明確か？

□支払い方法・時期は明確か？

□認知度の低いショップの場合：ページ内にショップの情報はあるか？

　□企業の概要は明確か？

　□企業のミッションは明確か？

　□対象とする顧客は明確か？

　□事業の継続年数は明確か？

□訪問者が疑問に思うであろうことにすべて答えているか？

□訪問者がどのような疑問を持ち得るかについて調査をしたか？

□訪問者の疑問をすぐに解消できるよう，チャットボットやライブチャットを備えているか？

□顧客レビューや推薦文を表示しているか？

□ページにはレビューや推薦文のまとめを表示し，すべてが掲載された詳細は別ページへのリンクとなっているか？

□商品の写真は掲載されているか？

　□訪問者は商品を詳しく見ることができるか？

　□商品を使用している人の写真も掲載しているか？

　□それはターゲット層が共感を持てるような人物か？

　□商品の知覚価値を高めるためにチアリーダー効果を使っているか？

□配送料を商品価格に含めることはできるか？　その際，他社製品よりも不当に高いと思われることはないか？

□価格表示は最小限のピクセル数になっているか？

□値引き前の価格を示してアンカリングの効果を得ているか？

□無料提供品の知覚価値を高めているか？

□自社の商品詳細ページは，大手サイトのデザインからかけ離れていないか？

□訪問者がページを行ったり来たりしないですむよう，必要な情報は本当にすべて掲載されているか？

□在庫に限りがある場合，それを伝えているか？

□タイムセールなどの場合，その期限は伝えているか？

□最短での配達が可能な期限は伝えているか？

□希少性がある場合は，それをCTAの近くに表示しているか？

□ソフトなCTAを使っているか（「カートに追加」など）？

□タイムセールの場合はハードなCTAを使っているか（「今すぐ注文」など）？

□メインのCTAの近くに，2つ目のCTAを表示しているか（「お気に入りに追加」など）？

□商品を1つだけすぐに購入したい訪問者のために，購入手続きへと直接進めるショートカットを用意しているか？

□PC版でもモバイル版でもこれらの質問に「はい」と答えられるか？

▶チェックリスト：注文手続き

□他のページへとつながるリンクはすべて削除したか？

□ユーザー登録しなくても注文手続きへ進むことはできるか？

□長い入力フォームは３ステップ（長くとも５ステップ）に分割されている
か？

　□訪問者が注文手続きに進んだ時点で，１つか２つのステップがすでに実施
　済みになっているか（モチベーションを高めるために進捗をプレゼントし
　ているか）？

　□特にモバイルサイトでは，進捗バーが複雑すぎないか？

□簡単で個人的でない情報から入力するようになっているか？

□取り引きを完了させるために必要な最低限の情報のみを入力するようになっ
ているか？

□取り引きに必須ではないデータは，取り引き完了後に入力するように変更で
きるか？

□可能な限り自動入力を使っているか？

□訪問者が選択する場面では，すべてデフォルトを設定しているか？

□困難な選択が必要な場面では，意思決定をサポートしているか？

□選択される可能性の低い選択肢は，クリックして初めて表示されるように
なっているか？

□訪問者が選択した内容はすべて，注文手続きページを離れることなく確認・
変更ができるようになっているか？

□ボタンには次のステップが明確に記されているか？

□継続的にモチベーションを向上させるため，ステップが終わるごとに称賛や
励ましを表現しているか？

□クーポンがある場合，クーポン番号入力欄はクリックしないと表示されない
ようになっているか？

□訪問者に起こるだろう素晴らしい未来を視覚表現やテキストで示し，将来的
な報酬に対する期待を高めることができているか？

□注文などを確定したあとになにが起こるか，事前に伝えているか？

□可逆性を伝えているか？

□訪問者が確信を持って注文ボタンを押せるよう，不安を解消するテキストを
　ボタンの近くに表示しているか？

□時間的な制約がある場合，カウントダウン表示をしているか？　その場合，
　逆効果になっていないかテストしているか？

□注文手続きページ内に余分なコンテンツはないか？

□リード獲得が目的の場合は，ページ内の小さなフォームを使っているか？

□サンクスページを，次の目標とする行動に向けた出発点として活用できてい
　るか？

□注文手続きの途中で離脱した訪問者に，再訪問を促すEメールを送付するこ
　とができるか？

□PC版でもモバイル版でもこれらの質問に「はい」と答えられるか？

文献

1   Leech, J. (2018). *Psychology for designers: How to apply psychology to web design and the design process.* Bristol: Mr Joe Press.

2   Fogg, B. J. (2019). *Tiny habits: The small changes that change everything.* Boston: Houghton Miffl in Harcourt.

3   Zaltman, G. (2003). *How customers think: Essential insights into the mind of the market.* Boston: Harvard Business School Press.

4   Kahneman, D. (2011). *Thinking, fast and slow.* New York: Farrar, Straus and Giroux.

5   Cialdini, R. B. (2007). *Influence: The psychology of persuasion.* New York: Harper Collins.

6   文献5を参照

7   文献5を参照

8   Cialdini, R. B. (2016). *Pre-suasion: A revolutionary way to influence and persuade.* New York: Simon & Schuster.

9   Rayson, S. (2017). We analyzed 100 million headlines. Here's what we learned (new research). Buzzsomo. Via: www.buzzsumo.com/blog/most-shared-headlines-study.

10 Norman, D. A. (2013). *The design of everyday things: Revised and expanded edition.* New York: Basic Books.

11 Rayson, S. (2017). We analyzed 100 million headlines. Here's what we learned (new research). Buzzsomo. Via: www.buzzsumo.com/blog/most-shared-headlines-study.

12 Zeigarnik, B. W. (1927). Das Behalten erledigter und unerledigter Handlungen. *Psychologische Forschung,* **9,** 1-85.

13 文献5を参照

14 Berridge, K. C. & Kringelbach, M. L. (2015). Pleasure systems in the brain. *Neuron,* **86**(3), 646-664.

15 Sapolsky, R. M. (2018). *Behave: The biology of humans at our best and worst.* PenguinBooks.

16 Haldeman-Julius, E. (2008). *First hundred million: How to skyrocket your book sales with slam dunk titles.* Vancouver: Angelican Press.

17 Whitman, E. (2009). *Cashvertising: How to use more than 100 secrets of ad-agency psychology to make big money selling anything to anyone.* Franklin Lakes, NJ: Career Press.

18 Byrnes, N. (2012). Behavioral economics taps power of persuasion for tax compliance. Reuters. Via: www. reuters.com/article/us-usa-tax-behavior/behavioraleconomics-taps-power-of-persuasion-for-tax-compliance-idUSBRE89S0DD20121029.

19 文献5を参照

20 文献5を参照

21 Freedman, J. L. & Fraser, S. C. (1966). Compliance without pressure: The foot-in-the-door technique. *Journal of Personality and Social Psychology,* **4**(2), 195-200.

22 Bechara, A. (2004). The role of emotion in decision-making: evidence from neurological patients with orbitofrontal damage. *Brain and Cognition,* **55**(1), 30-40.

23 Fogg, B. J. & Nass, C. (1997). Silicon sycophants: The effects of computers that flatter. *International Journal of Human-Computer Studies,* **46**(5), 551-561.

24 Kahneman, D. (2011). *Thinking, fast and slow.* New York: Farrar, Straus and Giroux.

25 Gonzales, M. H., Aronson, E., & Costanzo, M.（1988）. Increasing the effectiveness of energy auditors: A field experiment. *Journal of Applied Social Psychology*, **18**, 1046-1066.

26 Edwards, H.（2015）. The 4 emotions that make the best emotional ads［DATA］. Wordstream. Via: www. wordstream.com/blog/ws/2015/11/09/emotional-ads.

27 Langer, E. J., Blank, A., & Chanowitz, B.（1978）. The mindlessness of ostensibly thoughtful action: The role of "placebic" information in interpersonal interaction. *Journal of Personality and Social Psychology*, **36**(6), 635-642.

28 Iyengar, S. S. & Lepper, M. R.（2000）. When choice is demotivating: can one desire too much of a good thing? *Journal of Personality and Social Psychology*, **79**(6), 995-1006.

29 Grieser, S.（2014）. Is too much choice killing your conversion rates?［Case studies］Unbounce. Via: www. unbounce.com/conversion-rate-optimization/psychology-ofchoice-conversion-rates.

30 Vasterman, J.（2015）. Studieschuld stevig verminderd dankzij simpele nudging-trucsop aanvraagformulieren （Study debt fi rmly reduced thanks to simple nudging tricks on request forms）NRC. Via: www.nrc.nl/ nieuws/2015/04/13/studiefi nancieringstudieschuld-stevig-verminderd-1486199-a215924.

31 Krug, S.（2013）. *Don't make me think, revisited: A common sense approach to web（and mobile）usability*, 3e ed. Berkeley: New Riders Publishing.

32 Nielsen, J.（2017）. Jakob's Law of internet user experience. Nielsen Norman Group. Via: www.nngroup. com/videos/jakobs-law-internet-ux.

33 Schutz, B.（2015）. Conversion blast: The additional link that nobody clicks on（Hobson+1 eff ect）. Marketing Facts. Via: www.marketingfacts.nl/berichten/conversieknaller-de-extra-link-die-niemand-klikt-hobson1-eff ect.

34 Ariely, D.（2010）. *Predictably irrational: The hidden forces that shape our decisions*（revised and expanded edition）. New York: Harper.

35 Simonson, I. & Tversky, A.（1992）. Choice in context: Tradeoff contrast and extremeness aversion. *Journal of Marketing Research*, **29**(3), 281-295.

36 Tietz, M., Simons, A., Weinmann, M., et al.（2016）. The decoy effect in reward-based crowdfunding: Preliminary results from an online experiment. Paper presented at the 37th International Conference on Information Systems（ICIS 2016）, Dublin, Ireland.

37 Ariely, D.（2010）. *Predictably irrational: The hidden forces that shape our decisions*（revised and expanded edition）. New York: Harper.

38 Chaffey, D.（2019）. Average display advertising clickthrough rates: US, Europe and worldwide display ad clickthrough rates statistics summary. Smart Insights. Via: www.smartinsights.com/internet-advertising/ internet-advertising-analytics/displayadvertising-clickthrough-rates/.

39 Irvine, M.（2019）. Facebook ad benchmarks for your industry［2019］. WordStream. Via: www.wordstream. com/blog/ws/2019/11/12/facebook-ad-benchmarks.

40 Campaign Monitor.（2019）. What is a good email click-through rate for 2019? Campaign Monitor. Via: www. campaignmonitor.com/blog/email-marketing/2019/03/what-is-a-good-email-click-through-rate-for-2019/.

41 Lambert, B.（2019）. Google ads CPC, CPM, & CTR benchmarks Q1 2019 archive. AdStage. Via: blog. adstage.io/google-ads-cpm-cpc-ctr-benchmarks-q1-19-archive.

42 Animalz.（2019）. Facebook lead ads: the defi nitive guide. Adespresso. Via: www. adespresso.com/blog/ facebook-lead-ads.

43 Trustpilot.（2018）. How to calculate Google Seller Ratings' effect on CTR for Google Ads. Trustpilot. Via: www.business.trustpilot.com/reviews/browsers-to-buyers/how-tocalculate-google-seller-ratings-eff ect-on-adwords.

44 Carlson, K. A. & Shu, S. B.（2013）. When three charms but four alarms: Identifying the optimal number of claims in persuasion settings. SRRN. Via: www.ssrn.com/abstract=2277117.

45   Fogg, B. J., Soohoo, C., Danielson, D. R., et al. (2003). How do users evaluate the credibility of websites? A study with 2,500 participants. DUX '03: Proceedings of the 2003 Conference on Designing for User Experiences: 1–15. Via: dl.acm.org/doi/10.1145/997078.997097.

46   Peck, J. & Shu, S. B. (2009). The effect of mere touch on perceived ownership. *Journal of Consumer Research*, **36**(3), 434–47.

47   Ying, H., Burns, E., Lin, X., et al. (2019). Ensemble statistics shape face adaptation and the cheerleader effect. *Journal of Experimental Psychology: General*, **148**(3), 421–436.

48   Kolenda, N. (z.d.). Pricing psychology. Via: www.nickkolenda.com/psychologicalpricing-strategies.

49   Baymard Institute. (2019). 41 cart abandonment rate statistics. Via: www.baymard.com/lists/cart-abandonment-rate.

50   Nunes, J. C. & Dreze, X. (2006). The endowed progress effect: How artificial advancement increases effort. *Journal of Consumer Research*, **32**(4), 504–512.

51   Spool, J. M. (2009). The $300 Million Button. Via: articles.uie.com/three_hund_million_button.

推薦図書

　人を動かす心理学についてさらに詳しく知りたい読者には，次の書籍をおすすめします。

ロバート・チャルディーニ
　『影響力の武器［第3版］──なぜ，人は動かされるのか』（社会行動研究会訳，2014年，誠信書房）
　（原題：*Influence: Science and Practice*）

ロバート・チャルディーニ
　『PRE-SUASION（プリ・スエージョン）──影響力と説得のための革命的瞬間』（安藤清志監訳，2017年，誠信書房）
　（原題：*Pre-Suasion: A Revolutionary Way to Influence and Persuade*）

B・J・フォッグ
　『習慣超大全──スタンフォード行動デザイン研究所の自分を変える方法』（須川綾子訳，2021年，ダイヤモンド社）
　（原題：*Tiny Habits: The Small Changes That Change Everything*）

ダニエル・カーネマン
　『ファスト＆スロー──あなたの意思はどのように決まるか？』（村井章子訳，2014年，早川書房）
　（原題：*Thinking, Fast and Slow*）

ダン・アリエリー
　『予想どおりに不合理──行動経済学が明かす「あなたがそれを選ぶわけ」』（熊谷淳子訳，2013年，早川書房）

（原題：*Predictably Irrational: The Hidden Forces That Shape Our Decisions*）

ドナルド・ノーマン

『誰のためのデザイン？──認知科学者のデザイン原論』（岡本明・安村通晃・伊賀聡一郎・野島久雄訳，2015 年，新曜社）

（原題：*The Design of Everyday Things*）

オンライン上の情報は，onlineinfluence.com へアクセスしてください。

監訳者あとがき

　一昔前と比べると，オンラインで商品を購入することが当たり前の世の中になった。さまざまな商品の品定めをして気に入ったものを購入するというプロセスは，実際に店に入って気に入った商品を買うのと同じなのだが，オンラインで購入する場合はこれをすべて画面上で行う。実際の店では，商品の配置や照明，ポップ広告によるアピールなど，さまざまな工夫を凝らして客の目を引こうとするが，オンラインショッピングでは画面上にデザインされるイメージやテキストがすべての世界である。したがって，消費者が特定の商品の購入を決定して手続きを最後まで画面上でおこなってくれるかどうかは，かなりの部分が Web デザインの技術にかかっている。Web デザインのノウハウを扱う書籍がこれまで多数出版されてきたのも当然のことといえるだろう。

　本書がそうした書籍とひと味違うのは，効果的な Web デザインの制作を，D・カーネマン，R・B・チャルディーニ，B・J・フォッグという心理学（とその関連領域）の「巨匠」が提唱するモデルを基礎に説明している点にある。一般に他者の行動に影響を及ぼすことが重要な位置を占める領域で仕事をする人は，その実践の場でどのような方法が効果的かについて強い関心を抱く一方，なぜその方法が効果を生み出すかについてはそれほど関心をもたないことが多い。しかし，「巨匠」の一人チャルディーニは，実践家にとっても「なぜ？」に関する理解を深めることが大きな強みになるという。彼は，APS（心理科学学会）会長との対談のなかで，「なぜ？」にこだわるべき理由について次のように説明している。

　　……コックとシェフの違い，とでもいえると思います。コックが必要とするのはレシピだけです。「何をどのように調理すればよいのか教えてください。そのとおりにやります」というわけです。これに対して，シェフは食材，食感，風味の組み合わせをいろいろと考えます。それによって新しいレシピを作り，創作料理を完成させることができるのです。「なぜ？」

が重要な理由がここにあります。なぜそうなるのかを知っていることという
　ことは，賢い選択をするための構成要素を理解しているということです。
　ですから，この理解に基づいて新しい状況に対処することができるわけで
　す。

　これは，Web デザインの仕事にもあてはまる。チャルディーニの比喩を借
りれば，本書の著者が勧めているのは，Web をデザインするときに，素材を前
にしたシェフと同じような姿勢で臨むことである。心理学の理論やモデルを十
分に理解していれば，どのような要素をどのように組み合わせてデザインすれ
ば目標に近づくことができるか，予想を立てることが可能となる。実際，本書
の著者は，理論に基づいて仮説を立て，それをネット上の実験で確かめてみる
ことを推奨している。言い換えれば，科学的なマインドセットをもつことの重
要性を訴えているのである。こうした手続きを踏めば，まさに「ひと味違う」
デザインが出来上がるはずである。その意味で，本書は，Web デザインの仕事
で「シェフ」を目指そうとする人にとって格好の書といえるだろう。
　本書の特徴としてもう一つあげられるのは，著者が実践の「倫理」について
各所で言及していることである。人の行動に影響を与えるための心理学的な知
識は，消費者の適切な判断を導くために使うこともできる一方で，自らの利益
のために欺瞞的に使うこともできる。倫理の重要性は，チャルディーニや行動
経済学者たち（サンスティーンなど）も著書の中でよく指摘していることであ
る。Web デザインに携わる人も，さまざまな局面において，自身の判断が倫理
的に適切か否かを考えることが求められる。その際には，個人のこころの葛藤
だけでなく，組織内の人間関係によって生み出される葛藤に対処する必要も出
てくるだろう。本書ではその解決法が示されているわけではない。自らのモラ
ルコンパスにしたがって判断する必要がある。ただ，残念なことに個人のモラ
ルコンパスはさまざまな要因の影響を受けて誤った方向を指し示すことが少な
くない。一人で考えるだけでなく，身近な人とオープンに議論できるように環
境を整えておくことが大切である。
　本書の特徴を 2 つあげてみたが，本書を読むことのメリットについても述べ
ておきたい。Web デザインのスキルを高めることができることはもちろんそ
の 1 つだが，同時に日常生活のなかで自分自身が賢く生きるための知識を得ら

れることも大きなメリットになる。前述のように，本書は人間心理の基礎を学んだうえでそれを応用するという立場なので，得られた知識はWebデザイン以外の領域でも使えるのである（願わくは倫理的に）。本書で学んだ視点から日常生活全般を眺めてみれば，他者の行動に影響を与えたり，自分自身の行動を改善したりしようと考えたとき，選択の幅が広がっていることに気づくだろう。巻末の推薦書リストにあげられた本を読めば，さらに理解が深まるはずである。

　本書は『影響力の武器』シリーズの一冊に加えられることになるが，これまでと同様，誠信書房編集部の中澤美穂氏と楠本龍一氏に大変お世話になった。本書の場合，翻訳のチェックに加えて，図表の細かな調整にとりわけ気の抜けない作業が必要であったと思われる。心より感謝の意を表したい。

監訳者を代表して　安藤清志（社会行動研究会）

原著者紹介

バス・ボウタース（Bas Wouters）

　多くの事業立ち上げに携わってきた若手起業家。人を動かす科学を金融セクターで活用し，売上を最大で500パーセント増加させるという大成功を遂げた。またオンラインでは，キッチン用品を販売するKeukenplaats.nlにおいて驚異的なリード（見込み客）獲得をなし遂げ，年商は数百万ドルに達した。

　事業売却後，世界的に著名な心理学者ロバート・チャルディーニに師事。2017年以降，オランダでただ一人のCMCT（チャルディーニ式の認定トレーナー）として活躍。オフラインやオンラインで人を動かすことについて，世界中で数多くのビジネスパーソンの指導や教育にあたる。個人や企業のパフォーマンス改善を使命に，人を動かす原則や行動科学の活用方法を伝えている。現在はOnlineinfluence.comにおいて，基調講演やトレーニング，オンライン研修を提供している。

ヨリス・フルン（Joris Groen）

　心理学者。人間科学に基づき，デジタル分野のデザインに関する実践的ガイドラインの作成を専門とする。大手企業，機関，ブランドにおいて，ユーザーエクスペリエンスのデザイナーとして活躍した実績を持つ。

　2012年，行動デザインの分野で世界的に活動するバイヤーマインズ社（Buyerminds）を設立。同社において，数多くのウェブサイト，インターネットショップ，アプリ，Eメール，オンラインキャンペーンをデザイン，改善した。念頭には常に，行動心理学，調査，データに基づく科学的アプローチを置く。

　デザインチームを率いるかたわら，世界中の学生やビジネスパーソンらを数多く指導。コカ・コーラ，KLM，アリババ，bol.comなどの企業に所属するウェブデザイナー，UXデザイナー，オンラインマーケティング担当者，プロダクトオーナーなども指導。現在は，Booking.com向けのデザイン，およびOnlineinfluence.com経由のオンライントレーニングを担当している。

監訳者紹介

一般社団法人 社会行動研究会

1982年，主として社会心理学の若手研究者間の交流を目的に発足。研究会を逐次開催するとともに，活動の一環として以下の書籍を出版してきた。編著書『社会心理学研究入門』（末永俊郎編）東京大学出版会 1987 年，翻訳書『社会心理学概論——ヨーロピアン・パースペクティブ I・II』（末永俊郎・安藤清志監訳）誠信書房 1994 年，A. プラトカニス・E. アロンソン『プロパガンダ——広告・政治宣伝のからくりを見抜く』誠信書房 1998 年，R. B. チャルディーニ『影響力の武器——なぜ，人は動かされるのか』誠信書房 1991 年，『影響力の武器［第二版］』誠信書房 2007 年，『影響力の武器［第三版］』誠信書房 2014 年。2018 年 4 月に法人化され（代表理事　安藤清志），研究会開催のほか，心理学と社会を結ぶための書籍の出版，研究者の国際交流など各種事業の展開を予定している。(https://www.shakouken.org/)

訳者紹介

益田靖美（ますだ　やすみ）
2004年　ジョンズ・ホプキンス大学高等国際問題研究大学院修士課程修了
現　在　翻訳家

B. ボウタース, J. フルン

オンライン・インフルエンス──ビジネスを加速させる行動科学

2023年3月30日　第1刷発行

監 訳 者	一般社団法人 社会行動研究会
発 行 者	柴 田 敏 樹
印 刷 者	田 中 雅 博

発 行 所　株式会社　誠 信 書 房

〒112-0012 東京都文京区大塚 3-20-6
電話　03(3946)5666
https://www.seishinshobo.co.jp/

情報発信者の武器
メッセンジャー
なぜ、人は引き寄せられるのか

S・マーティン / J・マークス 著
安藤清志 監訳　曽根寛樹 訳

人に影響し動かす存在、情報発信者（メッセンジャー）。その力を分析した。情報発信に関する心理プロセスを包括的に学び応用できる書。

四六判上製　定価(本体2500円+税)

影響力の武器［第三版］
なぜ、人は動かされるのか

ロバート・B・チャルディーニ 著
社会行動研究会 訳

社会で騙されたり丸め込まれたりしないために、私たちはどう身を守れば良いのか？　ずるい相手が仕掛けてくる "弱味を突く戦略" の神髄をユーモラスに描いた、世界でロングセラーを続ける心理学書。待望の第三版は新訳でより一層読みやすくなった。楽しく読めるマンガを追加し、参考事例も大幅に増量。ネット時代の密かな広告戦略や学校無差別テロの原因など、社会を動かす力の秘密も体系的に理解できる。

四六判上製　定価(本体2700円+税)